복 있는 사람

오직 여호와의 율법을 즐거워하여 그 율법을 주야로 묵상하는 자로다.
저는 시냇가에 심은 나무가 시절을 좇아 과실을 맺으며 그 잎사귀가 마르지 아니함 같으니
그 행사가 다 형통하리로다. (시편 1:2-3)

이 책은 실제로 기도해 온 사람에게서 나온 경험과 사유의 산물이다. 저자는 어릴 적부터 기도를 사랑하게 되었는데, 눈 질끈 감고 "믿습니다" 식의 기도를 드린 것이 아니라, 왜 기도해야 하는지, 누구에게 어떻게 말해야 하는지, 기도를 통해 구할 것이 무엇인지, 기도를 통해 기대할 것은 무엇인지를 집요하게 묻고 대답하면서 기도해 왔다. 그렇기 때문에 기도에 대한 그의 안내는 독자에게 공감을 불러일으킨다. 실제적인 경험과 그의 이야기 솜씨가 조화를 이루며 독자의 마음을 끌어당긴다. 본질을 꿰뚫는 이론에 실천적인 가이드가 더해져 있어서 읽다 보면 자주 독서를 멈추고 실행하고 싶어진다. 기도가 어려웠던 이들에게 우선적으로 도움이 되겠지만, 기도로 살아온 이들에게도 자신의 기도 생활을 돌아보게 하는 좋은 지침서가 될 것이다.

김영봉, 와싱톤사귐의교회 담임목사

솔직히 말하자. 나는 이 책의 저자를 잘 몰랐다. 내가 기도를 잘하는 목사는 아니지만 어지간한 기도에 대한 책은 모두 읽어 봤기에 '뭐 그리 새로울 게 있겠나' 싶었다. 책을 집어든 지 얼마 후, 나는 지금까지 가졌던 이 책에 대한 모든 선입견이 박살나는 기분 좋은 파괴를 경험했다. 저자의 소박하고 진실한 간증, 신학적 탄탄함, 성경 해설의 섬세함이 어우러진 기도에 대한 좋은 제안들은 나로 하여금 서둘러 기도의 자리로 나아가도록 강하게 채근했다. 이 책에 관심이 없다면 '부록 1. 그리스도의 중보기도' 부분만이라도 잠시 읽어 보라(그냥 서점에서 몰래 읽으라). 그러다 관심이 생기면 책 전체를 읽으라. 여기서 더 관심이 생기면 읽고, 감동받고, 실천하라. 당신이 "지금 기도하고 있다면, 이미 제대로 하고 있는 것이다!"

이정규, 시광교회 담임목사

기도로 고민하는 이들이 많다. 끈질기게 기도를 이어가지 못하는 자신을 보며 답답해하고, 기도하다 응답이 없어 좌절한다. 기도하려고 자리를 잡고 앉으면 그렇게 마음이 냉담할 수가 없다는 사람들도 많다. 이 책은 기도를 촉구하는 책도 아니고, 기도의 방법론을 이야기하는 책도 아니다. 이 책은 기도에 대한 진솔하고도 진심이 담긴 고백이다. 기도 앞에 절망하는 이들에 대한 공감이며, 기도의 기쁨을 맛본 이의 순전한 찬양이다. 기도를 잃어버린 이들의 마음을 보듬으며 크고도 은밀한 기도의 신비로 이끄는 책이다. 저자의 인도를 따라 이 책을 한 장씩 읽어 가다 보면, 어느새 '아, 나도 이렇게 기도하고 싶다'는 생각이 절로 들게 되리라 확신한다.

이찬수, 분당우리교회 담임목사

"기도는 자기 바깥에서 도움을 구하는 것이다." 우리 시대에 이보다 더 중요한 말이 있을까? 우리가 속한 문화적 순간의 영적 삶에 이보다 더 꼭 필요한 행위가 있을까? 이 책은 절박한 우리 시대를 위한 책이다. 내 친구 타일러 스테이턴은 세계적인 리더이자 재능 있는 목사, 탁월한 작가, 무엇보다 기도의 사람이다. 이 책을 읽으면 당신은 거장에게 기도를 배우게 될 것이다.

— 존 마크 코머, 프랙티싱더웨이 설립자, 『슬로우 영성』 저자

이 책만큼 기도하고 싶게 만든 책은 없었다. 타일러 스테이턴은 『기도하고 싶지 않은 당신에게』에서 모든 신자와 회의주의자들이 기도의 아름다움과 신비, 가치에 눈과 마음을 열게 해준다.

크리스틴 케인, A21과 프로펠 위민 설립자

타일러 스테이턴은 예수님처럼 살고 싶은 마음에 사로잡힌 사람이다. 물론 예수님처럼 살겠다면서 그분이 그토록 많은 시간을 들여 하셨던 일인 기도를 안 한다는 것은 상상도 못 할 일이다. 타일러는 생명을 주는 기도의 실천에 전념했을 뿐만 아니라, 그리스도를 따르는 이의 삶에서 나타나는 기도에 대한 강력한 비전을 제시했다. 이 책을 읽고 나자 하나님과 더 많이 대화하고 싶은 마음이 꿈틀거렸다.

브라이언 로리츠, 서밋교회 교육목사

타일러 스테이턴은 오늘날 미국에서 가장 영감 있고 재능 있는 기도의 리더 중 한 사람이다. 그의 훌륭한 새 책은 개인적 삶의 가장 깊은 곳에서 흘러나온 것이다. 이 책을 읽다 보면 곳곳에서 거룩한 땅에 선 느낌이 든다. 각 장 마지막에 있는 실천 방안과 '잃어버린 영혼을 위한 기도라는 잃어버린 기술'을 다룬 부분이 특히 귀하게 다가왔다. 타일러는 깊은 묵상의 실천부터 중보기도의 능력과 필요성에 대한 가르침에 이르는 기도의 모든 메뉴를 제공한다. 모두를 위한 기도 안내서가 여기 있다. 주님과 대화하는 관계에서 성장하고자 하는 초신자를 위한 입문서이자, 기도 생활에서 자극과 영감을 얻기 원하는 그리스도인들을 위한 마스터 클래스다. 지구상 모든 사람을 가장 고결한 소명으로 부르는 중요한 이 초대장은 현대의 기도용사, 존경받는 목사, 소중한 친구인 저자의 마음에서 곧장 흘러나온다.

피트 그레이그, 24-7 기도 인터내셔널 설립자, 엠마오로드교회 담임목사

기도하고 싶지 않은 당신에게

Praying Like Monks, Living Like Fools
: An Invitation to the Wonder and Mystery of Prayer

Tyler Staton

기도하고 싶지 않은 당신에게

타일러 스테이턴 지음 | 홍종락 옮김

복 있는 사람

기도하고 싶지 않은 당신에게

2024년 12월 12일 초판 1쇄 인쇄
2024년 12월 19일 초판 1쇄 발행

지은이 타일러 스테이턴
옮긴이 홍종락
펴낸이 박종현

(주) 복 있는 사람
주소 서울특별시 마포구 연남동 246-21(성미산로23길 26-6)
전화 02-723-7183(편집), 7734(영업·마케팅)
팩스 02-723-7184
이메일 hismessage@naver.com
등록 1998년 1월 19일 제1-2280호

ISBN 979-11-7083-210-2 03230

Praying Like Monks, Living Like Fools
by Tyler Staton

차례

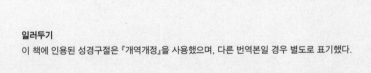

타일러 스테이턴을 처음 만났을 때 나는 여러 해 동안 이어지던 영적, 정서적 기근에서 빠져나오고 있었다. 직업상 성경을 늘 가까이하기에, 문학적으로 탁월하고 신학적 주제들이 생생하게 엮여 태피스트리를 이루는 성경은 내게 변함없는 사랑과 매혹의 대상이었다. 나사렛 예수는 그 어느 때보다 나에게 매력적이고 아름다운 존재로 남아 있었다. 하지만 아직도 해결하지 못한 여러 요인으로 인해, 이 모든 것은 물론이고 예수님마저 나에게는 이런저런 관념의 집합에 가깝게 되었고, 일상적 활동에서 관계를 맺는 역동적인 분이 되지 못했다. 예수님 이야기는 내게 지적으로 큰 힘을 발휘했고 개인적으로는 감동마저 안겼다. 그러나 나는 예수님이 '아버지'라고 부르시는 분은 물론 예수님과 개인적인 관계나 친밀감을 누리는 삶의 방식으로부터 멀어져 버렸다.

나에게 필요한 것은 기도 생활에 활력을 불어넣을 수 있는 새로운 '기법들'이 아니었다. 나는 내게 무엇이 필요한지 잘 몰랐다. 예수님이 먼 옛날의 유물처럼 느껴지고, 하나님의 임재는 하나의 관념일 뿐 경험으로 다가오지 않는다는 것을 알 뿐이었다. 어떻게 해야 할지 몰랐다. 언젠가는 뭔가 달라지기를 바랄 뿐이었다.

그리고 하나님의 자비로 뭔가 분명히 달라졌다. 그 변화가 왜, 정확히 어떻게 일어났는지는 모르겠다. 나는 하루를 침묵의 시간으로 시작하면서 하나님께 내가 듣고 이해할 수 있는 방식으로 내게 말씀하시거나 소통해 주시기를 구하는 습관이 생긴 터였다. 이 대화의 반대쪽에 누군가가 있다는 것을 알아야 했다. 솔직히 말해, 나는 오랫동안 그 습관을 실천했으나 아무것도 느끼지 못했다. 그러다 일련의 사건을 통해 우리 가족의 삶에서 매우 놀라운 일들이 일어났다. 회의적이고 지적인 경계심을 잠시 내려놓자 누군가 내 기도를 들었을 뿐아니라 응답하고 계신다는 느낌이 정말 들었다. 내 삶에서 실제적이고 역동적이며 예측할 수 없는 하나님의 임재를 경험하고 있었다. 정말 멋진 경험이었다.

이 경험을 한 지 몇 달 만에 타일러를 만났다. 그와는 쉽게 우정을 쌓을 수 있었던 여러 이유가 있다. 먼저 우리 둘 다 목사라는 소명을 받았다. 그리고 둘 다 성경을 정말 사랑한다. 그리고 우리 둘 다 어린 아들들을 기르고 있다. 하지만 처음에 우리가 우정을 나눈 토대는 그런 것들이 아니었다. 타일러는 내가 누리고 있던 하나님의 임재에 대한 새로운 경험을 이해하는 정도가 아니라 어렸을 때부터 하나님과 이런 종류의 경험을 해온 사람이었다. 기도는 하나님과 역동적으로 교제하며 살아가는 인간의 신비와 경이로움을 설명하는 한 가지 방법일 뿐이라는 것이 내게 점점 더 분명해졌다. 내게 타일러는 내 삶에서 이렇게 재발견한 하나님의 임재를 함께 받아들이고 질문하고 축하할 수 있는 친구였다.

타일러는 다른 사람들에게서 배운 많은 습관, 우리의 정신과 마음과 몸을 하나님의 영의 임재와 능력에 열어 두는 실천 방안들을 나에게 알려 주었다. 알고 보니 그 습관들은 상당히 오래된 것이면서도 대단히 직관적이었다. 나도 그 대부분을 알고 있었지만 실제로 시도해 본 적은 없었다. 적어도 꾸준히 시도해 본 적은 없었다. 그러던 어느 날, 타일러가.기도에 대한 이 모든 경험과 배움, 실천을 한데 모아 책으로 만들고 있다고 말했다. 그는 내게 초기 원고 중 하나를 읽고 소감을 말해 달라고 했는데, 그 원고를 처음 보았을 때 그 모든 대화를 다시 나누는 것 같았다.

이 책에서 타일러는 기도의 핵심적 실천 방안들에 대한 일련의 묵상을 제공하는데, 그 묵상에는 심오한 성경적 지혜가 담겨 있다. 그러나 기도에 대한 생각들이 이 책의 전부가 아니다. 각 장은 타일러가 그 장에서 설명하는 내용을 본인의 인생에서 경험한 사연 안에 담아내어 소개하는 방식으로 구성되어 있다. 그리고 독자가 단순히 새로운 사실을 알게 되거나 이야기를 즐기는 것에 그치지 않도록, 타일러는 각 장의 끝부분에서 그 장의 내용에 대한 반응으로 뭔가를 하도록 초대한다. 자신의 삶에서 하나님의 임재를 경험할 공간을 만들어 줄 새로운 습관, 새로운 실천을 시도하라는 초대다. 그러나 분명히 알아야 할 것이 있다. 하나님과의 친교는 참으로 관계적이기 때문에 예측 가능하지도 않고 어떤 공식이 있는 것도 아니라는 사실이다. 따라서 독자는 이 책을 나와 다르게 경험할 수도 있고, 하나님의 임재에 대한 독자의 (재)발견은 뭔가 다른 방식으로 일어나야 할 것이다. 하지만 나는 타일러의 이야기와 그의 성경적 숙고, 지금까지 이어진 하나님과의 관계와 그 속에서 발견한 것들로 가득한 이 이야기에서 독자들이 자신만의 보화를 발견하리라는 사실만은 확신할 수 있다.

나는 독자가 토마스 키팅이 묘사하는 방식으로 기도와 하나님의 임재를 경험하게 되기를 바란다.

이 임재는 너무나 거대하지만 매우 겸손하고, 경외심을 불러일으키지만 매우 부드럽고, 무한하지만 매우 친밀하고 부드러우며 개인적이다. 나는 내가 알려져 있음을 안다. 내 삶의 모든 것이 이 임재 안에서 투명하게 드러난다. 나의 모든 약함, 부서진 상태, 죄성 등 나의 모든 것을 알면서도 여전히 나를 무한히 사랑한다. 이 임재는 그 자체만으로도 치유하고, 힘을 주고, 상쾌하게 한다.……그것은 내가 애초에 절대로 떠나지 말았어야 할 곳으로, 어떻게든 항상 거기에 있었지만 내가 알아보지 못했던 인식으로 돌아가는 귀향과 같다.[1]

우리 삶의 모든 순간에 머무는 이런 사랑의 임재를 아는 것은 아주 특별한 경험이다. 사실, 그것은 '경험'이 아니다. 삶 전체에 하나님의 임재가 스며 있다는 인식 속에서 존재하고 매 순간 살아가는 방식이다. 나는 하루 종일 그 임재를 적극적으로 인식하고 그 임재가 내 모든 생각과 행동을 변화시키도록 맡기는 것과는 거리가 먼 상태다. 하지만 나는 그 여정에 들어섰고 타일러도 마찬가지다. 당신이 그 여정에 함께 오르는 데 이 책이 도움이 되기를 바란다.

팀 맥키
성경 프로젝트 공동 설립자, 오리건주 포틀랜드

저자 노트

이 책의 모든 이야기는 실화이지만, 사생활 보호를 위해 등장하는 인물들의 이름과 기타 신원을 확인할 수 있는 세부 정보를 변경했다.

이야기는 영성을 이론적인 것에서 끌어내어 일상 세계의 투지와 정직함으로 던져 넣는 귀중한 선물이다. 수많은 이가 여전히 펼쳐지는 자신들의 이야기를 나를 믿고 들려주는 것은 목회자의 가장 위대하고 신성한 특권이다.

그동안 나와 함께 춤추고, 울고, 씨름하고, 속삭이고, 비명을 지르고, 웃고, 기도에 귀 기울여 주신 분들에게 하고 싶은 말이 있다. "여러분의 이야기가 이 책의 진정한 선물입니다. 여러분 한 분 한 분께 깊은 감사를 드리며, 본문의 내용에서 내가 여러분께 합당한 예우를 했기를 바랍니다."

서문

잠들지 않은 도시가 오늘 밤 섬뜩할 만큼 조용하다. 사이렌과 자동차 경적, 행인들이 내는 소음, 붐비는 식당과 시끌벅적했던 술집까지, 12년째 알고 지낸 소리, 삶의 근저에 흐르던 배경음악이 모두 사라졌다. 뉴욕은 쥐 죽은 듯 고요하다.

나는 브루클린의 아늑한 아파트 안, 소박한 식탁에서 이 글을 쓰고 있다. 지금은 2020년. 코로나19 대유행으로 전례 없는 고통이 찾아왔고 느닷없이 '정상적인 삶'이 멈추었다. 심각한 불안정과 통제 불능의 상황이 펼쳐졌다. 통제 불능 상황은 전 지구적 감염병 유행뿐 아니라 교통사고, 한 통의 전화, 헤어날 수 없는 재정적 곤경, 회복 불가능한 관계 등 대단히 다양한 형태로 찾아온다. 원인이 무엇이든 이런 상황에서 사람은 모두 같은 자리에 이르게 된다. 자기 바깥에서 도움을 찾게 되는 자리다. '여기서 어떻게 벗어날 수 있을까? 왜 이런 일이 일어나는 걸까? 어떻게 하면 이 흐름을 바꿀 수 있을까?' 외부의 사건들은 이런 질문들을 떠올리게 했고, 많은 사람들의 내면에서 공통적인 반응을 이끌어냈다. 바로 기도였다.

물론, 2020년에 간절히 기도하게 된 사람들이 있었는가 하면, 그만큼 많은 사람이 광범위한 위기 상황 속에서 하나님께 작별을 고했다. 편안하게 살던 많은 불가지론자들이 코로나바이러스 대유행이라는 사건을 통해 기도하게 되었지만, 다른 한편으로는 많은 신실한 교인들의 기도 소리가 침묵으로 바뀌었다.

세상이 하나님 쪽을 바라보게 만든 바로 그 상황 때문에 교회가 하나님을 등지고 있다. 세상은 교회의 문을 두드리는데, 교회에 있던 사람들은 앞다투어 출구로 향한다. 지난 한 해 동안 많은 이들이 하나님께 "도와주세요"라고 간절히 속삭였지만, 그만큼 많은 이들이 낙심하여 "당신은 아무 도움이 안 되는군요"라고 속삭였다.

양쪽 사람들 모두 같은 상황을 겪으면서 같은 하나님께 말을 걸었다. 형태가 다를 뿐 둘 다 기도다. 그리고 둘 다 성경에 나오는 기도다.

기도라는 현상

오늘만 해도 당신이 이 글을 읽기 전에 이미 많은 사람이 기도했다. 가톨릭 신자들은 역사 속 성인들이 남긴 시적인 기도문을 낭독했고, 무슬림들은 양탄자를 펴고 이마를 땅에 대고 난 뒤 합심하여 코란을 낭송했다. 유대인들은 작은 종이에 야훼께 간청하는 글을 써서 돌돌 말아 예루살렘 '통곡의 벽'에 꽂아 넣었다. 불교도들은 명상으로 자신을 비우고 자기를 잊는 깨달음의 상태를 추구했다. 티베트 승려들은 신성한 룰렛 게임을 하듯 기도 일기 뭉치가 담긴 기도 바퀴를 돌렸다. 그리고 어딘가의 병원 대기실에서는 확고한 신념을 가진 무신론자가 두 손에 얼굴을 파묻고 존재를 믿지도 않는 신에게 간절하게 몇 마디를 중얼거렸다. 이 모든 일이 오늘, 당신이 이 글을 읽기 전에 일어났다.

서구 사회에서 교회에 나가는 그리스도인은 이례적인 존재가 되었다. 서구 교회는 통계조사를 할 때마다 인원이 분명하게 줄어들고 있다. 그런데 교회에 대한 관심이 줄어들고 갈수록 교회를 미심쩍게 바라보는 사회에서도 기도는 여전히 건재하다. 신뢰받는 갤럽 조사에 따르면, 매주 미국인들은 운동하고 운전하고 성관계를 갖고 출근하는 횟수보다 더 많이 기도한다.[1] 점차 후기 기독교 사회로 나아가는 미국에서는 인구의 거의 절반이 여전히 매일 기도한다고 인정한다. 이는 미국의 교회 출석자보다 훨씬 많은 수치다.[2] 어떤 방식으로 측정하든, 기도는 교회보다 더 크다(비교도 안 되게 크다).

　모두가 기도한다. 항상 그랬다. 기도가 끝날 기미는 보이지 않는다. 기도는 인간 본성의 한 부분인 본능적 행위 같다. 원시인과 계몽된 서구인, 시골 사람과 도시 거주 전문직 종사자, 전업주부와 순회공연 음악가, 불안한 예술가와 인정사정없는 투자자, 의심하는 무신론자와 독실한 창조론자 할 것 없이 모두가 기도한다. 랍비 아브라함 요수아 헤셸의 말대로다. "기도는 상상도 못 할 만큼 놀라운 일이 가득한 삶에 대한 우리의 겸손한 반응이다."[3] 우리는 기도한다. 기도하지 않을 수가 없다. 기도는 말하기 전에 하나님의 말씀을 듣고, 나이가 들어서도 어린아이처럼 구하고, 성난 목소리로 소리 높여 질문을 쏟아내고, 연약한 고백 가운데 자신을 드러내라고 우리를 초대한다. 그리고 사랑을 받으라고, 어떤 상황에 처해도 전적으로 온전히 사랑받는 법을 배우라고 초대한다. 하지만 대부분의 사람은 기도에서 생명력을 찾지 못한다. 성경을 믿는 그리스도인들도 예외가 아니다. 그들의 기도는 지루한 일이거나 의무적인 행위이거나 혼란스러운 의식이다. 아니, 많은 경우 세 가지 모두 해당한다.

그 중간의 신비

기도에 대한 극적인 응답을 말하는 이야기들이 꽤 있다. 절박한 필요에서 시작하여 하나님의 기적적인 개입으로 끝나는 이야기들이다. 하지만 기도에 관해서라면 나의 관심사는 그런 이야기의 시작이나 끝이 아니라 중간에 있다. 중간에 신비가 있고 기도에 대한 우리의 모든 질문이 여기저기 흩어져 있다.

　우리에게 기도가 정말 필요할까? 하나님이 전능하시다면, 그것은 그분이 원하시는 일을 원하시는 때에 성취하신다는 뜻이 아닌가? 그런데 하나님은 왜 우리에게 구하라고 하시는가?

　하나님이 기도에 응답하시는 것 같기는 한데, 아주 오랫동안 기도한 후에야 응답하시는 것처럼 보이는 이유는 무엇일까? 기도를 들어주실 거라면 왜 초조하게 기다리게 만드실까?

하나님은 왜 잃어버린 친구와 가족을 위한 내 기도에 응답하시지 않을까? 그분은 세상을 구원하길 원하신다고 하지 않는가? 하나님이 모든 사람과 관계를 원하시고 기도에 응답하기 원하신다면, 왜 그런 일이 일어나지 않을까?

나는 우리에게 영적인 원수가 있다는 것을 안다. 하지만 예수님이 사탄을 이기고 승리하셨다면, 우리 기도를 방해할 실질적 반대 세력이 남아 있을까?

기도할 때 과연 무슨 일이 일어날까? 기도하지 않았으면 일어나지 않았을 어떤 일이 기도했기 때문에 일어나는 걸까? 자칫하면 일어났을 어떤 일이 내가 기도했기 때문에 일어나지 않는 걸까?

내 기도가 실제로 중요할까? 내 기도는 하나님께 중요할까? 기도가 현실의 실제 삶에서도 중요할까? 이야기의 중간에서는 무슨 일이 일어나는 걸까?

이 책은 바로 이 신비, 우리 기도의 중간에 있는 신비를 다룬다.

성도, 신앙적 몽유병자, 회의론자

내가 기도에 대해 이렇게 글을 쓰는 이유는 기도라는 위험한 순례에 나섰기 때문이다. 산티아고 순례길을 걷는 일처럼, 기도는 알려진 대로 고되고 예상보다 훨씬 더 값지다.

내가 기도에 대해 이렇게 글을 쓰는 이유는 교회를 사랑하기 때문이다. 나는 기독교회가 세상의 소망이라고 믿는다. 나는 영적 무관심 때문이 아니라 다른 곳에서 진지한 영적 탐색을 하느라 교회를 외면하고 있는 세대도 사랑한다. 내가 기도에 대해 이렇게 글을 쓰는 이유는 하나님이 하나님이심을 신뢰하기 때문이다. 나는 하나님을 구하는 사람은 반드시 그분을 찾게 된다고 믿는다.[4] 그리고 하나님은 사랑이 많으셔서 상대가 누구건 대화의 물꼬만 트면 그 사람을 본향까지 데려가실 수 있다고 믿는다.

나는 성도와 신앙적 몽유병자, 회의론자를 위해 이 글을 쓴다.

성도에게 이 책은 깊은 물속으로 들어오라는 초대장이다. 본문에는 구름같이 허다한 성경의 증인들부터 사막의 교모와 교부, 베네딕트회와 동방정교회 수도사, 가톨릭 철학자들, 불같은 종교 개혁자, 현대의 복음주의자에 이르기까지, 기독교 전통의 다양한 시대에 여러 가지 모양으로 등장했던 보물들이 가득 담겨 있다. 우리 대부분은 그리스도인의 삶이라는 물에 무릎 높이까지 들어간 후 괜찮다 싶으면 거기서 멈추는 경향이 있다. 예수님이 우리를 위해 획득하신 하나님과의 친밀한 교제라는 깊은 물에서 헤엄치지 않는다. 이 책은 그 물속에 깊이 들어와 헤엄치라는 초대장이다.

신앙적 몽유병자에게 이 책은 졸린 머리 위에 쏟아붓는 찬물 한 양동이와 같다. 하나님은 존경스럽지만 지루한 존재라고 생각하는 이들이 너무 많다. 그들은 영적인 삶이 '옳은' 길이고 '좋은' 길이라고 여기면서도, 사교 일정, 좋아하는 스포츠팀, 이성(異性)을 정복하고 승승장구하며 경력을 쌓는 데서 즐거움을 찾는다. 오늘날 기독교에는 성스러운 것과 세속적인 것이 비극적으로 단절되어 '영적인 삶'(성경 읽기, 기도, 좀 더 헌신된 사람의 경우 십일조가 여기 포함된다)과 '평범한 삶'(영적인 삶 이외의 다른 모든 것이 여기 포함된다)의 비성경적 분리가 일어났다.

회의론자들에게 이 책은 가르칠 수 없고 발견할 수만 있는 어떤 것으로 부르는 초대장이다. 나는 이 책을 '궁극적 불확실성'이라는 편안한 회색지대에서 나와 하나님이 정말 우리가 알 수 있는 분인지 아닌지를 알아보라는 공개 초대장으로 썼다. 사람들이 역사상 가장 꾸준히 하나님을 발견한 곳에서 그분을 찾으라는 초대장이다. 그곳은 브로드웨이식 조명과 무대 안개 발생 기계를 갖춘 대형 교회나 비판적 사상가의 유창한 팟캐스트가 아니다. 그곳은 당신 앞에 펼쳐진 막막한 고요와 당신 너머에 있는 끝없이 광활한 공간이다. "이 장대한 이야기의 배후에 무한한 사랑과 전적으로 선한 성품을 가진 작가가 과연 있을까? 만약 있다면, 그가 내 관심을 끌기 위해 부드럽게 시도하고 있을 가능성이 얼마나 될까?" 이러한 질문에 대한 답은 오로지 발견을 통해서만 얻을 수 있다. 이 책은 기도를 통해 발견해 보라는 초대장이다.

　서구 교회는 영적 호기심이 살아 있는 서구 세계와 많은 부분에서 접촉이 끊어졌지만, 기도는 그 둘 사이의 접점이다. 지금의 미국은 후기 기독교 사회로 점점 더 나아가고 있다. 즉 영적 관심은 많지만 종교는 의심스럽게 바라보고, 신비로운 경험에 목말라하면서도 소위 '전문 종교인'의 조언에는 "괜찮습니다. 정중히 사양합니다"라고 말하는 상태인 것이다. 이런 미국에서 기도는 교회를 둘러싼 새로운 사회문화적 분위기를 위협하지 않는 역사적 정통 기독교 신앙의 한 측면이다. 기도는 오히려 그런 분위기에 호소력을 발휘한다.

　기도는 내 삶의 주제이기도 하다. 지금까지 그래 왔고, 가끔씩 아름다움이 빛나지만, 대체로는 어두운 이 세상에서 내가 얼마나 오래 살든 앞으로도 그럴 것이다. 나는 기도하다가 하나님을 발견했다. 기도하다가 목사가 되었다. 내 인생에서 가장 기쁜 일, 가장 비통한 실망, 가장 혼란스러운 (그리고 여전히 답 없는) 질문을 모두 기도로 만났다. 기도는 머리를 뉠 수 있는 푹신한 자리가 아니다. 영혼의 지방을 태우기 위한 운동도 아니다. 기도는 인위적 정체성을 벗고 한두 번은 허세를 완전히 떨친 채로 신비의 아름다움을 볼 수 있을 만큼 용감한 사람만이 감행할 수 있는, 예측 불가의 무모한 모험이다. 조심해서 진행하라. 기도는 소심한 사람을 위한 것이 아니다.

　『기도하고 싶지 않은 당신에게』는 기도의 카탈로그다. 이 책은 각 장을 마무리하며 기도의 실천으로 초대하는데, 숙고에서 발견으로 나아가도록 돕는 간단한 출발점이다. 내용 파악을 목적으로 삼지 말고 기도의 실천을 목적으로 읽어나가기 바란다. 이 책을 덮고 하나님과 대화를 시작한 이후에야 비로소 진정한 보물을 발견할 수 있다. 그것이 바로 우리의 목적지다. 그러나 이야기의 시작점은 아주 평범한 장소, 어느 공립 중학교의 주차장이다.

1. 거룩한 땅
— 할 수 있는 대로 기도하라

아무도 보이지 않았다. 휴일 동틀 녘이니 나 말고는 아무도 없을 터였다. 나는 엔진을 끄지 않은 채 주차장에 렌터카를 세우고 운전석에 꼼짝하지 않고 앉아 흐느꼈다. 감격의 눈물이 주체할 수 없이 흘러내렸다.

거의 20년 만에 보는 건물이 눈앞에 있었다. 나는 어쩌다 보니 내 인생의 성전이자 대성당, 만남의 장소, 큰 전환점이 된 공립 중학교를 바라보고 있었다.

거룩한 장소는 알고 보면 늘 평범한 곳이다, 그렇지 않은가? 모세가 40년 동안 매일 출근하며 양 떼를 쳤던 그 익숙한 들판의 불타는 덤불. 에스더가 왕에게 청원서를 제출했던 응접실. 다니엘이 왕의 법을 알면서도 팔꿈치를 얹고 기도하던 위층의 창턱. 베들레헴 외곽에 있는 가난한 농부의 낡고 허름한 헛간. 베드로가 어렸을 때부터 배를 대던 해변. 건물 내부에서 바람이 불기 시작했던 예루살렘 지저분한 거리의 복층 건물.

일상의 장소는 순식간에 거룩한 땅으로 바뀐다. 나에게는 바로 이 공립 학교에서 그런 일이 일어났다.

초월성의 실험

열세 살의 나는 예수님에 대한 이야기를 다 받아들이진 않았다. 호기심 많은 아이였지만 남의 말을 쉽게 믿는 편은 아니었다. '이 이야기가 사실이라면 나도 끼고 싶다. 하지만 동화에 불과하다면 조만간 정체가 드러나면 좋겠다. 그래야 시시한 노래를 부르고 온갖 집회에 참석하는 일에 시간을 낭비하지 않을 거 아니야.' 이게 나의 논리였다.

그러다 보니 한 멘토가 내게 일종의 실험을 제안했을 때 자연스레 관심이 갔다.

"이번 여름 네가 매일 학교 건물을 한 바퀴씩 돌면서 믿지 않는 친구들을 위해 기도하면 하나님이 그들의 삶에서 어떤 일을 하실 것 같아?"

"모르겠는데요."

"한번 알아보는 게 어때?"

나는 그 제안이 맘에 들었다.

당시는 형이 막 열여섯 살이 된 때였다. 어디든 운전할 기회만 나면 얼씨구나 달려가던 때였다는 말이다. 그해 여름, 형은 매일 나를 학교로 데려다주었다. 방학 때는 절대 갈 생각이 없었던 그곳으로. 전교생에게 모든 학생의 전화번호를 알려 주던 그 시절, 나는 학생 명부를 접어 들고는 여름풀이 빽빽하게 들어찬 학교 운동장 곳곳을 누비곤 했다. 그러다 보니 내 발길을 따라 흙길이 생겼다. 무슨 생각으로 그랬던 걸까? 내가 이전까지 한 번도 사용한 적이 없던 그 명부가 그해 여름 혼자만의 '공동 기도서'가 되었다. 나는 익숙한 학교 건물 주위를 돌면서 그 '기도서'의 안내를 받아 자신 없는 변성기의 목소리로 곧 중학교 2학년이 될 동급생들의 모든 이름을 반신반의하게 여겼던 하나님 앞에 올려 드렸다.

그해 여름, 나에게 뭔가 특별한 일이 일어났다.

나는 내 기도를 듣고 있는지 확신할 수 없었던 하나님과 사랑에 빠졌다. 모종의 궁극적인 의미에서 하나님이 '필요한' 정도가 아니라 내가 하나님을 좋아한다는 것을 깨달았다. 그분의 임재를 즐거워했다. 그분과 함께하기를 고대했다. 그것만이 내가 확실히 아는 전부였다.

개학 첫날, 교장 선생님에게 면담을 요청했다. 지난 2년 동안 열심히 피해 다닌 교장실로 걸어 들어가 바로 본론을 말했다. "동아리를 하나 시작하고 싶어요. 예수님에 관한 동아리입니다."

"음, 지도해 주실 선생님이 한 분 필요하단다. 학교 동아리에는 지도교사가 있어야 하거든. 선생님을 찾으면 시작해도 좋아."

그렇게 해서 형광등이 빛나고 바닥에 하얀 타일이 깔린 브렌트우드 중학교 수학 교실에서 기독교 동아리 모임을 이끌게 되었다. 우리는 수요일 아침 6시 30분에 모였는데, 참으로 편리한 시간이 아닐 수 없었다. 어느 열두세 살 청소년이 해가 뜨기도 전에 모여 인간의 기원과 목적에 대한 실존적 질문들을 탐구하는 일을 마다하겠는가?

모임을 진행하는 나의 전체 전략은 단순했다. 화요일 저녁에 내 방에 앉아 성경을 아무 데나 중간쯤에서 펼치고, 그 페이지에서 한 단락을 골라 전후 문맥에 대한 고려나 별다른 성경 지식 없이 읽고, 그 구절을 해석한 내 나름의 생각을 메모지에 적고는, 다음 날 수요일 아침 모임에 참석한 학생들에게 그 구절을 읽어 주고 설명하는 것이었다. 그것은 재앙의 비결이지 부흥의 비결이 아니었다.

하지만 나에게는 믿을 구석이 하나 있었다. 바로 기도였다.

수요일에는 평소보다 한 시간 일찍 학교에 가서 모임을 인도했고, 화요일과 목요일에도 한 시간 일찍 가서 호주머니에 넣어 다니느라 구겨지고 심하게 닳아 너덜거리는 학생 명부를 넘기며 동급생들의 이름을 하나씩 부르고 그들을 위해 기도했다. 나를 신앙으로 이끌어 준 어머니가 나를 앉혀 놓고는 너무 이른 시간에 학교에 데려다주느라 잠이 부족하다며 기도의 열기를 좀 가라앉히라고 하신 적도 있다. 이 이야기는 물론 실화다.

모임을 시작한 지 두어 달이 지나자 학생들이 너무 많이 찾아오는 바람에 수학 교실에서 학교 강당으로 장소를 옮겨야 했다. 그 학년이 끝날 무렵, 중학교 2학년 학생의 약 삼분의 일이 어둑어둑한 이른 아침에 병원 같은 분위기의 조명 아래 모여서 열세 살짜리 회의론자의 이단적일 여지가 다분했던 설교를 들으며 예수님과 관계를 맺게 되었다.

생각해 보면 이것은 완전히 터무니없는 일이거나 숨 막힐 정도로 놀라운 일이다. 농구팀에 지원해서 긴장해 있는 아이, 사춘기가 (그나마 좀 늦게) 찾아와 어색해하는 아이, 학교 댄스파티에 갈 때면 손에 땀이 나서 고역인 열세 살 소년의 모든 불안 속에서도 살아 계신 하나님의 영이 아이가 중얼거린 기도에 사랑으로 응답하여 그 방향으로 역사가 휘어지게 하셨다니 말이다. 그분이 그렇게 하신 것은 아이가 특별히 똑똑하거나 세상을 운영하는 방법에 대한 그의 제안이 혁신적이라서가 아니라, 불안과 어색함과 사춘기의 긴장감으로 가득한 이 아이를 거부할 수 없을 만큼 사랑스럽게 여기셨기 때문이다.

이것은 터무니없는 일이다. 아니면 숨 막히게 놀라운 일이거나.

신을 벗으라

이 모든 일이 20년 전에 일어났다. 오래되고 친숙한 주차장에 렌터카를 세우고 앉아 있던 나는 운전석 쪽 문을 천천히 비틀어 열었다. 발이 포장도로에 닿았을 때는 해가 나른한 회색 하늘에 막 역광을 비추고 있었다. 휴일을 맞아 부채꼴로 죽 늘어서 쉬고 있는 노란색 스쿨버스들이 보였다. 건물의 모든 문은 쇠사슬로 잠기고 빗장이 질려 있었다. 건물 안으로 들어갈 생각은 없었다. 이 시간에 이곳에 온 것은 건물 주위를 둘러보고 싶어서였다. 신발 밑창이 닳도록 기도하며 거닐던 그 땅을 걸어보고 싶었다. 내 영적 삶을 규정하게 된 그 구간을 말이다.

나는 이제 서른한 살이고 뉴욕 브루클린의 목사가 되었다.

우리 가족은 그 결정적인 중학교 2학년의 해가 끝나고 얼마 지나지 않아 딴 곳으로 이사를 갔고, 그 이후로 나는 브렌트우드로 돌아온 적이 없었다. 그러나 이곳과 이곳에서 일어난 일들은 나를 떠나지 않았다.

처가댁이 학교에서 30분 정도 떨어진 곳에 있었고, 나는 성탄절을 맞아 처가댁을 방문한 터였다. 그러다 문득 그 학교 건물을 지난 20년 동안 한 번도 보지 못했다는 생각이 들었다.

그래서 차를 몰고 이곳으로 왔다. 옛 추억을 떠올리며 오전 6시 30분에 맞춰서 도착했다.

"네가 선 곳은 거룩한 땅이니 네 발에서 신을 벗으라."¹

신발을 벗자 얼음장 같은 도로의 냉기가 양말을 뚫고 발을 파고 드는 것이 느껴졌다.

학교 앞 잔디밭으로 이어지는 언덕의 국기 게양대 자리로 파놓은 틈새에 섰다. 그곳은 내가 열세 살 때 매주 화요일마다 친구들의 이름을 부르며 기도하던 숨겨진 장소였다. 거기서 보도를 따라 예전에 목요일마다 앉아 있었던 한 구역으로 자리를 옮겼다. 처음에는 혼자였지만 시간이 갈수록 내 주위에는 청소년 부흥사들의 무리가 점차 늘어났다. 나는 기도하면서 학교 건물을 돌던 옛 경로를 따라 잔디밭을 걸었다. 그렇게 걷다 보니 하늘과 땅 사이의 공간이 종잇장처럼 얇게 느껴졌다.

다른 사람의 눈에 이곳은 정부 지원금과 약간의 개보수가 필요한 우중충하고 낡은 공립 중학교일 뿐이다. 하지만 내게 이곳은 거룩한 땅이다. 바로 이곳에서 하나님이 내 안에서 뭔가를 시작하셨고 그 일은 결코 멈추지 않았다. 바로 이곳에서 나는 예수님의 다음 말씀이 무엇을 의미하는지 깨닫게 되었다. "너희가 내 안에 거하고 내 말이 너희 안에 거하면 무엇이든지 원하는 대로 구하라. 그리하면 이루리라."² 그래서 나는 그 땅을 걸으며 기도했다. 볼에서는 눈물이 흘러내렸고 목소리가 하도 떨려서 말조차 제대로 안 나왔지만 말이다.

모든 일에 대해 기도하라

기도에 관한 성경 구절은 매우 많기 때문에 이 신성한 신비와 씨름하는 출발점으로 삼을 만한 본문 또한 부족하지 않다. 하지만 바울이 빌립보 교회에 보낸 편지 말미에 적은 다음 가르침보다 더 간결하고 명확한 지침은 없을 것이다.

> 주께서 가까우시니라. 아무것도 염려하지 말고 다만 모든 일에 기도와 간구로, 너희 구할 것을 감사함으로 하나님께 아뢰라. 그리하면 모든 지각에 뛰어난 하나님의 평강이 그리스도 예수 안에서 너희 마음과 생각을 지키시리라.[3]

성경의 답답한 측면 중 하나는 이케아 가구의 설명서처럼 쉽게 이해되지 않는다는 것이다. 하나님이 그냥 단계별로 차근차근 설명해 주시고 나는 그대로 따라 하기만 하면 좋을 것 같다. 하지만 어떤 이유에서인지 하나님은 이야기로, 비유로, 수수께끼로 말씀하시기로 결정하셨다.

위의 구절은 이 문제가 그리 간단하지 않다는 증거다. 이 구절은 단계별로 설명하고 있지만, 일반적으로 우리는 그 단계를 따르지 않는다. 아무것도 염려하지 말라. 모든 일에 대해 기도하라. 하지만 그리스도를 따르는 사람들은 대부분 기도로 염려를 내려놓기보다는 그것을 곱씹는 데 훨씬 많은 시간을 보낸다. 이렇게 단순하고 명쾌한 답이 바로 앞에 있는데, 왜 우리는 이토록 만족스러운 교환을 제시하시는 하나님의 제안을 받아들이지 않을까?

답은 간단하다. 믿지 않는 것이다.

우리는 이렇게 생각한다. '이봐요, 그렇게 간단하지 않다고요.'

나는 인생의 전반기를 보내고 있는 청년들이 주로 모이는 교회의 담임목사이고, 그렇다 보니 기도에 관한 질문보다는 염려를 관리하는 법에 관한 질문을 훨씬 많이 받는다. 염려는 현대인의 삶 근저에서 흐르는 배경음악과도 같다. 나는 염려하는 사람들과 많은 대화를 나누었다.

하지만 이것은 다른 사람들에 대한 진단만이 아니다. 나 역시 평안보다 염려에 더 익숙하다. 기도하는 자에게 약속된 홀가분한 자유를 받아들이는 일보다 나를 압도하는 상황을 통제하려는 무의식적 욕구에 더 익숙하다. 나 또한 염려를 초월한 수준에 있으면서 기적의 주문을 건네는 상담 전문가가 아닌, 당신과 같은 처지에 놓인 사람일 뿐이다.

하나님은 극심한 염려 대신에 평강을 약속하신다. 논리적으로 이해할 수 없는 초자연적 평강이다. 이 교환이 이루어지는 수단이 기도다. 그러나 영적 성숙도나 삶의 단계, 심리적 인식, 성격 유형에 관계없이, 대부분의 사람은 기도하는 자에게 약속된 '염려와 평강의 교환'을 경험하지 못한다.

왜 그럴까?

왜 기도하지 않을까?

기도의 명백한 장애물은 표면적으로 드러나 있다. 우리는 바쁘다. 우리는 사회적 존재다. 사회에서 성공했고 바람직한 모습을 하고 있고 사회적 의식도 있다(적어도 그렇게 되려고 노력한다). 이 모두가 시간이 드는 일이므로, 우리의 온전한 관심을 얻고자 치열한 경쟁이 벌어진다.

물론, 우리가 인터넷을 주머니에 넣고 다닌다는 사실도 고려해야 할 것이다. 미국인의 97퍼센트가 휴대전화를 소유하고 있고, 그중 85퍼센트는 스마트폰이다.[4] 쉬는 시간에 우리는 전부 레딧 스레드를 보고, 인스타그램 피드를 스크롤하고, 트위터에서 정치논쟁에 참여한다. 그래서 바쁘고 산만하다.

그래도 우리는 먹고 잘 시간을 내고, 운동 시간도 어느 정도는 꾸준히 확보한다. 매우 바쁘고 정신없는 세상에서도 사람들은 정말 중요한 일에는 여전히 시간을 낸다. 그러니 우리가 기도하지 못하게 만드는 더 깊은 문제가 표면 아래에 있다고 봐야 한다.

내가 생각할 때 그 문제는 대부분의 사람에게 기도가 염려를 해결해 주지 않는다는 것이다. 성경은 "염려하지 말라. 그냥 기도하라"고 가르친다. 우리가 기도하지 않는 것은 기도하면 염려할 거리가 잔뜩 따라오기 때문인지도 모른다. 왜 기도하면 오히려 염려하게 될까? 깊이 있고 신중하게 자신을 드러내어 하나님과 소통하지 않는

한 얼마든지 무시할 수 있는 두려움이 기도하면서 드러나기 때문이다.

먼저, 그런 두려움의 정체를 밝혀야 한다.

1. 어수룩해 보일까 봐 두려워 기도하지 않는다

내 삶의 장면들은 치열하게 논리적이고 지적인 도시를 배경으로 펼쳐진다. 그런 환경에서 어수룩함보다 더 큰 죄는 없다. 뉴욕이나 포틀랜드 같은 도시(나는 어른이 된 후 줄곧 이 두 도시에서 살았다)에서는 중서부 교외에서 대도시로 온 주립대 졸업생이 비행기에서 내리자마자 눈이 휘둥그레지는 모습만큼 촌스러운 것도 없다. 어수룩함은 끔찍할 정도로 유행에 뒤떨어진 모습이다.

우리가 만들어낸 이 작고 비좁고 세속적인 세상에서 우리와 상호작용을 하는 모든 것은 잠재적으로 우리가 통달할 수 있는 대상이다. 살아남으려면 모든 것을 빨리 습득해야 한다. 집과 사무실을 오가는 가장 효율적인 경로부터 직장에서 직급을 올리는 방법, 우아하게 초밥을 먹는 법, 자전거를 타고 차선을 횡단하고 살아남아 그 이야기를 들려주는 것까지. 그리고 통달할 수 없는 대상이 있다면 그것은 언제든지 피할 수 있다. 업종을 바꾸고 젓가락질을 피하고 우버를 타면 된다.

기도는 통달할 수 없다. 기도는 언제나 복종을 의미한다. 기도한다는 것은 무방비로 노출된 자리에 자신을 기꺼이 놓는 일이다. 올라갈 수 없다. 통제할 수 없다. 통달도 없다. 오직 겸손과 소망이 있을 뿐이다.

기도한다는 것은 어수룩해지는 위험, 누군가를 믿는 위험, 바보짓을 할 위험을 감수하는 것이다. 기도한다는 것은 우리를 실망하게 할지 모를 상대를 신뢰하는 모험을 감수하는 것이다. 기도한다는 것은 소망을 품는 것이다. 그런데 지금까지 우리는 소망을 품지 않는 법을 배워 왔다. 그래서 기도를 피한다.

2. 침묵이 두려워 기도하지 않는다

많은 사람들이 자신의 영성을 상당히 편안하게 여긴다. 그런데 기도를 하고 예수님이 기도에 대해 말씀하신 내용이 다 옳은 것처럼 살아가려면 침묵을 마주할 가능성을 감수해야 한다.

달라스 윌라드는 이렇게 말했다. "침묵은 무섭다. 침묵은 다른 그 무엇도 할 수 없는 방식으로 우리를 발가벗기고 삶의 냉혹한 현실을 직면하게 만들기 때문이다. 그 고요 속에서 '우리와 하나님'이 별다른 관계가 아님이 밝혀지면 어떻게 될까?"[5]

만약에 〔우리 신앙에서〕음악과 공동체와 설교를 벗겨낸다면, 각자에게 익숙한 신앙 표현에서 모든 소음을 제거한다면 어떻게 될까? '나와 하나님만' 남았는데, 그 관계가 실상 별다른 것이 아님을 알게 된다면 어떻게 될까?

기도는 소음에 중독된 자리에서 침묵과 마주하게 될 위험을 의미한다. 우리는 하나님에 대해 말하고 노래하고 읽고 배우는 일에 익숙하지만, 기도하면 그 하나님과 직면하게 될지 모를 위험이 따른다. 기도하면 하나님과 진정한 상호작용을 하게 될 위험이 생기고, 하나님 주변의 소음에 안주하는 데 익숙해진 기간이 길수록 그 위험은 더 크게 다가온다. 그분과의 상호작용이 어색하거나 실망스럽거나 지루하면 어떡할까? 아니, 하나님이 나를 완전히 바람맞히시면 어떻게 하지?

기도로 잃을 것이 이렇게나 많다면, 하나님과 둘만의 시간을 회피하는 것보다 기도가 더 무섭게 느껴질 수 있다.

3. 이기적인 동기가 두려워 기도하지 않는다

자기평가는 우리를 마비시킨다. 하나님께 기도할 때 우리가 하는 말을 하나하나 평가하고 비판하면 기도는 더듬거림이 된다.

나는 왜 이것이 그토록 갖고 싶을까? 내가 이것을 요청하는 배경에는 무엇이 자리 잡고 있을까? 나는 하나님께 이런 것을 구할 만큼 그분과 충분한 시간을 보냈는가, 아니면 지금 나의 행위는 뭔가가 필요할 때 하나님께 문자를 보내는 일에 불과할까? 나의 소원은 정말 하나님 앞에 내어놓을 만큼 순수한 것일까?

룸메이트가 예수님을 모른다고 가정해 보자. 룸메이트를 위해 기도하기 전에 우리 내면에는 한 가지 질문이 소용돌이칠 것이다. 그가 하나님을 발견하기를 바라는 진짜 이유는 무엇이지? 그를 온전하게 만드시는 하나님의 사랑을 깨닫기 원하는 순수한 바람인 걸까? 아니면 다른 사람이 나와 동일한 결론에 이르는 것을 보면서 위안을 얻으려는 걸까? 가령 언젠가 기독교 신앙이 삶을 견딜 만하게 만드는 미신적 방법에 불과하다고 밝혀진다면 사람들의 비웃음을 나 혼자가 아니라 우리가 함께 받게 되리라 생각하며 안도하는 것은 아닐까? 아니면 내가 모든 일의 정답을 알고 있고, 모든 사람이 나처럼 생각하고 믿고 행동하면 세상이 더 나아질 것이라고 보는 것일까? 나르시시즘을 룸메이트에 대한 긍휼로 위장하고 있는 것에 불과할까? 혹시 보수적 신앙을 가진 할머니에게 어렸을 때 배운 종교적 죄책감을 떨치지 못하고 있는 것은 아닐까? 그래서 룸메이트를 위해 기도하는 와중에도 내가 정말 원하는 것은 자신이 괜찮은 사람이라는 느낌인 걸까?

우리는 내면에서 끝없이 소용돌이치는 여러 동기가 맞부딪히며 내는 불협화음을 너무나 잘 알고, 기도할 때 그런 동기들을 점점 더 의식하게 된다. 그리고 어떤 이들은 그에 따른 자기평가로 옴짝달싹 못 하게 된다.

4. 엉터리로 기도할까 봐 무서워 기도하지 않는다

어떤 이들은 다른 사람의 기도를 듣고 고등학교 웅변 수업 시간에 윈스턴 처칠의 다음 차례가 된 것 같은 기분이 들어 기도하지 못한다.

말주변이 없는 사람들이 있다. 자신감이 없고, 편안하지 않고, 다른 사람들이 소리 내어 기도하는 것을 들으면 불안감만 커질 뿐이다.

교인석에 앉아서 신앙 전문가 같은 신자들이 평소의 대화에선 절대 쓰지 않을 단어들을 구사하여 하나님께 말씀드리는 것을 듣는 일이 몇 년 동안 기도에 대한 경험의 전부인 그리스도인이 많다. 그러면 이런 오해를 하게 된다. '내가 기도를 잘못하고 있나 봐.'

어떤 이들은 기도를 자주 하지 않는다. 어쨌든 아직은 자주 하지 않는다. 언젠가는 기도의 용어를 익히고 기술을 배우게 될 거라고 생각할 뿐이다.

왜 기도하는가?

우리에게는 기도에 대한 두려움이 있다. 앞에서 살펴본 모든 두려움
이 사실이라면 우리는 왜 기도해야 할까?

1. 짓눌려 있으니 기도해야 한다

현대 세계의 가장 큰 사회적 죄는 어수룩함이다. 믿음은 철이 지났고
냉소주의가 유행이다. 이런 현대적 현상은 어디에서 비롯되었을까?

역사적으로 계몽주의는 인류의 진보라는 위대한 신화를 제시했
는데, 이 신화는 시간이 지남에 따라 모든 것이 개선되고 사람들이
더 온전해지며 세상은 꾸준히 더 좋아진다고 가정한다. 이 가정은 세
계 발전의 근간을 이루었으나, 두 차례의 세계대전과 역사상 가장 피
비린내 나고 야만적인 세기를 거치면서 꺾여 버렸다. 인류의 진보에
대한 낙관론이 풍선처럼 터지면서 그에 못지않은 광범위한 환멸이
이어졌다.

당신도 나도 계몽주의 이후 나타난 해체의 이야기에 길들여져 있
다. 그 이야기에는 하나님에 대한 신뢰를 찾아볼 수 없지만 인간을
신뢰할 수 없는 이유도 많이 담겨 있다. 그 결과로 신도 인간도 필요
없는 척 가장함으로써 안전을 추구하는 사람들이 여러 세대에 걸쳐
나타났다. 스스로를 신뢰할 수 있고 이끌 수 있으며 자기 혼자로 충
분하다고 여기는 사람들이다.

예수님의 지혜로운 말씀에 따르면, 열매를 보고 나무를 알 수 있다.[6] 그렇다면 현대인의 삶에 있는 자기충족적 이야기의 열매는 무엇일까? 그것은 짓눌림이다. 내가 만나는 사람은 모두 '자기 일'에 빠져 있다. '자기 일'이 예술적 노력이든, 수익 창출이든, 고객을 유치하고 같이 식사하는 것이든, 자녀를 키우는 것이든 상관없다. '자기 일'(종류가 무엇이건 간에)이 모든 것을 삼켜 버리기 때문에 우리는 '자기 일' 너머를 보지 못한다.

어수룩해지는 것은 피했지만, 그 대가로 우리는 짓눌려 버렸다. 이야기를 바꾸면 자유로워질 줄 알았는데 사실상 감옥을 바꾼 것에 불과했다. 자유를 선사하리라고 믿었던 이야기가 우리를 가두고 있다면, 논리적인 대응은 그 너머를 바라보는 일이 되어야 할 것이다. 하지만 교회에서조차도 우리의 기도는 짓눌린 삶을 초월적인 평강으로 바꾸지 못한다. 우리의 기도는 하나님을 우리의 짓눌린 삶 속으로 끌어들일 뿐이며, 하나님을 우리 삶에 끼워 맞출 방법은 그분을 축소하는 것뿐이다. 우리는 계속 기도하지만, 기도의 능력에 대한 기대치를 낮춘다.

우리의 기도는 물에 가라앉지 않으려고 미친 듯이 발버둥치며 가상의 무력한 신에게 소극적으로 말을 거는 일에 불과하다. 그 신이 할 수 있는 일이라곤 하루를 버티게 해줄 올바른 관점을 제시하는 것이 전부다. 하나님을 우리만큼이나 짓눌리고 무력한 신적 존재로 축소했으니, 그분에게 바치는 우리의 기도가 모호하고 뜸한 것은 이해할 만한 일이다. 끊임없이 짓눌리는 삶에서는 가장 순수한 날것 그대로의 기도가 나와야 할 것 같지만, 오히려 많은 이들의 방향은 실망도 자유도 만날 일이 없게 해주는 안전하고 계산된 기도로 쏠린다.

2. 믿음보다 신뢰가 먼저이니 기도해야 한다

우리는 침묵을 두려워한다. 그러나 그 두려움을 진정시키는 것은 믿음이 아니라 신뢰다. 믿음은 우리가 바라는 것에 대한 확신이고,[7] 신뢰는 하나님의 성품에 대한 확신이다.

하나님이 특정한 요청에 응답하실 것이라는 믿음을 가지려면 먼저 우리 기도의 대상이신 하나님의 성품을 신뢰하는 법을 단순하게 배워야 한다. 내 경험에 비추어 보면, 기도할 때 의지력을 발휘하여 믿음을 끌어내려 해봐도 침묵의 가능성에 대한 두려움이 줄어들지 않지만, 기도를 들으시는 분의 성품을 신뢰하면 분명히 그런 효과가 따라온다. 하나님을 신뢰하면 이렇게 말할 수 있게 된다. "하나님이 지금 무슨 일을 하고 계시는지 당장은 이해할 수 없지만, 나는 그분의 선하심을 신뢰한다."

기도해도 암이 없어지지 않으면 어떻게 하나? 일자리를 얻지 못하면? 그가 돌아오지 않으면? 그가 중독에서 벗어나지 못하면? 신뢰가 없으면 하나님의 침묵이 남기는 실망을 대면하지 못한다. 우리 기도의 대상이신 하나님으로부터 스스로를 보호하기 위해 벽을 쌓게 된다. 조심스럽게 기도의 뉘앙스를 조절하여 두 번 다시 그런 식으로 실망하는 일이 없도록 자신을 보호한다(응답 없는 기도라는 잡초는 9장에서 자세히 다룰 것이다).

신뢰가 있으면 성품상 도저히 침묵하실 수 없을 것 같은 하나님께 나아가 잔인할 정도로 정직하게 말씀드릴 수 있다. "어디 계셨습니까? 어떻게 그러실 수 있습니까? 무슨 생각으로 그러셨습니까?" 예수님이 계시하신 하나님은 우리가 완벽하게 이해할 수 있는 분은 아니지만 완벽하게 신뢰할 수 있는 분이다. 신뢰는 하나님이 우리의 기도를 듣고 돌보신다는 확신이다. 하나님이 고통을 없애 주시지 않을 때도, 나는 나와 함께 고통을 짊어지시는 하나님을 신뢰한다. 예수님 안에서 계시된 하나님을 신뢰한다는 것은 침묵이 실재하지만 영원하지는 않다는 뜻이다.

3. 불평도 환영하시니 기도해야 한다

하나님은 우리의 불순한 동기를 우리만큼 걱정하지 않으신다. 나는 이 말을 증명할 수 있다. 하나님의 영감을 받은 무오한 정경의 일부로 채택된 몇 가지 기도문을 보자.

뜨거운 숯불이 그들 위에 쏟아지게 하시고, 그들이 불구덩이나 수렁에 빠져서 다시는 일어나지 못하게 해주십시오(시 140:10, 새번역).

내가 도와 달라 외치다 지쳤고 내 목은 말라 버렸습니다. 내가 눈이 빠지도록 하나님을 기다립니다(시 69:3, 우리말성경).

내가 그분 앞에 내 불평을 털어놓았으며 그분 앞에 내 어려움을 보여드렸습니다(시 142:2, 우리말성경).

분노, 우울함, 불평으로 가득한, 심리 치료가 시급해 보이는 이 기도문들의 저자는 다윗이다. 다윗의 이름은 다들 들어 봤을 것이다. 고대 이스라엘에서 가장 유명한 인물, 후대의 모든 왕에게 오르지 못할 높은 기준을 제시한 왕, 하나님의 마음에 합한 사람, 그 혈통에서 메시아가 나온다는 약속을 받은 인물 말이다. 위의 기도문들을 쓴, 정신적 고뇌와 질환으로 신음했을 듯한 이는 바로 다윗이다.

이 기도문들은 시편으로 엮여 교회가 시작되기 이전부터 기독교 예배와 기도의 틀이 되었으며,[8] 다음과 같이 사랑받는 다윗의 다른 시들과 나란히 놓여 있다.

여호와는 나의 목자시니 내게 부족함이 없으리로다. 그가 나를 푸른 풀밭에 누이시며 쉴 만한 물가로 인도하시는도다. 내 영혼을 소생시키시고(시 23:1-3).

다윗은 항상 평온하고 균형 잡힌 사람은 아니었던 것 같다. 그는 "뜨거운 숯불이 그들 위에 쏟아지게"[9] 해달라고도 기도했다.

내 영혼아, 여호와를 송축하며 그의 모든 은택을 잊지 말지어다.……[그가] 좋은 것으로 네 소원을 만족하게 하사 네 청춘을 독수리같이 새롭게 하시는도다(시편 103:2, 5).

다윗이 항상 하나님이 날개를 펼치시는 것처럼 느낀 것은 아닌 듯하다. "내가 도와 달라 외치다 지쳤"[10]다고도 기도했기 때문이다.

내가 날마다 주를 송축하며 영원히 주의 이름을 송축하리이다(시 145:2).

내가 생각할 때 위 구절의 "날마다"는 과장된 표현이다. 그의 입술에서 찬양이 아닌 다른 것이 나온 날도 있기 때문이다. "내가 그분 앞에 내 불평을 털어놓았으며."[11]

다윗의 시편들에는 다양한 동기들이 드러나 있다. 시편의 기도문 중 일부 내용은 예수님의 가르침과 하나님의 성품에 정면으로 위배된다(원수 사랑은 어디 있으며 사랑이 풍성하시고 한결같이 신실하신 하나님은 어디 계신가?[12]). 엄밀히 말하면 이런 시편의 내용은 이단적이라고 할 수 있다. 그렇다면 왜 이런 기도문이 성경에 포함된 걸까?

정직하기 때문이다. 그래서 이 시편들이 모범이 되는 것이다. 하나님은 완벽한 동기에서 나온 잘 준비된 연설이 아니라 관계를 원하신다. 하나님은 과잉 반응이라 할 만한 분노, 극적인 절망, 천진한 기쁨에 귀 기울이셨고 다윗을 그분의 마음에 합한 사람이라고 부르셨다.[13] 기도에 있어서 하나님은 에세이 채점관이 아니라 아이들과 대화하는 분이다. 하나님이 성경 한가운데서 볼 수 있는 문제투성이 기도들을 기뻐하신다면, 우리가 미처 다듬어 내지 못하고 쏟아내는 기도도 감당하실 수 있다.

성경이 알려 주는 기도법에 따르면, 하나님은 다듬어지고 편집된 기도문보다 폭언과 오타가 가득한 초고를 훨씬 선호하신다. C. S. 루이스는 기도에 대해 다음과 같이 말했다. "우리는 우리 속에 있어야 마땅한 것이 아니라 우리 속에 있는 것을 하나님 앞에 내놓아야 한다."[14]

사람의 동기는 침묵 속에서 바로잡는 방식으로는 달라지지 않는다. 기도를 통해 하나님과 잔인할 정도로 솔직하게 대화를 나누는 일이 필요하다. 하나님은 이런 방식으로 사람의 동기를 정화하실 수 있다. 그분은 불평을 환영하신다.

4. 제대로 기도하려는 태도가 유일하게 잘못된 기도 방식이니 기도해야 한다

예수님이 제자들에게 기도를 가르치실 때 중간에 이 내용을 포함하셨다. 이것은 내게 정말 큰 도움이 된다. "오늘 우리에게 일용할 양식을 주시옵고."[15] 자신에게 필요하다고 느끼는바, 곧 그날그날의 필요를 하나님께 말씀드리라니, 이 얼마나 간단한 요청인가! 그럼 어떻게 기도해야 할까? 가장 간단하게 답하자면 우리 마음속에 있는 것을 하나님께 말씀드리는 것이다. 바로 이것이다! 하나님과 친구처럼 대화하라. 털어놓으라. 여쭤보라. 웃으라. 들으라. 짐을 내려놓으라. 그냥 이야기하라. 실제보다 더 거룩하거나 순수하거나 영적인 목소리를 내려 하지 말라. 기도는 고상한 독백이 아니라 자유롭게 흐르는 대화다. 제대로 기도하려는 태도가 유일하게 잘못된 기도 방법이다.

캔들러 신학대학원 명예교수 로버타 본디의 현명한 말을 빌려 이렇게 전하고 싶다. "지금 기도하고 있다면, 이미 '제대로 하고 있는 것'이다."[16]

주님이 가까이 계신다

주께서 가까우시니라. 아무것도 염려하지 말고 다만 모든 일에 기도와 간구로, 너희 구할 것을 감사함으로 하나님께 아뢰라. 그리하면 모든 지각에 뛰어난 하나님의 평강이 그리스도 예수 안에서 너희 마음과 생각을 지키시리라(빌 4:5-7).

현대인의 귀에 이 구절은 한 번도 염려해 본 적이 없는 사람, 우리가 겪은 일을 전혀 겪어 본 적 없는 사람이 쓴 것처럼 들린다. 마치 종교적 덕담 같다. 세상일이 그렇게 간단하지 않다는 반감이 든다. 그렇게 간단하다면 왜 위의 구절대로 되지 않겠는가?

사람들이 유명한 구절을 언급할 때는 대부분 염려를 없애라는 명령부터 소개한다. "아무것도 염려하지 말고." 그러나 이 구절 바로 앞에는 '주님이 가까이 계신다'는 사실의 진술이 나온다. 여기가 진짜 시작점이다.

우리의 기도에서 능력을 빼앗는 깊은 두려움의 원천은 주님이 가까이 계시지 않는다는 거짓말이다. 하나님이 나를 잊으셨다는 거짓말, 나를 돌보시지 않는다는 거짓말, 내 미래가 안전하지 않다는 거짓말이다. 결국 하나님은 가깝든 멀든 믿을 수 없는 분이고, 약속을 이행할 수 없는 분이며, 따지고 보면 우리는 이 세상에서 정말로 혼자 살아가야 한다는 걱정이다.

네 명의 복음서 저자는 모두 예수님이 성전 환전상들의 탁자를 둘러엎으며 거룩한 울분을 터뜨린 사건을 기억한다. 예수님은 기도의 집을 더럽히는 부패한 것들을 선지자답게 깨끗이 닦아 내셨다. 소란의 한복판에서 격노하신 랍비 예수님은 모두의 시선이 쏠린 상태에서 숨을 헐떡이며 이렇게 외치셨다. "내 아버지의 집을 장사하는 집으로 만들지 말아라!"[17] 예수님은 침착하고 잘 준비된 상태로 미리 준비한 가르침을 전하신 것이 아니라, 의분에 사로잡혀 머리가 아닌 가슴으로 성전을 "내 아버지의 집"이라고 직관적으로 지칭하셨다.

이것은 의미심장한 일이다. 1세기 이스라엘에서 성전은 지상에 있는 건물 중 가장 추앙받는 건물이었기 때문이다. 유대인들은 성전을 말 그대로 야훼의 집, 하나님이 임재하시는 곳이라고 믿었다. 성전은 하나님이 사시는 집이었다. 문턱을 넘으려고만 해도 정결 의식을 거쳐야 했고, 중앙에 가까워질수록 출입이 제한되었다. 제사장들조차도 가장 안쪽 방에는 대부분 들어갈 수 없었다. 고대 히브리 영성에서 성전은 하나님의 임재 그 자체였기 때문이다. 그런데 예수님은 바로 이런 장소를 '집'이라고 부르셨다. 제사장들까지 긴장하게 만든 하나님의 임재 안에서 예수님은 집에 있는 것처럼 편안해하셨다.

낸시 메어스는 이런 심오한 말을 남겼다. "사람이 하나님을 어떤 존재로 믿는지는 그가 고백하는 신조보다는 아무도 듣지 않을 때 하나님께 어떤 식으로 말하는지를 살펴보면 가장 잘 알 수 있다."[18]

당신이 하나님의 이름을 부를 때, 당신과 시선을 주고받는 그 신성한 얼굴은 어떤 표정을 짓고 있는가? 하나님의 마음속에선 어떤 일이 일어나고 있는가? 하나님의 기분은 어떤가?

하나님, 방해해서 죄송합니다만⋯⋯.

하나님, 정말 바쁘신 줄 알지만⋯⋯.

하나님, 그동안 한참을 찾아뵙지 못한 건 압니다만⋯⋯.

"내 아버지의 집." 예수님의 기도는 바로 이 심오하게 다른 출발점에서 나온다. 우리의 기도를 능력으로 채우는 단 하나의 단순한 확신은 "주께서 가까이 계시다"는 것이다. '24-7 기도 운동'의 설립자인 피트 그레이그는 이렇게 말했다. "당신이 앞으로 발견하게 될 가장 중요한 내용은 당신을 향한 하나님 아버지의 사랑이다. 창조주께서 당신을 좋아하시고, 당신을 향해 얼굴을 찌푸리지 않으시고, 당신 편이시라는 확신은 당신이 기도의 능력을 발휘하게 해줄 것이다. 우리의 사명과 긍휼의 행위, 중보기도, 청원, 고백, 영적 전쟁은 하나님 아버지의 사랑을 아는 지식에서 시작되고 끝나야 한다. 그렇지 않으면 계시와 기대와 기쁨이 아니라 절박함, 결의, 의무가 우리의 행동과 기도의 근원이 될 것이다."[19]

이 글을 읽는 당신이 앞으로 발견하게 될 가장 중요한 사실은 하나님 아버지의 사랑이고, 그것은 말 그대로 발견해야 할 내용이다. 그것은 가르칠 수 없고 발견할 수만 있다. 그리고 다른 모든 것이 그 발견에서 흘러나온다.

나는 달이 지구에서 30만 킬로미터 이상 떨어져 있고 밤하늘의 빛일 뿐만 아니라 그 위를 걷고 만질 수 있는 단단한 덩어리이기도 하다는 것을 안다.[20] 나는 그 사실을 알지만 닐 암스트롱은 그 사실을 발견했다. 그는 멀고 먼 거리를 여행하여 밤하늘에 반짝이는 그 빛 위를 걸었다. 그것은 전혀 다른 경험이다. 지식은 전해 들은 말이고 사실을 암기하는 것이다. 그러나 발견에는 개인적 경험이 필요하다.

메인 요리에 대한 메뉴판의 모든 설명을 읽고, 관심을 끄는 몇 가지 음식에 대해 서빙 직원의 유창한 설명을 듣고, 음식이 담겨 나오는 접시를 주의 깊게 관찰하고, 첫 한 입을 먹는 다른 고객의 반응을 주시할 수 있다. 하지만 그 어느 행위도 허기를 채워 주진 못할 것이다. 포크와 나이프를 들고 직접 맛보기 전까지는 그 모두가 전해 듣는 말일 뿐이다.

지금까지 제작된 로맨틱 코미디 드라마를 전부 시청할 수 있다. 고전 로맨스 소설을 싹 다 읽을 수 있다. 카페의 옆 테이블에서 첫 데이트를 하는 남녀의 대화를 엿들을 수 있다. 남의 결혼식장에서 눈시울을 붉히고, 결혼 50주년을 기념하는 노부부를 보며 감탄할 수 있다. 하지만 이 모든 일은 사랑에 대해 아는 것에 불과하다. 사랑을 발견하려면 첫 데이트의 두근거림을 직접 느껴 보고, 호응을 장담할 수 없는 상태에서 상대방에게 마음을 전하고, 친구와 가족들 앞에서 서약을 하고, 평범한 일상과 뜻밖의 변화를 겪으며 수십 년을 함께한 배우자의 주름진 손을 잡아야 한다. 진정한 사랑에는 개인적 경험이 필요하다.

기도도 마찬가지다. 기도를 다룬 온갖 고전을 읽고, 부흥 이야기를 연구하고, 성경의 모든 통찰을 소중히 간직하고, 기도와 관련된 사실들을 외우는 식으로 접근할 수 있다. 그런가 하면 매일 기도로 하나님과의 관계를 누리고, 열렬히 귀 기울이시는 아버지와 함께 비범한 일, 충격적인 일, 그 중간의 온갖 평범한 일들을 계속 헤쳐 나갈 수도 있다. 어떤 방법이 더 효과적일지 추측해 보라. 기도가 무엇인지는 직접 발견해야 한다.

이론보다는 실천

제자들이 "우리에게도 기도를 가르쳐 주옵소서"[21]라고 요청하자 예수
님은 기도하기 시작하셨다. 그것이 그분의 답변이었다. 현대 영성 훈
련의 선구자 리처드 포스터는 이렇게 조언한다. "우리는 기도함으로
써 기도를 배운다."[22] 관상가 토머스 머튼은 "기도의 삶을 원한다면
기도함으로써 얻을 수 있다"고 말했다.[23] 영적 거인인 마더 테레사는
이렇게 가르쳤다. "정말 기도할 의향이 있고 기도하고 싶다면 지금
기도할 준비를 해야 한다."[24]

　　기도는 이론보다 실천이므로, 도미니크회 수도사 존 채프먼의 표
현을 빌려 기도의 출발점을 제시하고 싶다. "할 수 있는 대로 기도하
고, 할 수 없는 방식으로 기도하려 하지 말라."[25] 한 시간 동안 기도할
수 없는가? 괜찮다. 그렇게 기도하려고 애쓰지 말라. 영원처럼 느껴
질 것이다. 1분 동안 기도하라. "할 수 있는 대로 기도하고, 할 수 없
는 방식으로 기도하려 하지 말라."

　　집에서 기도하려 할 때마다 정신이 흐려진다면, 볼일을 보러 나
가거나 운동을 하거나 길을 걸으면서 기도하라. 집중이 안 되어 소리
내어 기도할 수 없다면, 종이와 펜을 꺼내 기도를 적으라.

　　소망과 믿음으로 기도할 수 없어도 하나님은 개의치 않으신다.
하나님은 우리가 의심과 실망을 그분께 말씀드리길 원하신다. 찬양
과 흠모의 말로 기도할 수 없다면, 지어내지 말라. 불평, 분노, 혼란

으로 기도하라.

천진함보다 냉소적 태도가 더 편하고, 자신의 동기가 불순하게 느껴지고, 침묵이 두렵고, 응답이 두렵고, 제대로 기도하고 있지 않다는 확신이 든다면, 완벽한 출발점에 서 있는 것이다. 할 수 있는 대로 기도하라. 그렇게 하다 보면 어떤 시점에서 인생의 가장 중요한 발견을 하게 될 것이다. 하나님 아버지가 당신을 사랑하신다는 것을 발견하게 될 것이다. 그 발견을 허락하시는 것은 하나님의 몫이다. 당신의 몫은 기도의 자리로 그냥 정직하게 나가는 것이다. 기도의 자리로 나가라. 계속 나가라. 기도에서 타협할 수 없는 부분은 이것 하나뿐이다.

이 초대는 모두를 위한 것이다.

기도를 한 마디도 입밖에 내본 적이 없다면, 예수님 옆에서 십자가에 못 박혔던 강도가 하나님 아버지의 사랑을 발견하는 데에는 한 마디 겸손한 요청으로 충분했다는 것을 알아야 한다.[26]

기도하다 깊은 상처나 실망이 생겨났다면, 관계에서 신뢰가 깨어질 때 침묵하고 거리를 둔다고 해서 상처가 치유되지 않음을 기억하라. 치유를 위해서는 다시 참여하는 용기가 필요하다. 그 일이 쉽다고는 말하지 않겠다. 그러나 기도의 자리가 곧 치유의 자리다.

몇 년째 성숙한 기도의 삶을 적극적으로 살고 있고 아직도 발견할 것이 더 남았는지 궁금해진다면 기억하라. 당신은 하나님의 임재 안에서 영원을 보내게 될 것이고 결코 그분을 다 헤아리지 못할 것이다. 그분의 선하심에 대한 경이감을 결코 잃지 않을 것이고, 그분의 임재 안에서 결코 지루하지 않을 것이며, 그분을 결코 완전히 이해하지 못할 것이다. 이 신성한 관계에는 발견할 내용이 무한하다.

할 수 있는 대로 기도하라.

이것은 모두에게, 즉 초심자, 지친 사람, 신실한 사람, 그리고 그 사이의 모든 사람에게 보내는 초대장이다.

모교 중학교를 한 번 방문한 것으로는 충분하지 않았다. 다시 돌아가야 했다. 새해 전야에 나는 아내와 저녁을 먹으러 나갔고 디저트까지 먹은 후 그곳으로 향했다. "새해를 맞이하기 좋은 로맨틱한 장소가 어딘지 알아요?"

나는 최대한 빨리 차를 몰아 두어 개의 도시를 지나 옛 중학교에 도착했다. 새해가 시작될 때 그곳을 돌며 기도하고 싶었기 때문이다. 그렇게 하면 하나님이 내가 그분께 바라는 일을 해주실 거라고 생각해서가 아니었다. 달력의 숫자에 하나님을 뜻대로 불러내는 어떤 신비한 힘이 있어서 돌아간 것이 아니었다. 나는 그곳에 있고 싶었다. 하나님 아버지와 함께 있고 싶었다.

그날 밤, 중학교 주차장에 내 차만 있는 것을 다시 발견하고 나만의 거룩한 땅을 기도하면서 다시 걸었을 때, 하나님 아버지의 아들이라는 나의 지위가 더 탄탄해진 것은 아니었다. 그날 밤에 하나님이 다른 어떤 밤보다 나를 더 사랑하신 것은 아니었다. 그 시간에 바깥에서 춤추고 샴페인으로 건배하는 다른 여느 사람들보다 내가 더 온전히 그분의 소유였던 것 역시 아니었다.

그러나 대부분의 사람은 그분을 거부하고 무시하며 그분이 아닌 다른 것을 선택하는 세상에서 "저는 당신과 함께하고 싶습니다. 다른 모든 선택지를 제치고 하나님, 당신을 선택합니다"라는 말을 듣는 것이 하나님 아버지의 마음에 얼마나 큰 기쁨을 선사할지 상상해 보라.

기도의 핵심은 무엇보다 하나님 앞에 있는 것이다. 기도의 출발점은 결과가 아니다. 기도는 하나님 아버지와 함께, 그분의 곁에 있겠다는 자유로운 선택이다. 특정 결과를 얻고 싶은 열망이나 특정 결과를 얻지 못한 데서 오는 혼란에 사로잡히면 거기서 시작하고 싶은 유혹을 받는다. 그러나 아버지와 함께 있는 것을 건너뛰고서 예수님이 우리를 위해 되찾아 주신 기도에 가까운 어떤 것에 도달할 길은 없다. 내 삶의 기도는 그분 앞에 서는 일에서 시작된다.

그래서 나는 옛 학교 주위를 걸었다. 내 삶의 특징으로 자리 잡은 친숙한 방식으로 기도하면서 말이다. 당시 두 아이의 엄마였던 커스틴은 공회전하는 차 안에서 참을성 있게 유축기를 작동시키고 있었다. 열세 살 아이였던 내 안에서 하나님이 시작하신 일은 결코 멈추지 않았다. 내 인생의 다른 모든 것은 변했지만, 아침에 일어나면 첫시간을 아버지의 임재를 사모하며 보낸다는 점은 그대로다.

열세 살 때는 아침 6시 30분, 선생님들이 출근하기도 전의 학교에서 그분을 만났다. 서른한 살에는 커피 한 잔을 들고 브루클린 아파트의 옥상으로 비상계단을 곡예하듯 올라가 그분과 함께했다. 서른네 살이 된 지금은 사방이 어두운 이른 아침에 빠르게 식어가는 커피 머그잔을 오른손에 들고 포틀랜드 중심부에 있는 로렐허스트 공원의 산책로를 그분과 함께 걷는다. 왜 그럴까? 여전히 다른 어떤 것보다 하나님의 임재를 더 귀하게 여기기 때문이다. 이를 갈면서 "이보세요, 하나님. 이번에는 제게 빚지신 겁니다"라고 말하는 기도가 아니다. 나는 먼저 나를 선택하셨고 오늘 다시 나를 선택하시는 분 앞에 선다. 그것이 내 삶의 기쁨이다.

특히 시계와 달력이 다음 해로 넘어가는 새해의 첫날 밤, 나에게 너무나 많은 것을 상징했던 기도의 길을 다시 걷는다. 뜨거운 눈물을 흘리며 떨리는 목소리로 단 하나의 기도를 드린다.

"주님, 다시 하소서."

"저는 평범한 사람들이 모인 이 평범한 곳에서 주님이 행하시는 일을 보았습니다. 그 일을 다시 행해 주십시오. 이번에는 브루클린에서 다시 해주십시오.

주님은 변하지 않으셨으니 저는 계속 간구하겠습니다. '다시 하소서, 주님.'"

실천.

할 수 있는 대로 기도하라

지금 있는 곳에서 시작하라. 이 책을 내려놓고 하나님께 말씀드리라. 그분이 전혀 관심이 없으실 것 같은 삶의 사소한 부분들을 말씀드리라. 그분이 어떤 식으로든 기대를 저버리시거나 실망을 안기신 적이 있다면 그에 대해 말씀드리라. 당신이 아무 자격 없이 넘치게 받은 복에 대해 말씀드리라. 오늘 당신이 안고 있는 불안을 말씀드리라. 그냥 그분께 말씀드리라. 기도는 사실을 암기하거나 핵심 문구를 강조하는 일이 아니다. 기도는 하나님과의 관계 안에서 그분을 발견해 나가는 일이다.

나는 테드 로더의 다음 시에 이끌려 거듭거듭 기도로 들어서곤 했다.

거룩하신 분이시여,
당신께 드리고 싶었던 말이 있지만 할 일이 많았습니다.
공과금을 내야 하고
잡다한 일들을 처리해야 하고
모임에 나가야 하고
친구들을 대접해야 하고
빨래도 쌓여 있고…….

그러는 사이에 드리고 싶었던 말을 잊어버렸습니다.

무슨 일이었는지,

말하려던 이유가 무엇이었는지도 잊었습니다.

오 하나님,

예수 그리스도를 생각하셔서

부디 저를 잊지 말아 주세요.

영원하신 분이시여.

드리고 싶었던 말이 있지만

마음이 분주합니다. 염려하고 지켜보고

따져보고 계획하느라,

지겨운 냉대와 깊은 불만에 대처하고

꿈과 수도배관과 관계에 생긴

구멍을 메우느라 바쁩니다.

저의 관심은

외로움,

의심,

여러 가지 탐나는 것들에 사로잡혀 있습니다.

그러다 잊어버렸습니다. 당신께 드리고 싶었던 말도

그 말을 정직하게 하는 방법도

무슨 일이든 제대로 하는 법을 잊었습니다.

오 하나님,

예수 그리스도를 생각하셔서

부디 저를 잊지 말아 주세요.

전능하신 분이시여,

여쭤보고 싶었던 것이 있지만

저는 이름 모를 분노의 끝자락에서 비틀대고 있습니다.

스쳐 가는 백 가지 두려운 것들이 떠날 줄 모릅니다.

온갖 테러범,

실직,

실패,

질병과 노화,

사랑하는 사람들의 죽음,

저의 죽음이 두렵습니다…….

당신께 여쭤보려던 진짜 질문을 잊어버렸습니다.

당신이 실재하지 않고 멀리 있는 존재 같아서

어떻게든 귀 기울이는 법도 잊었습니다.

제가 뭘 잊어버렸는지도 생각나지 않습니다.

오 하나님,

예수 그리스도를 생각하셔서

부디 저를 잊지 말아 주세요…….

오 하늘에 계신……아버지시여,

당신은 제가 드리고 싶었던 말을 이미 들으셨는지도 모르겠습니다.

제가 구하고 싶었던 것은

저를 용서하시고

치유하시고

용기를 불어넣어 달라는 것이었습니다.

약간의 사랑과 믿음이나마,

약간의 자신감이나마

제 안에 회복시켜 주세요.

당신이 정말 살아 계시고

제가 하찮은 존재가 아니고

모두가 형제자매라는 인식을 갖고 살아가는 일이

무엇을 뜻하는지 새롭게 알아보게 해주세요.

어설프게나마 당신께 간구하고 싶었습니다.

저를 포기하지 마시고

저 때문에 너무 슬퍼하지 마시고

저와 함께 웃으시고

저와 함께 다시 시작하시고

저 또한 당신과 함께하게 해달라고.

제가 간구하고 싶었던 것은

더 많은 것을 원하고 얻고자 노력하게 해줄 평화.

다른 이들과 나눌 수 있는 기쁨.

당신의 임재를 느낄 수 있게 할

예리한 인식.

이곳에,

지금,

거기서,

저곳에,

언제나 임재하는 당신을.[27]

2. 가만히 있어 알지어다
― 기도의 자세

너희는 가만히 있어 내가 하나님 됨을 알지어다.
내가 뭇 나라 중에서 높임을 받으리라.
내가 세계 중에서 높임을 받으리라(시 46:10).

CJ가 말했다. "그래서 우리는 2단계로 넘어갑니다. 2단계는 자신보다 더 큰 힘을 믿고 의지하는 것입니다."

CJ가 몇 달간 단주할 수 있었던 것은 주로 그가 가입한 '익명의 알코올 의존자들'(AA) 모임 덕분이었다. 그는 최근 모임 안에서 그를 돕는 오웬과 나눈 대화 내용을 나에게 들려주었다.

당신이 익명의 알코올 의존자들의 '빅북'에 익숙하지 않다면, 그 책에 '신'이라는 단어가 많이 등장한다는 말을 해야겠다. 대부분의 '12단계' 모임에서는 포용성을 높이기 위해 '위대한 힘'이라는 용어를 채택한다.

CJ가 오웬에게 설명했다. "이봐요, 이렇게 하죠. 나는 술을 끊고 싶어요. 단주 프로그램에는 열심히 참여할 겁니다. 하지만 나는 신을 떠났어요. 내 말을 잘 이해해 주세요. 다른 부분에는 다 찬성합니다만, 진토닉을 거절하는 데 도움을 주는 우주적 치료사를 믿으라고 하진 마세요."

기도에 대한 많은 사람들의 생각을 잘 요약한 말이다. 최근 현대

    AA는 중독을 인정하는 1단계부터 다른 사람 앞에서 자신의 병을 고백하고 치료를 통해 사회로 복귀하기까지의 회복 과정을 12단계로 정리하여 단주를 돕고자 한다.

서구 사회, 특히 교육 수준이 높은 도시 거주 신흥 세대 사이에서 동양 영성의 르네상스가 일어나고 있다. 불교의 마음챙김, 명상적 비움, 요가(심지어 미지의 신에게 미지의 언어로 만트라를 읊는 요가까지)처럼 규정하기 힘든 '중심을 잡은 상태'로 사람을 이끌어 주는 수행법들이 유행하고 있다.

'그래, 좋아. 기도할 거야.' 많은 사람들이 '기도'가 자기 안에서 일어나는 일, 모종의 영적 명상을 뜻하는 것이라면 괜찮다고 무의식적으로 생각한다. '그런 기도라면 나도 참여하겠어.' 하지만 신성한 존재와의 실제적 소통이라면 어떨까? 나 자신과 내가 아는 모든 것, 내가 경험하는 모든 것을 창조할 만큼 지적인 신적 존재와의 소통이라? 말도 안 된다고 여긴다. 설령 그런 존재가 있다고 해도, 그가 (아니면 그들이) 내가 부르기만 하면 대화에 응할 거라는 생각은 터무니없다고 본다.

그런데 이틀 후, 업무가 끝날 무렵 오웬이 CJ에게 전화를 걸었다. "지금 당신 회사 앞에 있어요. 차를 가져왔으니 어서 나와요."

"어디 가는데요?" CJ가 묻는다.

"그냥 타요."

두 사람은 브루클린 깊숙한 곳까지 차를 몰고 가서 코니아일랜드 산책로 옆, 주차비를 낼 필요가 없는 적당한 빈자리에 차를 세운다.

때는 상쾌한 11월의 어느 날이다. 두 사람은 함께 해변으로 걸어간다. 모래사장에 나란히 앉아 수평선 너머로 지는 해와 둘 앞에 드넓게 펼쳐진 회청색 바다를 그저 바라본다. 찬 바람이 얼굴을 때리고 재킷을 파고드는데도 계속 바라만 본다. 1-2분 동안 아무 말이 없다.

마침내 오웬이 침묵을 깨고 이렇게 묻는다. "여기에 당신보다 더 위대한 것이 보이나요?"

CJ는 망설이다가 천천히 말한다. "네."

오웬이 말했다. "좋아요. 거기서부터 시작하세요."

오웬은 CJ가 혼자서는 가지 않을 장소로 그를 데려가 혼자서는 보지 못하는 것을 보게 해주었다.

"당신보다 더 위대한 것이 보이나요?" 바꿔 말하면, 이런 뜻이다. "당신을 훌쩍 넘어서는 광활한 우주 한가운데 있는 자신을, 당신의 작은 자아를 볼 수 있습니까? 아주 잠깐이라도 하나님의 관점에서 자신을 볼 수 있습니까?" 오웬은 모든 기도의 근원이 되는 가만히 있음과 경이를 CJ에게 소개한 것이다.

기도의 출발점은 우리가 아니라 하나님이다. 기도는 말하는 것이 아니라 보는 것에서 시작된다. 필립 얀시의 말대로, "기도는 하나님의 관점에서 현실을 바라보는 행위다."[1]

입술을 열고 하나님께 뭐라고 말하기에 앞서, 올바른 자세를 배워야 한다. 그러려면 제대로 된 후원자가 필요하다. 우리가 갈 생각이 없는 곳으로 우리를 이끌어 현재 보지 못하는 것을 보게 해줄 기도의 멘토 말이다. 여기서 우리는 다윗을 본으로 삼고자 한다. 성경에는 다윗의 기도가 그 누구의 기도보다 (단연코) 많이 기록되어 있다. 시편 46편의 저자는 고라 자손으로 알려져 있는데, 고라 자손은 성막에서 밤낮으로 기도하게 할 목적으로 다윗이 조직한 성가대를 줄여서 부르는 이름이다. 그들의 기도에서 다음과 같은 유명한 구절이 나왔다. "너희는 가만히 있어 내가 하나님 됨을 알지어다."[2] 기도는 바로 여기서부터 시작된다.

가만히 있으라

고라 자손의 기도 시편에 나오는 "가만히 있으라", 이 두 마디에서 시작해 보자. 아주 간단해 보인다. 그렇지 않은가? 그러나 이것은 생각보다 훨씬 더 복잡하다. 지금 우리가 정상이라 여기고 익숙해진 삶의 방식은 역사적으로 볼 때 비정상이며 가만히 있는 것을 거의 불가능하게 만들기 때문이다.

역사적으로는 비정상이지만 현대에 와서 보편적으로 받아들여진 서구의 생활방식은 세 가지의 획기적인 물건이 발명된 결과다. 그 세 가지는 시계, 전구, 아이폰이다.[3]

시계

1370년, 독일에 최초의 공공 시계가 설치되었다. 역사학자들은 일반적으로 그 순간을 세상이 자연적 시간에서 인공적 시간으로 넘어간 전환점으로 지목한다. 그 이전에는 해가 뜨면 일어나고 해가 지면 잠자리에 들었다.[4] 여름에는 낮이 길어지고 겨울에는 낮이 짧아지는 리듬을 생활에 적용했다(내 생각에는 중앙난방이 생기기 전, 사람들이 독일의 겨울을 버텨낸 방법이 이것인 듯하다. 잠을 많이 잔 것이다).

1370년경, 그러니까 사람들이 인위적으로 시간을 관리하기 시작하면서부터 시간은 우리 삶을 통제하던 한계에서 각자의 계획에 따라 사용하는 자원으로 바뀌었다.

전구

1879년에 토머스 에디슨이 발명한 전구는 무엇보다 사람들의 수면 시간을 크게 줄여 놓았다. 전구가 발명되기 전, 미국인들은 평균적으로 밤에 10시간을 잤다.[5] 이후 인간이 가진 생산성의 잠재력이 높아지면서 기술이 비약적으로 발전했다.

1960년에 이르러서는 중앙 냉난방 장치, 전자레인지, 식기세척기, 세탁기가 미국 가정에 보편화되었다. 그 무렵의 사회학자들은 당신과 내가 살고 있는 지금 이 시기가 되면 인간의 삶이 어떤 모습으로 변할지 앞다투어 예측하기 시작했는데, 여가와 생활의 편리함이 극적으로 증가할 것이라는 데 대부분 동의했다.

1967년에 어느 상원 소위원회도 비슷한 예측을 내놓았다. 1985년 무렵에는 신기술 덕분에 미국인들의 여가가 많이 늘어나 평균적으로 연 27주, 주당 22시간을 일하게 되리라는 내용이었다.[6] 그러나 실상 "사람들이 여가에 쓰는 평균 시간은 1980년대 이후 내내 감소했다."[7]

기술은 계속 발전했고 우리의 시간을 절약해 주었다. 그 부분에선 그들의 예측이 옳았다. 그러나 우리가 그 시간을 어떻게 사용할 것인지에 대해서는 잘못 판단했다. 우리는 그 시간을 편안한 휴식 이외의 다른 일에 썼다.

아이폰

우리는 그 시간을 어디에 썼을까? 2007년 6월, 애플이 최초의 아이폰을 출시하면서 바로 이 데이터를 확보할 수 있는 추적 장치가 생겼다. 2016년의 한 연구에 따르면, 아이폰 사용자는 하루에 휴대전화를 평균 2617번 터치하고, 76회에 걸쳐 2시간 30분 동안 휴대전화 화면을 응시하는 것으로 나타났다.[8] 보다 최근에 이루어진 2019년 연구에서는 불과 3년 만에 그 수치가 두 배 이상 증가하여 사용 시간이 하루에 5시간이 넘는 것으로 나타났다.[9]

이제 우리는 생활의 속도를 늦추고 기술을 활용하여 여가 시간을 확보하기는커녕, 정신건강 전문가들이 말하는 소위 '조급증'에 시달린다. 늘 서두르고 불안해하는 것이 조급증의 특징이다. 효율성과 생산성을 무엇보다 중시하고 시간을 한계가 아닌 도구처럼 사용하는 사회에서 서두름은 가끔 필요한 일이 아니라 새로운 표준이 되었다. "가만히 있으라." 이것은 말처럼 간단하지 않다.

기독교 철학자 달라스 윌라드는 "영적으로 건강해지려면 어떻게 해야 하나요?"라는 질문을 받고는 잠시 생각한 후 (이제는 유명해진) 이런 답변을 내놓았다. "당신의 삶에서 조급함을 가차 없이 제거해야 합니다."[10] 윌라드에 따르면, 조급함은 우리 시대 영성 생활을 방해하는 가장 큰 장애물이다. 흥미롭지 않은가? 내가 그 답변을 흥미롭게 생각하는 이유는 목사, 사제, 랍비, 신학자 등 많은 영적 스승들에게 "우리 시대의 가장 큰 영적 장애물이 무엇일까요?"라고 물을 때 대뜸 "조급함"이라고 답할 사람은 많지 않을 것 같아서다.

메시아 대학교의 마이클 지가렐리는 미국 그리스도인 2만 명을 대상으로 5년 동안 연구했고, 그 결과 하나님과 함께하는 삶을 방해하는 가장 큰 요인으로 '분주함'을 꼽았다. 그는 자신의 연구를 다음과 같은 결론으로 깔끔하게 요약한다.

1) 그리스도인들이 분주하고 조급하고 과부하에 걸린 문화에 동화되고 있다. 이 현상은 2) 하나님이 그리스도인들의 삶에서 더욱 주변부로 밀려나시게 만든다. 그 결과 3) 하나님과의 관계가 악화되고, 이것은 4) 그리스도인들이 삶의 방식에 대한 세속적 가정을 훨씬 더 쉽게 받아들이게 만든다. 그래서 5) 분주하고 조급하고 과부하에 걸린 문화에 더욱 순응하게 된다. 그리고 이 주기는 다시 시작된다.[11]

이 결론이 왠지 친숙하게 느껴지지 않는가? 이 글을 읽었을 때 지가렐리가 몰래 카메라로 나를 지켜보고 있나 싶었다. 더 나아가 그는 전문직 종사자 중에서 통계적으로 이런 악순환에 가장 쉽게 빠지는 이들이 의사, 변호사, 그리고(기대하시라) 목사라는 결론을 내린다.

물론 이 글을 쓰고 있는 목사 이야기는 아니다. 미성숙한 다른 목사들 이야기다.

MBTI 심리유형검사의 기초가 된 연구를 수행한 스위스의 정신과 의사 칼 융은 다음과 같이 직설적으로 말했다. "조급함은 마귀의 것이 아니라 마귀 자체다."[12] 리처드 포스터는 이렇게 말했다. "현대 사회에서 우리의 대적[성경에서 마귀를 지칭하는 말]은 세 가지에 집중한다. 소음, 조급함, 군중이다. 우리가 '양적 많음과 수적 많음'에 계속 관심을 쏟게 만들 수 있다면 그자는 만족할 것이다."[13] 한 기자가 신학자 토머스 머튼에게 우리 시대의 대표적인 영적 질병을 진단해 달라고 요청한 적이 있다. 머튼은 한 단어로 대답했다. "효율성."[14]

우리는 삶이 복잡하고 분주한 원인을 엉뚱한 데서 찾곤 한다. 환경을 탓한다. 정신없이 돌아가는 도시 생활, 업무량이나 사무실 문화, 각자가 처한 인생의 단계, 지금 우리의 시간을 요구하는 여러 일들을 짓눌린 삶의 주요 원인으로 여긴다.

1941년에 퀘이커 선교사 토머스 켈리는 하와이에서 12개월간의 안식년을 보내며 꼬박 1년 내내 '삶의 속도를 늦추고' '단순화'했다. 그리고 난 후에 뜻밖의 말을 남겼다. 그는 다른 미국인들과 마찬가지로 본토에서 익숙했던 "분별없이 과열된 삶"을 열대 지방에서도 계속했던 것이다.[15] 내면의 삶은 환경의 거울상이 아니다. 오히려 그 반대가 사실이다. 우리는 내면의 삶을 반영하는 환경을 만들어낸다. 켈리는 이렇게 말했다.

> 매일같이 외부에서 미친 듯이 밀려오는 부담에 잔뜩 긴장한 우리는 내면의 불안 때문에 더욱더 긴장한다. 이 모든 조급한 존재 방식보다 훨씬 더 풍성하고 깊은 삶의 방식, 여유로운 평온과 평화를 누리는 능력 있는 삶이 있다는 암시를 받았기 때문이다. 그 중심으로 들어갈 수만 있다면! 소리의 근원인 침묵을 찾을 수만 있다면![16]

이 모든 스승은 번갈아가며 같은 것을 강조한다. 조급함이 우리 시대 영성 생활의 큰 장애물이라는 것이다.

나는 고라 자손이 우리 모두의 심리적, 정서적 건강을 바란다고 확신한다. 하지만 그 일의 성패는 중심을 잃지 않는 우리의 능력에만 달린 것이 아니다. 시편 46편은 우리에게 "가만히 있으라"고 촉구한다. 그것은 뒤로 물러나 자기를 돌보라는 말이 아니라, 오래된 음모를 약화하라는 의미다. 이야기의 맨 처음으로 거슬러 올라가 보자. 아담과 하와가 단 한 그루의 금지된 나무에서 금단의 열매를 따서 먹었다.[17] 그들은 죄를 지었다. 그런 다음 숨었고 옷을 만들었고 변명했고 남을 탓했다. 그들은 리처드 포스터가 "양적 많음과 수적 많음"이라 부르는 것, 마이클 지가렐리가 "분주함"이라 이름 붙인 것, 달라스 윌라드가 "조급함"으로 진단한 것을 통해 자신들의 죄를 처리했다. 그리고 그 이후로 인류는 움직임을 멈추지 않을 때 진실을 무시하기가 가장 쉽다는 것을 알게 되었다. 인류는 타락하면서 조급함의 기술을 숙달했다. "그래서 우리는 결국 좋은 사람이긴 해도 깊이는 없는 사람, 나쁘진 않지만 바쁜 사람, 부도덕하진 않지만 산만한 사람, 영혼은 있지만 정신이 팔린 사람, 깊이를 경멸하진 않지만 깊이를 갖추는 데 필요한 일은 절대 하지 않을 사람이 된다." 로널드 롤하이저의 말이다.[18]

우리는 조급한 삶에 기도를 끼워 넣으려 든다. 완전한 해독은 외면한 채 증상만 치료하려는 것이다. 그렇게 되면 입으로만 하나님을 인정하고, 문화에 순순히 따르는 것이 우리가 섬기는 유일하고 참된 신이 되고 만다. 이런 환상에서 벗어나 진실을 인정하려면 움직임을 멈추고 가만히 있어야 한다.

나는 당신이 얼마나 중요한 존재인지 안다. 직장에서 엄청나게 많은 일을 하고 있고 가정에서도 많은 요구를 받고 있다는 것을 안다. 당신을 의지하는 사람들이 있고, 챙겨 봐야 할 넷플릭스 프로그램이 줄지어 있으며, 인터넷에서 없어선 안 될 SNS의 유명 인사라는 것도 안다. 하지만 한 가지 사실을 당신에게 부드럽게 알리고 싶다. 고라 자손은 가만히 있는 기도 자세를 실천했고, 부족 간의 전쟁이 빈번하던 세계에서 한 나라의 왕이었던 다윗 역시 그랬다는 사실을 말이다.

나는 마감일, 청구서, 해야 할 일의 목록을 걱정하며 잠자리에 든다. 다윗은 산악 지대에 진을 치고 적절한 돌격의 순간을 탐색하는 적군을 걱정하며 잠자리에 누웠다. 그러나 그는 가만히 있는 시간에 우선권을 부여했다. 가만히 있는 습관을 들인 덕분에 하나님의 관점에서 자신의 삶을 들여다볼 수 있었다.

"가만히 있으라." 이 말에 해당하는 라틴어는 'vacate'이고, 이 단어에서 영어의 'vacation'이 나왔다. 언제 어디서든 기도의 초대는 휴가를 떠나라는 초대다. 자기 삶을 향한 하나님 행세를 잠시 멈추라. 통제권을 내려놓으라. 피조물의 자리로 돌아가라.

가만히 있으라. 기도는 거기서 시작된다. 그러나 그것은 시작에 불과하다.

하나님을 알라

2017년 8월 21일에 당신은 무엇을 하고 있었는가?

날짜를 떠올리는 것만으로는 기억이 안 날 것이다. 당시 어떤 사건이 있었는지 들으면 기억을 되살리는 데 도움이 될지도 모르겠다. 그날은 1979년 이후 처음으로, 미국에서 개기일식이 관측된 날이었다. 엄청난 뉴스였다. 사람들은 개기일식 관측 파티를 열었다. 직장을 하루 쉬는 경우도 꽤 있었다. 그렇게 사람들이 하늘을 쳐다보는 동안, 어떤 이들은 평소와 다름없는 월요일의 일상을 보내며 할 일을 하나씩 처리해 나갔다.

나는 일식을 보게 되어 신나긴 했지만, "특수 안경을 구입해야 한다. 안 그러면 하늘을 보다가 자칫 실명할 수 있다"는 공지를 무시할 정도로 무심하기도 했다. 실제로 일식이 일어났을 때 나는 맨해튼 웨스트사이드의 번화가인 23번가를 걷고 있었다. 23번가는 뉴욕의 고급 아트 갤러리, 독립 극장, 가장 상징적인 호텔들이 있는 첼시의 중심부를 관통한다. 그곳은 교통의 중심지이기도 하고 타임스퀘어와도

가까워서 관광객과 체인점이 가득하며 어딘가로 향하는 너무나 바쁘고 언제나 화가 나 있는 뉴요커들로 붐빈다. 내가 그곳에 있을 때, 혼잡한 방에서 대화를 나누는 두 사람 사이로 누군가가 끼어드는 것처럼 달이 태양과 지구 사이에 들어가 한낮에 햇빛이 잠시 사라졌다.

뉴욕에서 맞이한, 평생 기억에 남을 순간이었다. 사람들은 인도 곳곳에 멈춰 서서 잔을 주고받았다. 막상 일이 닥치고 보니, 누가 뭘 준비했는지 준비하지 않았는지는 중요하지 않았다. 보고 싶어 한 사람은 누구나 보고 있었고, 본 사람들은 모두 어린아이처럼 서로에게 말을 걸었다. 세련된 뉴요커들은 과학박물관으로 현장학습을 나온 초등학교 4학년생의 동심으로 잠시 돌아간 것 같았다. 우리 대부분이 그랬다. 하지만 모두가 그런 것은 아니었다.

또 다른 무리의 사람들이 있었다. 그들은 인도를 막고 서서 태양을 바라보는 모든 사람에게 항의하며 짜증을 내고 있었다. 투덜대고 조롱하면서 비즈니스 캐주얼로 위장한 성인아이들의 무리를 헤치고 지나가며 상상할 수 있는 모든 비언어적 의사소통 수단을 동원해 이렇게 속을 드러냈다. "나는 정말 너무 중요한 사람인데, 너희가 내 길을 막고 있어."

사물을 보는 관점을 달리해서 생각해 보면 짜증에 찌든 그들의 자세는 특히 아이러니했다. 23번가에서 올려다보는 관점을 우주의 가장자리에서 아래를 내려다보는 관점으로 바꾸면 상황은 완전히 달라 보인다. 그 시각에서 보면, 아주 중요한 사람들이 짜증 난 상태에서 분주히 서두르며 구경꾼들로 이루어진 장애물 코스를 헤쳐 나가는 모습은 하찮아 보일 뿐이다.

우리의 태양과 달, 여덟 개의 행성은 우주를 구성하는 약 2천억 개의 동네 중에서 작은 하나에 불과하다.[19] 은하계를 북미 대륙 전체 크기로 축소해 보면 우리 태양계는 찻잔 하나에 들어갈 수 있다.[20] 보이저 우주선 2대가 시속 5만 6천 킬로미터 이상의 속도로 태양계 끝을 향해 나아가고 있다. 40년 넘게 그렇게 해왔고 177억 킬로미터 이상을 여행했으며 아직 그 끝이 보이지 않는다.[21] 나사가 그 속도로 여행하는 보이저호 중 하나에 신호를 보내면 신호가 닿기까지 약 17시간이 걸린다.[22] 이런 데이터를 통해 과학자들은 '빛의 속도'로 메시지를 우주의 끝에 보내는 데 150억 년 이상이 걸릴 것으로 추정하게 되었다.[23]

"그래요, 첼시의 미술상, 당신은 매우 중요한 사람이지요. 하지만 당신이 툴툴대고 불평하며 짜증을 드러내는 동안 우리 모두가 무엇을 바라보고 있는지 생각해 보세요. 그것에 비하면 당신도 우리처럼 갓 태어난 것이나 마찬가지이고 빠르게 소멸해 가고 있으며 믿을 수 없을 만큼 작은 존재랍니다."

당신과 나는 두 눈으로 세상을 바라본다. 그 작은 관점에서 우리가 상황을 통제하고 자신의 삶을 지휘하고 미래를 계획하고 있다(적어도 그래야 한다)고 확신하곤 한다. 이번 장의 앞부분에서 필립 얀시가 떠올려 준 진리를 다시 한번 되새겨 보자. "기도는 하나님의 관점에서 현실을 바라보는 행위다." 하나님은 우리에게 "가만히 있어 내가 하나님 됨을 알지어다"라고 말씀하시는 분이다.

시편 8편은 바로 이 부분에서 경이감을 드러내며 놀라워한다.

> 주의 손가락으로 만드신 주의 하늘과 주께서 베풀어 두신 달과 별들을 내가 보오니 사람이 무엇이기에 주께서 그를 생각하시며 인자가 무엇이기에 주께서 그를 돌보시나이까(3-4절).

이 단순한 기도문이 작성된 이후 수천 년 동안 우리가 이루어낸 모든 과학적 발견은 여기에 담긴 지혜를 확인시켜 주었을 뿐이다. 광활한 우주에서 나 같은 존재에 관심을 가지시는 이분은 누구실까? 너무나 충격적이고도 중요한 기도의 역할은 우리가 하나님의 사랑에 그저 자신을 내맡기게 하는 것이다.

세상에는 긍정적인 부류의 작음이 있다. 그것을 인식할 때 숨결로 우주를 창조할 만큼 크시면서도 내 하루의 사건들과 감정의 변화에 진정으로 관심을 가지실 만큼 인격적이신 하나님에 대한 경이감을 느끼게 된다.

나는 도시를 사랑한다. 투지가 넘치고 분주하며 다양한 도시의 거리는 성인이 된 이후 내내 내 삶의 터전이었다. 나는 붐비고 냄새 나는 지하철 플랫폼이 시골의 이면도로나 교외의 야외 쇼핑센터보다 더 편안하게 느껴진다. 그러나 어디나 그렇듯 여기에도 장단점이 있다. 내가 볼 때 대도시에 사는 일의 분명한 단점 하나는 밤하늘에 있다. 땅에 있는 도시의 밝은 불빛 때문에 위쪽 밤하늘의 빛이 가려진다. 도시의 거리에서는 별이 거의 보이지 않는다.

인공 불빛들이 하늘의 빛을 가린다는 사실에는 심오한 상징성이 있지 않을까? 우리는 유난히 맑고 어두운 밤이 아닌 한, 별을 어둡게 할 수 있는 방법을 찾아냈다. 그것은 지상에 보이는 것이 전부인 것처럼 가장하는 방법이기도 하다. 별들은 여전히 그 자리에 있지만, 도시에서는 밤늦게까지 켜져 있는 사무실 불빛, 사람들의 관심을 끌기 위해 경쟁하는 휘황찬란한 광고판, 수많은 아파트 창문의 노란 전등 빛이 모두 함께 작용하여 우리가 얼마나 작은 존재인지를 떠올리게 하는 빛을 가린다. 이 모든 것은 내 작은 관점에서 바라보는 세상이 존재하는 전부라는 확신을 심어 준다. 도시 거주자들은 다윗이 보았던 것을 놓칠 위험, 즉 더 큰 것을 배경으로 우리의 삶을 보지 못하게 될 위험에 처해 있다.

아담과 하와에서 시작된 일은 결코 멈추지 않았다. 바벨탑에서, 사울 왕 안에서, 위선적인 제사장들의 모습에서, 우리가 일하는 회사의 대표 안에서, 그리고 내 안에서도 똑같이 고대의 음모가 반복된다. 우리 모두는 하나님을 보면서도 못 본 척하며 계속 움직이고, 마치 우리 자신이 세상의 중심인 것처럼 살아가기 쉽다.

'가만히 있음'은 하나님이 주변부에서 중심으로 돌아오시는 고요한 지점이다. 하나님을 중심에 모신 삶에서는 기도가 쏟아져 나온다.

자신을 알라

하나님의 위대하심을 찬양하는 시편 146편 한복판에는 이런 뜻밖의 구절이 등장한다. "너희는 힘 있는 고관을 의지하지 말며, 구원할 능력이 없는 사람을 의지하지 말아라. 사람은 숨 한 번 끊어지면 흙으로 돌아가니, 그가 세운 모든 계획이 바로 그날로 다 사라지고 만다."[24] 첫눈에 보기에 이 구절은 추모사의 한 대목이 실수로 찬송가에 덧붙여진 것처럼 생뚱맞게 느껴지지만, 올바른 관점에서 보면 이것이 바로 기도다.

서구 사회는 점점 더 젊은이들의 안식처가 되고 있다. 젊은이들은 그들 앞에 펼쳐진 모험과 발견의 미래를 계속해서 바라본다. 우리는 인생의 전반기를 축하하며 보낸다. 탄탄한 몸매, 유행에 맞는 옷, 직장에서의 승진, 신나는 주말 계획 등이 여기에 해당한다. 노인들은 잊힌 사람들이다.

나는 뉴욕에서 12년을 보냈다. 별을 볼 수 없는 것은 슬펐지만 스카이라인을 바라보는 일은 즐거웠다. 나는 브루클린의 그린우드 묘지에서 바라보는 맨해튼의 스카이라인을 가장 좋아했다. 묘비들 너머로 도시의 첨탑들을 바라볼 때면 늘 묘한 위로를 받았다. 그 묘비 하나하나는 바쁘게 살아가고 계획을 세우고 원하는 미래를 가로막는 장애물들을 피해 다니던 누군가를 상징한다. 다시 말해, 의지를 발휘하고 최선을 다해 그 의지를 현재에 쏟아붓던 누군가를 나타낸다. 이제 그들은 지나간 추억이 되었고, 그 도시에는 더 바쁘게 살아가고 더 많은 계획을 세우는 새로운 사람들이 가득하다.

이 장면은 내가 노심초사하는 모든 것, 마음 한구석에서 되풀이되는 모든 갈등, 마음속에서 꿈틀대는 모든 불안, 내일 아침 있을 일에 대한 집착과 같은 모든 소음이 언젠가 멈출 것임을 떠올리게 한다. "사람은 숨 한 번 끊어지면 흙으로 돌아가니, 그가 세운 모든 계획이 바로 그날로 다 사라지고 만다." 그 묘비들은 내가 얼마나 일시적인 존재인지 상기시키는 중요한 도구다.

다윗은 그의 또 다른 기도문, 시편 39편에서 이렇게 노래한다. "주님 알려 주십시오. 내 인생의 끝이 언제입니까? 내가 얼마나 더 살 수 있습니까? 나의 일생이 얼마나 덧없이 지나가는 것인지를 말씀해 주십시오. 주님께서 나에게 한 뼘 길이밖에 안 되는 날을 주셨으니, 내 일생이 주님 앞에서는 없는 것이나 같습니다. 진실로 모든 것은 헛되고, 인생의 전성기조차도 한낱 입김에 지나지 않습니다."[25]

이제 당신은 다윗이 기도할 때 무슨 일을 하는지 알 것이다. 그는 가장 오래된 음모를 무너뜨리고 있다. 아담과 하와가 금단의 열매를 따서 먹기 직전에 들었던 거짓말은 "너희가 결코 죽지 아니하리라"였다.[26] 그 거짓말은 인간의 영혼과 사회 질서에 큰 피해를 입혔(고 지금도 입히고 있)다.

따라서 "나의 일생이 얼마나 덧없이 지나가는 것인지를 말씀해 주십시오" 같은 기도는 자기비하나 우울한 탄식이 아니라 자기인식의 승리다. 우리의 바쁜 삶을 '가만히 있음'으로 바꾸고, 분주한 마음을 고독으로 바꾸는 것은 우리 핏줄에 흐르는 저주에 맞서는 저항의 행위다.

끊임없는 소음 속에 살면 우리가 죽을 존재임을 잊어버리게 되고, 그와 함께 돌이킬 수 없는 여러 결과가 따라온다. 이 세상과 지금의 삶이 전부인 것처럼 살아가면, 모든 사람의 비위를 맞추려고 애쓰다가 자신을 잃어버리게 될 것이다. 자신이 영원한 존재인 척 가장하는 것은 비인간화를 초래하는 비참한 거짓말이요, 최초의 거짓말도 그것이었다. 우리는 지칠 줄 모르고 그것을 믿고 그 속에서 어김없이 자신을 잃어버리고 만다.

이와 반대로, 가만히 있음으로 우리가 죽을 존재임을 기억하면, 우리의 정체성을 되찾게 된다. 헨리 나우웬은 이렇게 말한다. "고독은 변화의 용광로다. 고독이 없으면 우리는 사회의 희생자로 남아 거짓 자아의 환상에 계속 얽매이게 된다.……고독은 위대한 투쟁과 위대한 만남이 이루어지는 지점이다. 거짓 자아의 강박에 맞서 싸우는 지점이고 새로운 자아의 실체로서 자신을 내주시는 사랑의 하나님과 만나는 지점이다."[27]

다윗이 하나님께 자신이 일시적인 존재임을 상기시켜 주시도록 간청한 것은 우울해서가 아니라 그렇게 할 때 자신의 진정한 가치가 드러날 것이기 때문이었다.

> 사람이 무엇이기에 주께서 그를 생각하시며 인자가 무엇이기에 주께서 그를 돌보시나이까. 그를 하나님보다 조금 못하게 하시고 영화와 존귀로 관을 씌우셨나이다(시 8:4-5).

기도할 때, 하나님의 관점에서 자신을 있는 그대로 바라볼 때, 우리는 자신의 왜소함뿐 아니라 우리가 하나님께 얼마나 소중한 존재인지도 깨닫게 된다. 다윗은 더 나아가 이렇게 기도한다. "나의 방황을 주님께서 헤아리시고, 내가 흘린 눈물을 주님의 가죽부대에 담아 두십시오. 하나님이여, 주의 생각이 내게……그 수가 어찌 그리 많은지요. 내가 세려고 할지라도 그 수가 모래보다 많도소이다."[28] 이런 기도를 드릴 수 있는 용기는 어디서 나오는 걸까? 다윗은 자신이 모든 것을 다 통제할 수 없고, 모든 것을 다 할 수 없으며, 모든 것을 다 감당하기에 충분하지도 않고 그럴 필요도 없다는 것을 인정할 만큼 자유롭다. 자신의 부족함에 움츠러드는 것이 아니라 오히려 그것을 기뻐한다.

하나님이 얼마나 위대하신 분인지, 우리가 얼마나 연약하고 덧없는 존재인지 알게 되면, 자신이 얼마나 소중한 존재인지도 깨닫게 된다. 창조주께서 우리를 위해 시간을 내신다. 당신과 나는 질그릇에 불과하다. 우리는 흙이다. 하지만 하나님은 우리 안에 구원을 숨겨 두셨다. 하나님은 우리 안에 결코 멈출 줄 모르는 생명을 숨겨 놓으셨다. 자신이 진정 누구인지 알아볼 때 비로소 자신이 얼마나 중요한 존재인지도 알 수 있다.

19세기 스위스의 신학자 한스 우르스 폰 발타자르는 이렇게 말했다. "피조물이 자신의 실체를 어느 정도만 인식하게 되어도 기도하기 시작할 것이다."[29]

"가만히 있어 내가 하나님 됨을 알지어다." 속도를 늦추라. 하나님이 진정 누구신지 기억하라. 자신이 진정 누구인지 기억하라. 이것이 기도다.

조급함 없는 사랑

예수님은 가만히 있음을 의도적으로 실천하셨다. 그분은 40일간 광야에서 고독하게 지내는 일로 사역을 시작하셨다. 점점 늘어나는 추종자 중에서 열두 제자를 선택하시기 전, 문둥병자를 고치신 후, 주변 마을을 섬기도록 제자들을 파송하실 때도 물러나 가만히 계셨다. 예수님은 종종 늦은 밤과 이른 아침에 군중을 피해 감람산으로 가곤 하셨는데, 아마 그분께서 즐겨 찾으시던 조용한 장소였던 것 같다. 찬사와 비난의 소음을 피해 아버지의 곁으로 물러나셨다. 누가 봐도 성공한 상황이나 실패한 것 같을 때도, 떠들썩한 군중을 피해 성령의 작고 세미한 속삭임에 귀를 기울이셨다.

예수님은 고독을 추구하셨지만 이를 깨뜨리는 일 역시 허용하셨다. 때때로 군중을 벗어나셨지만, 사역 도중에도 방해가 될 만한 일을 허용하셨다. 여리고 외곽에서 바디매오를 치유하셨고, 군중 속에서 혈루증 앓는 여인을 고치셨으며, 심지어 수로보니게 여인의 믿음을 높이 평가하기까지 하셨다. 예수님은 고독을 추구하시면서도 방해를 허용하셨다. 그런 자세를 가리키는 표현이 바로 조급하지 않음이다. 조급함은 영성 생활의 거대한 장애물이다. 사랑을 죽이기 때문이다. 조급함은 분노, 동요, 자기중심성 뒤에 숨어 우리가 하나님의 사랑을 받고 있고 모두가 자매요 형제라는 진리에 눈멀게 한다.

교회 역사 내내 몇몇 종파들이 '가만히 있음'에 온 생애를 헌신했다. 러시아 교회는 이 고독의 방식에 '푸스티니아'라는 이름을 붙였다. 급진적 관상가들이 사막으로 물러나 고립과 영구적 고독 속에서 살았다. 그들은 스스로를 '푸스티니키'라고 불렀는데, '모든 사람과 함께함'을 뜻하는 이 용어는 고독한 삶에 어울리지 않는 이름처럼 보인다. 그들은 가만히 있는 삶의 추구를 규율로 받아들였지만, 동시에 방해받는 삶도 받아들여 문을 잠그지 않고 항상 시간을 내어 이웃의 필요에 최우선순위를 부여했다. 고독을 추구하면서도 방해를 허용했다. 조급해하지 않았다.

하나님 앞에서 가만히 있을 때 우리는 조급하지 않은 사랑의 사람으로 변화된다. 가만히 있어 조용히 기도할 때, 하나님은 우리 마음의 흙을 갈아엎으시고, 우리의 욕망을 드러내시며, 그 욕망을 완전히 채워 줄 수 있는 근원을 드러내신다. 움직임을 멈추고 말을 멈추고 하나님 앞에 나가 고요히 있을 때, 그분은 우리의 모든 무질서한 욕망, 왜곡된 애착, 공의존을 취하시고 사랑으로 바꾸어 놓으신다.

자신의 필요를 채우기 위해 다른 사람들을 이용할 때는 그들을 사랑할 수 없다. 공의존 상태의 사람들은 서로를 진정으로 사랑하지 않는다. 그들은 서로를 이용한다. 상대가 있어야만 자신이 괜찮은 사람이라고 느낀다. 세상이 있어야만, 세상에서 오는 뭔가가 있어야만, 세상을 채우고 있는 두렵고도 놀라운 사람들이 있어야만 우리가 온전하다는 느낌을 받을 때, 우리는 사랑할 수 없다.

하나님이 세상에 대한 우리의 집착을 깨뜨려 주셔야 진정으로 세상을 사랑할 수 있다. 하나님이 우리의 자존심을 세워 주는 세상 사람들에 대한 집착을 깨뜨려 주셔야 진정으로 다른 사람을 보고, 알고, 환영하고, 사랑할 수 있다. 이런 일은 침묵의 기도 가운데 일어난다. 가만히 있음은 이런 식으로 심오한 선교적 역할을 감당한다. 가만히 있음은 고립에서 시작하여 '모든 사람과 함께함'으로 끝난다.

상대방에게 필요한 사람이 됨으로써 자기 존재가치를 느끼고, 이로 인해 상대는 지나치게 의존적이 되는 상태. 서로가 서로에게 역기능적으로 의존적인 관계

기도의 자세

시편 46편을 낭독하는 거의 모든 사람이 "가만히 있어 내가 하나님 됨을 알지어다"까지만 읽는다. 그러나 고라 자손의 기도는 거기서 끝나지 않았다. 가만히 있으라. 불안을 놓으라. 짐을 내려놓으라. 영혼을 쉬게 하라. 그러면 "내가 뭇 나라 중에서 높임을 받으리라. 내가 세계 중에서 높임을 받으리라."[30] 이것이 이 기도의 목적지다. 하나님은 우리가 거룩하게 가만히 있을 때 이것을 인식하게 되리라고 약속하셨다.

"세계 중에서 높임을 받는다"는 것은 하나님의 임재가 현실이 되어 눈에 분명히 보이게 된다는 뜻이다. 증오가 있는 모든 곳에 사랑이 피어난다는 뜻이다. 경쟁이 친절 속에 잠기고 쓸려 나간다. 평화가 두려움을 삼켜 버린다. 질투가 기쁨에 씻겨 나간다. 자제력이 분노를 진정시킨다. 하나님은 이 모든 일을 다음과 같은 방법으로 이루겠다고 약속하신다. "가만히 있어 내가 하나님 됨을 알지어다."

가만히 있으라. 하나님이 누구신지 기억하라. 자신이 누구인지 기억하라. 그런 다음, 이 순서가 뒤집히지 않도록 최선을 다해 살아가라. 그것으로 충분할 것이다. 거기서부터 당신은 달라지기 시작할 것이고, 그 결과로 당신을 둘러싼 세상도 변화할 것이다.

지금 해변에 있다고 상상해 보라. 상쾌한 11월의 어느 날이다. 차가운 바람이 옷깃을 파고들고, 조수의 흐름에 따라 파도가 밀려들고 밀려 나가면서 부서지는 선율이 들려오고, 늦은 오후의 해가 나직하게 떠 있고, 물은 수평선 너머 수백 킬로미터까지 뻗어 있다.

당신보다 더 강한 무엇이 보이는가?

좋다. 거기서부터 시작하라.

실천.

가만히 있으라

가만히 있는 것과 계시를 기다리는 것을 혼동하는 이들이 많다. 때로는 계시가 정말 주어지기도 한다. 계시는 놀랍다. 하지만 가만히 있음의 목적은 계시가 아니라 동의다. 가만히 있음은 하나님의 영이 일하심에 매일 동의하는 실천이고, 이것은 이해나 말보다 더 심오하다. 이것은 우리 영혼에서 그분의 영에게로 "깊은 바다가 서로 부르"[31]듯 부르는 것이다.

가만히 있음을 꾸준히 실천할 수 있는 시간을 정하라. 누군가에게는 이것이 아침에 서둘러 출근하기 직전의 시간이 될 수 있고, 누군가에게는 아이들을 학교에 데려다준 직후에 찾아오는 고요한 시간일 수도 있으며, 매일 사무실에서 맞는 점심시간이 될 수도 있다. 아침에 일어나면 가장 먼저 하는 일이 될 수도 있고, 잠자리에 들기 전에 마지막으로 하는 일이 될 수도 있다. '언제'가 되었든 그 시간에 꾸준히 계속할 수만 있으면 상관없다. 꾸준히 지속하여 습관이나 우선적으로 하는 일로 자리 잡는 것이 관건이다.

의식(儀式)을 만들라. 평범한 장소를 선택하여 성스러운 곳, 일상적이고 거룩한 땅으로 삼으라. 좋아하는 의자나 현관 뒤쪽 계단, 위층 베란다, 시내버스의 창가 좌석도 상관없다. 두 발을 바닥에 단단히 딛고 똑바로 앉으라. 무릎에 손을 얹고 손바닥이 위로 향하게 하라. 눈을 감으라. 숨을 깊게 들이마시고 천천히 내쉬기를 세 번 반복하라. 하나님을 초청하는 간단한 기도를 하라. 전통적으로는 이것을 '호흡 기도'라고 부른다. "주님, 제가 여기 있나이다", "오소서, 성령이여", "주여, 불쌍히 여기소서" 등의 문구를 활용하라.

그다음에는 조용히 있으라. 가만히 있으라. 기다리라. 이때 타이머를 설정할 것을 권한다. 휴대전화의 알람이나 구식 스톱워치를 써도 좋다. 타이머를 설정하면 시간을 확인하기 위해 눈을 뜰 필요가 없다. 2분으로 시작하라. 매일 그렇게 하라. 2분 동안만 침묵하라. 한 달 후에는 4분으로 늘리고, 다시 한 달 후에는 6분으로 늘리라. 이런 식으로 해서 10분이 될 때까지 계속 시간을 늘리라.

이런 침묵 기도의 실천이 '효과가 있는지' 알아내고 싶은 충동에 지지 말라. 자신이 이 일에서 '무엇을 얻고 있는지' 평가하지 말라. 그저 몇 세기에 걸친 성인들의 실천과 예수님의 실천이 당신의 삶에도 자리 잡을 수 있다고 믿으라. 하나님께 드리는 제물로 침묵을 실천하라. 간단하다. 하나님께 뭔가를 얻는 것이 아니라 자신의 뭔가를 그분께 바치는 것이다. 그렇게 기도하면서 언젠가 당신은 발견하게 될 것이다. 언제라고 콕 집어 말할 수는 없지만, 침묵 기도가 생명줄이자 꼭 필요한 일이 되는 지점을 넘어섰음을 깨닫게 될 것이다.

그렇게 하나님께 주도권을 드린 후 그 응답으로 말의 기도가 따라오게 하라.

3. 우리 아버지
― 경배의 기도

그러므로 너희는 이렇게 기도하라.
하늘에 계신 우리 아버지여, 이름이 거룩히 여김을 받으시오며(마 6:9).

그들은 강제 노동과 비인간적인 생활환경에 시달리는 노예들을 해방하기 위해 수백 개의 소규모 팀을 위험한 노예제 폐지 임무에 파견한 터였다. 그리고 이제, 국제정의선교회(IJM)는 워싱턴 DC의 안락한 강당에 모여 그들이 벌이는 불굴의 정의 사역에 대한 인식과 지지를 높이기 위한 콘퍼런스를 개최하고 있었다.

콘퍼런스라고 불렀지만, 사실은 기도회였다. 기조연설도, 재정기부 호소도, 행동 촉구도 없었다. 이틀간 이어진 기도회였다. "자연적 방법으로는 불가능해 보이는 일 또는 가망 없이 느리게만 보이는 일을 하나님께서 초자연적 방법으로 해결해 주시기를 간구합시다. 인도의 갇힌 이들을 자유롭게 해주시도록 기도합시다."[1]

웨인은 안락한 의자에 앉아 간절히 기도하며 "심히 기묘하게 만들어진"[2] 모든 영혼이 하나님의 형상을 지닌 특별한 피조물이라고 말씀하신 하나님께 호소했다. 이제 행동해 주시도록, 자녀들의 긴급하고 비극적인 필요를 위해 거룩한 손을 걷어붙이고 일해 주시도록 간청했다. 그는 안전한 거리를 두고 멀찍이 떨어져서 기도하는 것이 아니었다. 그 자신이 바로 그 필요를 채우고자 힘껏 일해 온 당사자였다. 바로 그 노예제 폐지 임무에 배치된 IJM 직원이었다. 그는 직접적인 경험에 의거하여 연민을 담아 힘차게 기도했다.

하지만 몇 년 후 어느 저녁, 그는 자신의 집 거실에서 차를 마시며 말했다. "결론적으로 말하면, 그 콘퍼런스는 효과가 없었습니다. 인도에서 노예제는 여전히 심각한 상황입니다. 그 모든 기도에도 불구하고 나는 눈에 띄는 어떤 차이도 느낄 수 없었습니다."

그의 말이 이어졌다. 말을 하면서 자신의 질문을 완성해 가는 것 같았다. "평생 예수님을 좇았습니다. 제 기억이 닿는 한, 늘 하나님이 제 말을 들으신다고 믿었고 하나님께 말씀드렸습니다. 감동을 받아 눈물을 흘리기도 했고 기뻐서 춤을 추기도 했습니다. 하지만 이제 그리스도의 대의에 따라 세상에서 가장 가혹한 고통 중 일부를 해결하기 위해 힘쓰는 성인이 된 저는 한 가지 의문을 떨칠 수 없습니다. '왜 하나님은 그 기도에 응답하시지 않을까?'"

바로 그것이었다. 그는 먹잇감을 노리는 말라빠진 독수리처럼 목표물 주위를 맴돌다가 마침내 자신의 질문을 찾아낸 것이다.

"하나님은 전능하시고 사랑이 지극하시며 노예들의 이름을 낱낱이 알고 계시고 그들의 머리카락 숫자까지 다 세고 계시잖아요? 하나님은 정의를 사랑하시고 불의를 미워하시며, 억압의 멍에를 꺾고 포로된 자를 자유롭게 하겠다고 약속하십니다."

웨인은 더 이상 나를 보고 있지 않았다. 처음에는 나에게 말을 걸었지만 이제는 하나님이 심문의 대상이었다. "그 강당에는 하나님께 당신의 자녀들이 겪는 고통에 뭔가 조치를 취해 달라고 간청하는 사람들이 가득했습니다. 그러나 하나님은 아무것도 모르시거나 무관심하신 게 분명합니다. 아니면 기막히게도 둘 다인지도 모릅니다. 정말 두려운 일이지만, 그분은 듣고 계시지 않거나 존재하지 않는지도 몰라요. 듣고 계신다면 왜 그 기도에 응답하지 않으신단 말입니까?"

당신이 한 번이라도 이런 질문을 해본 적이 있다면, 지금쯤 예전에 떠올랐던 그 질문이 고통스럽게 다시 밀려오고 있을 것이다. 이런 질문 또는 이와 비슷한 질문을 해본 적이 아직 없다면, 머지않아 하게 될 것이다. 시간문제일 뿐이다.

다르게 기도하라

제자들이 예수님에게 "우리에게도 기도를 가르쳐 주옵소서"[3]라고 말했을 때, 그들은 기도의 초심자들이 아니었다. 기도는 그들 삶의 질서였고, 고대 이스라엘의 후손인 유대인 부모에게서 태어난 날부터 죽 그러했다. 기도에 친숙하지 않아서가 아니라면, 제자들은 무엇 때문에 그와 같이 요청하게 되었을까? 예수님의 기도는 달랐기 때문이다. 예수님은 유대인이 드리는 일반적인 기도의 리듬을 존중하셨지만, 일찍이 누구도 본 적 없는 하나님에 대한 친근감을 드러내며 기도하셨다. 또한 문화적 차원 이상으로 경건하게, 그러면서도 진실하고 정직하게 기도하셨다. 그분의 기도는 단순한 간구가 아닌 대화였고, 말하기 못지않게 듣기가 큰 부분을 차지했다. 어쩌면 더 큰 부분을 차지했는지도 모른다. 예수님은 기도 중에 진격 명령을 받으셨다. 기도의 자리에서 눈이 뜨이고 발걸음을 인도받으셨다. "내가 진정으로 진정으로 너희에게 말한다. 아들은 아버지께서 하시는 것을 보는 대로 따라 할 뿐이요, 아무것도 마음대로 할 수 없다."[4] 가장 분명한 것은 그분의 기도가 효과적이었다는 점이다. 그분의 기도는 하나님의 관심을 끌었다. 예수님은 기도를 가르치실 때 더 많이 기도하라거나 더 열심히 기도하라고 하시지 않고 다르게 기도하라고 가르치셨다. "우리에게도 기도를 가르쳐 주옵소서"라는 말은 "예수님이 기도하시는 방식으로, 그처럼 기도하도록 가르쳐 주십시오"라는 의미다.

누구에게 기도하는지 기억하라

예수님은 제자들의 질문에 설명이 아닌 시범으로 대답하셨다. 제자들에게 기도하는 법을 보여주시고 따라야 할 본을 제시하셨다. 예수님 방식으로 하는 기도의 첫 부분은 다음과 같다. "하늘에 계신 우리 아버지여, 이름이 거룩히 여김을 받으시오며"[5] 이 구절에서 예수님은 기도의 삼중 토대를 마련하신다.

1. 하나님이 누구신지 기억하라.
2. 자신이 누구인지 기억하라.
3. 우리가 서로에게 누구인지 기억하라.

하나님이 누구신지 기억하라
오늘날에는 하나님을 '아버지'라고 부르는 일이 대수롭지 않게 여겨진다. 촛불 켜진 케이크를 저녁 식탁에 들고 갈 때 흥얼거리게 되는 생일 축하 노래 가사처럼 무의식적으로 혀끝에서 흘러나온다. 하나님 '아버지'라는 고백은 너무 식상해져 버려서 예수님의 더 멋진 통찰을 찾아 주기도문의 다음 대목으로 건너뛸 정도가 되었다. 더 나쁜 것은, 어떤 이들에게는 이 표현이 수 세기에 걸쳐 남성을 우월하게 여기고 여성을 억압한 가부장적인 역사를 떠올리게 한다는 점이다.

그러나 예수님이 하나님을 아버지라고 부르셨을 때 제자들은 숨을 멈추었을 것이다. 그들은 기도 훈련장이었던 성전에서 지극히 경건하게 기도하라고 배웠기 때문이다. 유대인들이 하나님을 이해하는 데 기초가 된 텍스트는 출애굽기였다. 그중에서도 하나님이 낮에는 구름의 모습으로, 밤에는 불로 백성에게 나타나신 일을 기록한 본문이었다.[6] 고대의 가장 큰 질문은 "하나님이 존재하느냐?"가 아니었다. 그것은 어리석은 질문이었고 이런 핀잔을 들었을 것이다. "당연히 하나님은 존재하시지요. 눈을 떠요! 그분은 사막의 바닥에서 밤하늘까지 뻗은 불기둥으로 우리의 길을 이끄시잖아요!" 고대의 실존적 질문은 "하나님을 알 수 있는가?"였다. 왜냐하면 불기둥은 의심을 불러일으키지 않지만 친밀감을 주지도 않기 때문이다.

예수님의 제자들이 알던 하나님은 정결 의식과 동물 제사를 받으시는 하나님, 열 가지 재앙을 내리시고 문설주에 피를 바르게 하신 하나님, 바다를 가르고 땅에 홍수를 내리신 하나님, 강력한 구원을 베푸시고 엄중한 심판을 내리시는 하나님이었다. 경이로운 능력을 갖고 계시지만 알기 어려운 존재였다. 예수님은 사람들의 경외심을 약화하거나 하나님의 능력을 축소하는 일은 하나도 하시지 않았다. 예수님이 하신 일은 그 능력의 하나님을 사람들이 알 수 있게 만든 것이다.

예수님은 제자들에게 새로운 하나님을 소개한 게 아니다. 그분은 그 부분에 대해 분명하게 말씀하셨다. "내가 율법이나 예언자들의 말을 폐하러 온 줄로 생각하지 말아라. 폐하러 온 것이 아니라, 완성하러 왔다."[7] 예수님은 아버지라는 친숙한 호칭을 사용하여 능력과 심판의 하나님께 기도하셨다.

그것은 매력적이면서도 충격적인 일이었다. 여러 가지 명백한 이유로 충격적이었다. "어딜 감히! 지금 누구한테 말하는 건지 알기나 해?" 여러 가지 명백한 이유로 매력적이었다. "하나님은 우리가 알 수 있는 분이다. 이 사람 예수는 자신이 누구인지 정확히 알고 있고, 자신이 누구에게 말씀드리는지 정확히 알고 있다."

고대 이스라엘의 경건함은 현대 서구에서 사라졌다. 우리는 제자들의 숨이 턱 막히게 만들었던 바로 그 말씀에 하품을 하며 성스러움을 모르고 살아간다. 우리의 세상은 그들의 세상과 백만 마일이나 떨어져 있다. 하지만 우리의 마음은 그들과 동일하다.

목회 사역을 시작하고 10년이 훌쩍 넘은 지금, 나는 자신 있게 말할 수 있다. 현대인이 기도하지 못하게 막는 가장 큰 장애물은 하나님의 사랑을 받아들일 수 없는 것이라고 말이다. 우리는 예수님이 소개하시는, 능력이 많으시고 선하시고 우리가 알 수 있고 사랑이 풍성하신 하나님을 잘 믿지 못한다. "하나님은 사랑이심이라."[8] 이것이 하나님의 정체성이고, 그분의 성품을 이 한마디로 요약할 수 있다. 우리는 머리로는 이 말을 믿지만 더 깊은 수준, 우리의 감정과 뼛속 깊은 곳에서는 이 말을 신뢰하지 않는다.

창세기 3장에서 뱀이 하와를 유혹할 때 구사했던 전략은 강력했다. "하나님이 정말로 너희에게, 동산 안에 있는 모든 나무의 열매를 먹지 말라고 말씀하셨느냐?"[9] 흥미롭게도, 뱀의 유혹은 어떤 지점에서도 직접적으로 이루어지지 않는다. 뱀은 "자, 열매를 먹어 보라"거나 그와 비슷한 말을 전혀 하지 않는다. 뱀이 겨냥한 것은 하나님의 성품에 대한 하와의 믿음이다.

하나님은 아담과 하와에게 이렇게 말씀하신다. "동산에 있는 모든 나무의 열매는, 네가 먹고 싶은 대로 먹어라. 그러나 선과 악을 알게 하는 나무의 열매만은 먹어서는 안 된다. 그것을 먹는 날에는, 너는 반드시 죽는다."[10] 다음 장으로 넘어가면, 뱀이 이 명령을 반복하면서 어조와 강조점을 상당히 수정한다. "하나님이 정말로 너희에게, 동산 안에 있는 모든 나무의 열매를 먹지 말라고 말씀하셨느냐?" 이것이 아주 효과적인 거짓말인 이유는 진실의 씨앗이 들어 있기 때문이다. 완전히 틀린 말은 아니지만, 진실을 왜곡한 속임수다. 창세기 2장에서 하나님은 관대함을 드러내시어 그들이 동산을 자유롭게 다스리게 하셨다. "모든 나무의 열매를 먹어라.……이 나무의 열매만은 안 된다. 이 열매에는 독이 있다." 원수는 너그럽고 관대한 이 명령을 뒤집어 편협하고 제한하는 명령으로 만들어 버린다. "하나님이 정말로 너희에게, 동산 안에 있는 모든 나무의 열매를 먹지 말라고 말씀하셨느냐?" 원수는 하나님의 관대한 명령이 인색하게 보이도록 수를 쓰고 있다. 하와에게 과일을 먹으라고 말하지 않는다. 그 대신에 하나님에 대한 그의 신뢰를 깎아내린다.

여기에선 뭔가 일이 벌어지고 있다. 전문적인 내용이지만 중요하기 때문에 소개한다. 창세기 2장에서는 하나님을 거듭거듭 "야훼 엘로힘"(여호와 하나님)이라고 부른다. 하지만 뱀이 하나님을 지칭할 때는 매번 인격적인 이름을 뺀 추상적 신명(神名)인 "엘로힘"(하나님)을 사용한다. 이것은 누군가를 이름이 아니라 직함으로 부르는 것과 같다. '수잔' 대신에 '의사 선생님', '대럴' 대신에 '교수님', '아빠' 대신에 '선생님'으로 부르는 식이다. 존중하는 느낌은 있지만 거리감이 들고 비인격적이다. 친밀한 관계일수록 직함으로 부르고 지낼 가능성은 줄어든다. 의사의 배우자는 아내를 '의사 선생님'이라고 부르지 않고 이름으로 부른다. 우리 아이들은 나를 '목사님'이라고 부르지 않고 '아빠'라고 부른다. 뱀은 아버지 하나님을 거리감 있고 인색한 독재자로 깎아내린다. 힘은 셀지 몰라도 알 수도 없고 신뢰할 수도 없는 존재로 몰아간다.

하와는 미끼를 문다. 그는 하나님의 친밀하고 관대한 말씀을 뱀이 설정한 편협하고 부담스러운 느낌으로 기억한다.

개신교 신자들은 예수님의 모범적인 기도를 '주기도문'이라고 부르는 반면, 가톨릭 신자들은 그냥 '우리 아버지'(Our Father, '주님의 기도')라고 부른다. 내가 볼 때는 가톨릭 신자들이 뭔가 중요한 것을 포착한 것 같다. 주기도문의 모든 요청은 "우리 아버지"에서 시작하고 끝나기 때문이다. 주기도문은 우리가 말씀드리는 상대가 누구인지 기억하는 일로 시작하고 끝난다.

자신이 누구인지 기억하라

하와는 하나님이 누구신지 잊었을 뿐만 아니라 자신의 정체성도 상실했다. 하나님을 '아버지'보다 못한 존재로 상상하면서, 그에 따라

본인도 '딸'보다 못한 존재로 상상하게 되었다.

하나님께 바치는 경배는 언제나 우리에게 되돌아온다. 눈을 들어 하나님이 누구신지 제대로 볼 수 있게 될 때, 그분이 우리를 어떻게 보시는지도 제대로 알게 된다. 성경의 서신서들은 초기에 그리스도를 따르던 사람들을 '그리스도인'이라는 말 대신 '성도'(聖徒, saints)라는 호칭으로 불렀다. 오늘날 우리는 가장 경건한 영적 엘리트를 가리키는 '성인'(聖人)의 의미로 그 단어를 많이 쓴다. 하지만 초대 교회에서 성도는 일상에서 예수님을 따르는 사람들을 일상적으로 부르는 이름이었다. 성경에서 '성도'라는 단어는 인간의 능력과는 관련이 없고 오직 하나님의 은혜와 관련이 있기 때문이다.

누군가를 성도라고 부를 때는 그 사람이 꼭 선하다는 말이 아니라 하나님의 선하심을 경험한 사람이라는 의미가 담겨 있다.[11] 우리는 경배를 통해 성도의 자의식을 회복한다. 하나님이 누구신지 기억할 때, 그분의 선하심을 경험할 때, 우리 자신의 정체성도 회복된다.

나에게는 영국 소설가 레이놀즈 프라이스가 제시한 성도의 정의가 도움이 되었다. "성도는 아무리 결점이 많고 심지어 범죄를 저질렀어도, 세상에서 가장 어려운 일, 즉 우리 자신을 포함한 모든 피조물을 아우르는 하나님의 경계 없는 사랑을 상상할 수 있도록 말이 아니라 행동으로 보여주는 사람이다."[12] 경배라는 기도의 자리에서 우리는 하나님의 사랑이 나와 당신을 포함한 피조 세계의 모든 부분을 규정하는 실체임을 발견하게 된다.

시편 34편 기자는 이렇게 말했다. "나와 함께 주님을 높이자. 모두 함께 그 이름을 기리자."[13] 우리가 주님의 이름을 높일 때, 주님은 우리의 이름이 성도임을 떠올리게 하신다.

예수님은 주기도문에 이어 하나님의 관대하심을 설명하시면서 그분의 진정한 정체성을 우리의 상상력 안에 단단히 새겨 넣으신다. "너희가 악한 자라도 좋은 것으로 자식에게 줄 줄 알거든 하물며 하늘에 계신 너희 아버지께서 구하는 자에게 좋은 것으로 주시지 않겠느냐."[14] 예수님은 하나님이 당신에게 복을 주기 원하신다고 말씀하신다. 이 말이 충분히 이해되는가? 하나님은 당신에게 복을 주기 원하신다. 당신을 향한 그분의 마음은 관대함이다. 그분은 당신에게 필요한 것은 물론이고, 당신이 원하는 것까지 주기를 좋아하신다.

네 살배기 아들 행크는 매일 내게 "하지만 아빠는 무슨 일이 있어도 항상 나를 사랑할 거예요, 그쵸?"라고 확인한다. 때로는 아이가 잘못된 행동을 해서 내가 벌을 내린 직후에 그 말을 한다. 아들이 보는 앞에서 내가 저녁 식탁을 차리거나 학교에 데려다주거나 밤에 이불을 덮어 줄 때처럼 뜻밖의 순간에 불쑥 이렇게 말하기도 한다. "하지만 아빠는 무슨 일이 있어도 항상 나를 사랑할 거예요." 아이는 적어도 하루에 한 번은 그 사실을 내게 상기시킨다. 상기시키는 게 아니라면 정말 그렇게 사랑할 거냐고 묻는 것일까? 구분하기 어렵다. 내 생각에는 둘 다인 것 같다. 나는 이렇게 대답한다. "그럼, 맞아, 아들. 무슨 일이 있어도 사랑해." 그러고 나서 우리가 서로에게 어떤 존재인지 함께 기억한다.

우리는 수많은 방식으로 성장한다. 더 다듬어지고 더 책임감 있게 행동하고 자기를 돌아볼 줄 알게 된다. 사춘기에는 신체 작용에 그대로 반응했다면 이젠 성장하여 자제할 줄 안다. 호르몬에 거침없이 휘둘리던 감정은 성인이 되면서 안정된다. 자신의 유치한 방식대로 하자고 조르거나 요구하던 모습은 시간이 지나면서 사회적 규범에 따르는 태도로 바뀐다. 우리는 성장하고, 그것은 좋은 일이다.

그러나 우리의 마음은 피터 팬이다. 영원히 어리고 결코 자라지 않는다. 우리는 매일, 매시간, 때로는 분 단위로 "아빠는 무슨 일이 있어도 항상 나를 사랑할 거야"라고 언제까지나 떠올릴 필요가 있다. 우리가 그 말을 잊는 순간, 그 말이 희석되어 비유로 치부되거나 머릿속에만 머무는 순간, 우리만으로 충분하고 상황을 통제할 수 있고 모든 것을 해낼 수 있다는 이야기가 뱃속에서 다시 고개를 들고 우리의 삶과 믿음을 흐트러뜨리기 때문이다.

하나님을 우리 아버지라고 부르는 것은 우리가 완전하고 특별한 사랑을 받고 있다는 사실을 기억하는 일이기도 하다. 그 사랑을 알기 전까지는 우리 안의 그 무엇도 참으로 제대로 된 상태일 수 없다. 하지만 그 단순한 계시를 듣고 나면 우리 안의 가장 깊은 곳에서 뭔가가 돌이킬 수 없이 바로잡힌다. "우리 아버지"라고 기도하는 것은 우리가 사랑받고 있음을 오늘 다시 한번 기억하게 해달라고 간구하는 일이다.

우리가 서로에게 누구인지 기억하라

하나님에 대한 신뢰가 약해지면 다른 사람들과의 친밀감도 약해진다. 한때 "벌거벗었으나 부끄러워하지 아니하"[15]던 아담과 하와가 본능적으로 무화과나무 잎으로 몸을 가리기 시작했다. 예수님이 제자들에게 가르쳐 주신 기도에서 충격적인 부분은 하나님을 아버지라고 부른 것만이 아니었다. 예수님은 제자들에게 "내 아버지"에게 기도하라고 가르치시지 않았다. 예수님은 "우리 아버지"라고 말씀하셨는데, 이는 우리가 하나님의 자녀일 뿐 아니라 서로의 형제자매라는 주장이다. 우리는 모두 한 가족, 한 핏줄의 형제자매다.

나는 일상에서 만나는 사람들의 신성함을 너무 쉽게 잊고, 내가 주연을 맡은 장편 영화에 배경으로 등장하는 엑스트라처럼 취급한다. 아내와 아이들부터 사무실 동료들, 만나는 사람들, 인도에서 무심코 지나치거나 시내버스 옆자리에 앉은 사람들까지 모두 엑스트라다. 하나님에 대한 신뢰가 깨지면 우리가 서로 나누던 친밀감도 깨어진다.

기도의 자리에서 나는 하나님의 진정한 정체성과 나 자신의 정체성, 그리고 다른 모든 사람의 정체성을 다시 확인한다. 브레넌 매닝의 말처럼, "내가 사랑받고 있다는 사실을 인식하지 않으면 다른 사람의 신성함을 인식할 수 없다."[16]

우리는 하나님이 우리에게 어떤 분인지 잊어버리고, 우리가 서로에게 어떤 존재인지도 잊어버린다. 기도는 우리의 기억이 회복되는 자리다. 우리의 모든 기도와 모든 행동의 근원은 정체성을 확인하는 데 있다. 하나님의 정체성, 나의 정체성, 그의 정체성 말이다.

이름이 거룩히 여김을 받으소서
Hallowed be your name

'hallowed'라는 영어 단어에는 '거룩하게 하다' 또는 '구별하다', '성결하게 하다', '봉헌하다', '헌정하다'라는 뜻이 있다. 우리에게 친숙하면서도 이와 가장 가까운 의미로 쓰이는 영어 단어는 아마 'honor'(영광을 돌린다)일 것이다. "우리 아버지"는 하나님의 친밀함을 상기시키고, "거룩히 여김을 받으시오며"는 하나님의 구별됨, 위엄, 불가해한 위대함을 떠올리게 한다.

예수님 시대와 우리 시대 사람들의 생각의 추가 움직이는 방향은 정반대다. 우리는 고대 세계에 충격을 안겼던 "우리 아버지"라는 칭호에 담긴 감상적인 면에 안심하지만, 고대인들을 안심시켰을 "이름이 거룩히 여김을 받으시오며"에 담긴 헌신적 경외심에는 오히려 충격을 받는다. 바로 이런 이유로, 고대인들에게는 주기도문의 첫 번째 행이 필요했고 우리에게는 주기도문의 두 번째 행이 필요하다.

'거룩하게 받듦'(hallowing)은 적극적인 기도다. 하나님께 영광을 돌리고 경배하고 하나님의 위대하심을 인정하는 것이기도 하다. 예수님은 조용하게 존재의 중심으로 향하는 관상적 침묵의 자리에서 입술을 열 때 우리 입에서 처음 나오는 말은 기도를 받으시는 하나님께 영광을 돌리는 것이어야 한다고 가르치신다.

거룩히 여김을 받으소서. 왜 여기서 시작해야 할까? 하나님은 전능하시고, 완전한 사랑이시고, 스스로 온전히 충족적인 분이 아닌

가? 그런데 친히 창조하신 부족한 피조물인 우리가 그분을 향해 참으로 위대하시다고 말하는 일이 왜 필요할까? 솔직히 말해, 하나님이 그렇게 자신이 없는 분인가? 본인의 기사가 실린 신문이나 잡지를 읽고 또 읽는 나르시시스트 같은 분인가? 너무 조종하기 쉬운 분이라서 먼저 살짝 아첨을 하면 큰 부탁도 잘 들어주시는 걸까? 전혀 그렇지 않다.

사실, '거룩하게 받드는' 일은 하나님의 유익을 위한 것이 아니라 나의 유익과 당신의 유익을 위한 것이다. 나의 기도가 조금이라도 일관성을 가지려면 '거룩하게 받듦'으로 시작해야 한다. 왜냐하면 우리의 기도는 세상을 배경으로 이루어지기 때문이다.

걸핏하면 나는 세상이 중립적인 곳이라고 무의식적으로 믿는다. 하지만 세상은 그런 곳이 아니다! 세상은 거의 항상 예수님 이외의 다른 이름이 숭배되는 각축장이다. 당신과 내가 입을 열고 기도하기 시작할 때, 우리 마음속에는 거의 틀림없이 다른 이름이 거룩히 여김을 받고 있을 것이다. 성취, 성공, 생산성, 타인의 인정, 위로, 계획의 손쉬운 실행, 온갖 종류의 파괴적인 아집 등이 말이다. 기도한다는 것은 세상을 근본적 현실로 여기는 데서 벗어나 하나님을 근본적 현실로 인식하는 일이므로, 우리는 자신이 좋아하는 것들에 다시금 순위를 매겨 주시도록 하나님께 요청하는 것으로 기도를 시작해야 한다.

사도 요한은 하나님이 계시해 주신 천국을 보고 그것을 기록했다. 그것이 성경의 마지막 책인데, 솔직히 말하면 정말 기이하다.

천국의 중앙에 보좌를 둘러싸고 있는 네 생물이 있는데, 각각 여섯 개의 날개가 있고 날개 아래까지 온몸이 눈으로 덮여 있다. 이들은 밤낮으로 쉬지 않고 이렇게 외친다. "거룩하다, 거룩하다, 주 하나님 곧 전능하신 이여, 전에도 계셨고 이제도 계시고 장차 오실 이시라."[17]

앞뒤로, 심지어 날개 아래까지 눈으로 덮여 있다고? 기괴하지 않은가? 좀 징그럽기까지 하다. 그러나 하나님은 모든 생물의 설계자시다. 하나님은 물고기에게 물속에서 숨을 쉴 수 있도록 아가미를 주셨고, 새에게는 하늘을 날 수 있도록 날개를 주셨다. 그렇다면 이 눈들의 기능은 무엇일까? 보는 것이다. 네 생물의 존재 목적은 하나님의 이름을 거룩하게 받드는 것이기 때문에 하나님은 그들에게 가능한 많은 눈을 주셔서 하나님을 온전히 볼 수 있게 하셨다.

하나님을 있는 그대로 보면 쉬지 않고 영원히 하나님을 거룩하게 받드는 합창이 이어지게 된다. "거룩하다, 거룩하다, 주 하나님 곧 전능하신 이여, 전에도 계셨고 이제도 계시고 장차 오실 이시라." 그들은 하나님의 거룩하심에 대한 감격을 잃지 않고 하나님의 경이로움에 질리거나 지루해하거나 무덤덤해지지 않는다. 우리도 마찬가지다.

우리 마음에서 항상 경배가 흘러넘치는 것은 아니다. 사실, 그런 경우는 잘 없다. 경배의 기도는 이 세상의 공허한 약속을 거부하는 반란 행위이자 주변의 상황에 맞서는 저항의 행위다.

기도는 하나님을 향한 마음의 자세에서 흘러나오는 것이지 주변 세상에 대한 반응이 아니다. 주기도문의 이 첫 부분 이후에 등장하는 모든 내용은 기도하는 사람의 마음에서, 하나님의 이름이 거룩히 여김을 받는 데서 흘러넘친 것들이다.

제자들은 예수님께 말한다. "우리에게도 기도를 가르쳐 주옵소서." 그러자 예수님은 "네 기도를 들으시는 분이 누구신지 기억하는 데서 시작하라"고 대답하신다. 성경에는 "순종하라", "하라", "하지 말라", "가라", 심지어 "기도하라"는 명령보다 "기억하라"는 명령이 더 많이 등장한다. 기억하라. 우리는 영성 생활의 긴 여정에서 툭하면 잊어버리기 때문이다. 우리는 자신이 경험한 구원 이야기의 줄거리를 걸핏하면 잊어버린다. 예수님은 우리에게 기도를 가르치실 때 기본적으로 같은 말씀을 하신다. "네 기도를 들으시는 분이 누구신지 기억하라."

하나님이 누구신지 기억하라.

당신이 누구인지 기억하라.

우리가 서로에게 누구인지 기억하라.

저항적 경배

"왜 하나님은 그 기도에 응답하시지 않을까?" 웨인은 낡은 아파트 거실의 나무 바닥을 응시하고 있었다. 아직도 인도에서 노예 생활을 견디고 있는 이름 모를 수많은 이의 얼굴을 떠올렸으리라. 그의 묵직한 솔직함이 우리 사이의 대기를 짓눌렀다.

짧고 간단하게 답할 수 없는 솔직한 질문이다. 이 책에서 앞으로 여러 장에 걸쳐 계속 풀어나가야 할 질문이다. 이 시점에서 우리가 확실히 알 수 있는 것은, 강력한 기도는 경배로 시작된다는 것이다. 우리의 입술에서 자연스럽게 흘러나오는 경배, 강인하고 고집스럽고 심지어 저항적이기까지 한 경배로.

사도행전 16장에서 바울과 실라는 기도 모임에 참석하러 가던 길에 도움이 절실히 필요한 노예 소녀를 고쳐 주었는데, 그를 이용해 돈을 벌던 작자들이 거짓 혐의를 씌워 두 사람을 감옥에 가두었다. 그들은 성전에서 기도 모임을 인도하는 대신, 공개적인 장소에서 옷이 벗겨지고 몽둥이로 얻어맞았다. 그러고 나서 아마도 고대의 독방이라 할 만한 가장 안쪽 감옥에 갇혔을 것이다. 차가운 돌벽에 등을 바싹 댄 채로 손과 발목이 쇠사슬로 단단히 묶여, 한 자세로만 체중을 고스란히 견뎌야 했을 것이다.

그런데 상당히 뜻밖에도, 성경은 우리에게 이런 이야기를 들려준다. "한밤중에 바울과 실라가 기도하고 하나님을 찬송하매 죄수들이 듣더라."[18]

기도하고 찬송한다고? 이 사람들이 망상에 빠진 것일까? 아니다. 실상은 그와 정반대다. 그들은 저항적 경배의 힘을 이해하고 있었다. 그들은 찬송하기 시작한다. 그러나 그것은 순간적인 행복감, 영감, 경이감에 별안간 사로잡혔기 때문이 아니다. "이름이 거룩히 여김을 받으시오며"는 지금 여기에서 하나님을 뵙고, 혼란의 한복판에서 그분의 임재를 느끼고자 하는 갈망의 표현이다. 그들이 부르는 찬송은 이런 의미가 담긴 기도다. "하나님, 어디 계십니까? 우리는 당신을 뵙고 싶습니다. 당신은 사랑의 아버지십니다. 혼돈 속에서 피난처가 되시고 성난 폭풍 속에서 고요가 되시며 포로된 자에게 자유를 주시겠다고 약속하셨습니다! 그러니 친히 말씀하신 당신의 모습을 드러내소서. 이곳에서 당신을 보여주소서." 이것이 가장 깊은 감옥에서 흘러나오는 아카펠라 찬양의 자막이다.

이것은 저항적 경배다. 그리고 가장 강력한 경배다. 심리학자 데이비드 베너의 말을 들어 보자. "기쁘고 행복한 순간에 하나님을 만나기는 비교적 쉽다. 이런 상황에서 우리는 하나님의 복을 받았다고 여긴다. 하지만 의심, 우울, 불안, 갈등, 실패를 통해서도 하나님이 복 주심을 믿고 그분의 임재를 인식하는 것은 어려운 일이다. 그러나 임마누엘이신 하나님은 우리가 언제나 기꺼이 선택할 만한 순간뿐만 아니라 절대 선택하지 않을 순간에도 동일하게 계신다."[19] "이름이 거룩히 여김을 받으시오며"는 언제나 가장 뜻밖의 장소에서 가장 강력한 힘을 발휘한다.

이야기는 계속된다. "그때에 갑자기 큰 지진이 일어나서, 감옥의 터전이 흔들렸다. 그리고 곧 문이 모두 열리고, 모든 죄수의 수갑이며 차꼬가 풀렸다."[20]

한 가지 사건이 또 다른 사건으로 이어졌다. 다음 날 동틀 무렵 간수가 구원을 경험했고, 그의 온 가족이 욕조에서 세례를 받았다. 밤에 바울과 실라는 엉망진창인 상황 속에서 하나님을 부르기 위해 입을 열어 하나님의 이름을 거룩하게 받들었다. "저는 이 이야기의 이번 챕터를 이해할 수가 없습니다. 아버지, 여기서 당신을 뵙고 싶습니다." 그러자 하나님은 한밤중에 감옥에서 자신을 보여주셨다. 그들이 감옥에서 찬송을 부르자 하늘이 땅의 어두운 구석으로 내려왔고, 이로써 분위기가 완전히 바뀌었다.

예수님이 가르치신 기도에서 "이름이 거룩히 여김을 받으시오며" 뒤에 나오는 내용은 다음과 같다. "뜻이 하늘에서 이루어진 것같이 땅에서도 이루어지이다."[21] 하나님의 나라는 종종 정의와 구원과 치유의 생각을 불러일으킨다. 그러나 그와 같이 하늘이 땅에 임하게 하는 가장 확실한 방법 중 하나는 '거룩하게 받드는 것'이다.

실천.

우리가 누구에게 기도하는지 기억하라

몸과 영혼을 가만히 두고 하나님의 주도권을 인정한 후에는 경배로 침묵을 깨뜨리고 우리의 단순한 기도의 대상으로서 우리의 말을 들으시는 하나님을 기억한다. 이것을 이행하기 위한 좋은 방법 몇 가지를 소개한다.

찬양 예배

많은 이들이 경배의 기도에 사용하기 가장 효과적인 언어가 노래임을 알고 있다. 곡조는 지성과 감성, 머리와 가슴을 모두 아우른다. 하나님이 누구신가 하는 진리를 정리하는 건 머리가 하는 일이지만, 지성과 감정을 연결하는 일은 음악으로 이루어진다. 찬양에 힘입어 전인격 존재로, 즉 지성과 의지와 감정을 다하여 하나님께 말씀드릴 수 있다. "주는 존귀하신 분", "주여, 오소서" 같은 찬양의 단순한 후렴구는 종종 기도의 내용이나 방법을 변화시킨다.

시편으로 기도하기

성경 한가운데에는 고대 이스라엘의 찬송가가 있다. 성경에 담긴 150편의 시편은 신앙의 선조들에게 대대로 기도의 언어를 제공했다. 시편 한 편을 골라 천천히 읽어 보라(나는 혼자 있을 때도 소리 내어 읽는 것을 선호한다). 마음에 와닿는 구절이 나오면 그 구절을 기도의 발판으로 삼으라. 고대의 기도문인 시편의 한 절이나 한 문구를 기초로 삼아 창조주, 구속주, 구주, 친구 되신 하나님을 찬양하라.

감사

감사를 의도적으로 실천하는 일은 단순하고 효과적인 형태의 경배다. 기독교 전통의 성찰 기도는 역사적으로 감사의 효과적인 틀이 되었다. 보통 저녁에 드리는 성찰 기도는 하나님과 함께 하루를 돌아보는 일로 시작한다. 그날의 사건들을 영화처럼 되돌려 보면서 여러 좋은 일들, 이를테면 아침의 커피 한 모금, 딸과 웃었던 순간, 동료와 나눈 통찰력 있는 대화, 큰 사업에서 이루어진 진전 등에 대해 하나님께 감사하는 것이다. 그다음, 성령님을 초청하여 오늘 하루를 비추어 주시고 하나님의 임재가 가장 가까웠던 순간과 가장 멀었던 순간을 보여주시도록 기도한다. 하나님은 언제나 우리와 함께 계시지만, 그분의 임재에 대한 우리의 인식은 희미해진다. 마지막으로, 내일을 위한 간단한 중보기도를 드린다.

4. 나를 살펴보시고 나를 아소서
─ 고백

여호와여, 주께서 나를 살펴보셨으므로 나를 아시나이다(시 139:1).

1995년 핼러윈, 초등학교 2학년생이었던 나는 스쿨버스에 앉아 그날 한 달 치 사탕을 얻을 꿈에 부풀어 있었다. 내 옆자리에는 당시 유치원생이던 이웃집 아이가 앉아 있었다.

그날 나는 상당한 자부심에 부풀어 있었다. 얼마 전에 처음으로 챕터북*을 끝까지 완독했기 때문이었다. 9월에 스콜라스틱 도서전**이 열린 터였다. 골판지로 오려 꾸민 도서관의 작은 전시장은 사막의 신기루 같았다. 초등학생들이 엄청난 열의를 보이며 책을 읽고, 책 사이에 멋진 책갈피를 끼우고, 두 번째로 아끼는 연필에 맞을 법한 괴상할 정도로 크고 요란한 색상의 연필 캡 지우개를 골랐다. 나도 마찬가지였다. 동네에서 스콜라스틱 도서전이 열리면 가슴속에서 불이 타오르는 책벌레로 잠시 변신했고 제대로 된 픽션만이 그 불을 잠재울 수 있었다.

핼러윈을 몇 주 앞둔 어느 날, 나는 자연스럽게『구스범스』시리즈 최신작을 꺼내 들었다. 그날 수업 시간에는 책장을 휘리릭 넘겨서 1챕터가 몇 쪽이나 남았는지 살폈는데, 고작 세 쪽만을 읽은 상황

---

* 미국에서 초등생들을 독자층으로 하는, 챕터[장]별로 나누어진 소설.
** 미국의 유아동 도서 전문 대형 출판사 스콜라스틱에서 초등학교와 연계하여 학교 도서관에서 진행하는 도서 박람회.

에서 벌써 지루해지기 시작했고, 그래서 이 사춘기 호러물을 끝까지 읽어낼 수 있을지 의심스러워졌기 때문이다. 바로 그 순간, 운명처럼 재클린이 책 다섯 권을 들고 내 책상으로 다가왔다. "타일러, 지금 몇 챕터야?"

"1챕터. 방금 시작했어."

"오, 잘됐네. 나 챕터북〔재클린은 그런 책들을 그렇게 불렀다〕 좋아해. 읽고 나서 재미있는지 얘기해 줘."

정확히 그때, 내가 이 호러물을 읽어낼 수 있다는 확신이 들었다. 나는 재클린에게 반해 있었다. 모르긴 해도, 우리 반 남자애들 전부가 그랬을 것이다. 이 책을 가지고 그 애와 더 오랜 대화를 나눌 수만 있다면, 거품 목욕을 하고 아로마 향초를 켜고 카모마일 차를 준비한 다음 나의 첫 '챕터북'과 함께 교양 있는 저녁을 보낼 수 있을 것 같았다.

몇 주 만에 책을 다 읽었다. 하지만 재클린은 그 이후로 다시는 책에 관해 묻지 않았다. 나는 결국 텔레비전 앞으로 돌아갔다. 그러다 핼러윈이 돌아온 것이었다. 버스에 앉은 나는 옆자리의 아이를 향해 몸을 돌리고 물었다. "귀신 이야기 해줄까?"

"좋아."

그 후 15분 동안 나는 『구스범스』책의 줄거리를 기억나는 대로 낱낱이 이야기했다. 버스가 그 아이가 내릴 정류장에 이를 즈음에 이야기가 끝났다. 그 아이의 집은 우리 집 몇 블록 앞에 있었다.

현관문을 열었을 때 벌써 그 아이 엄마가 우리 엄마에게 전화를 걸어 소식을 전하고 있었다. "아드님이 우리 아이에게 귀신 이야기를 들려줬어요. 애가 너무 무서워서 벌벌 떨고 울면서 들어왔어요."

그날의 기억이 생생한 이유는 생애 처음으로 깊은 죄책감을 느꼈기 때문이다. 겁을 주거나 상처를 주려는 목적 없이 순수한 의도로 한 행동이 다른 사람에게 고통을 안겨 주었던 것이다. 어떻게 그럴 수 있을까?

고등학교 때는 성질이 너무 급해서 쉽게 폭발했다. 남동생에게 너무 화가 나서 주먹으로 내 침실 벽에 구멍을 내기도 했다. 우린 그걸 메우지 않았다. 밥 딜런 포스터로 대충 가리고 아무 일도 없었던 것처럼 지냈다.

대학에 입학하고 처음으로 혼자 지내면서 내 안에 묻혀 있던 온갖 불안감이 표면으로 드러나기 시작했다. 갑자기 드러난 취약한 자존감을 감싸기 위해 찾아낸 가장 효과적인 수단은 뒷담화였다. 등 뒤에서 남을 조롱하는 편에 끼어 있으면 안심이 되었고 편안했고 무리 안에 받아들여지는 것 같았다.

20대 초반에는 포르노 중독에 시달렸다. 포르노와의 '분투'가 아니라 중독이라고 말하는 이유는 당시 내 상태가 의지력의 한계를 훌쩍 넘어서 있었기 때문이다. 그러고 싶지 않았지만, 성경 대학 기숙사에서 로마서에 대한 과제를 마친 직후, 어느새 노트북으로 무언가를 검색하고 있었다.

그런 모습은 목사가 되고 나서도 사라지지 않았다.

청소년들에게 설교하고 난 후, 잠들기 전 빛나는 아이폰 화면을 음탕하게 쳐다보던 수요일 밤, 청소년부 담당 교역자였던 나를 감싸던 무거운 수치심을 생생하게 기억한다. 신학적으로 잘못된 이런 기도를 아주 진지하게 했던 기억도 난다. "하나님, 제 잘못으로 인해 저 아이들을 벌하지 마소서."

결혼해서도 나는 변하지 않았다.

약혼녀가 내 인터넷 검색 기록에서 불쾌한 검색어를 발견하는 것은 충분히 민망한 일이다. 그와 끔찍한 후속 대화를 나눠야 하니까 말이다. 하지만 결혼한 지 1년이 지난 후에도 여전히 같은 단어를 검색 엔진에 입력하고 있다고 고백하는 일은 차원이 다른 문제다. 그리고 휴대전화의 잠금을 해제했다가 아내가 내 인터넷 사용 기록을 열어 놓은 것을 보고 내가 엉뚱한 짓을 하지 않는지 그가 몰래 확인했음을 알게 되는 것은 그야말로 하늘이 노래지는 일이다. 바로 그 순간, 나의 '문제'가 가장 소중한 관계에 불신을 초래했고 누구보다 사랑하는 사람에게 고통과 불안감을 안겨 주었다는 사실을 깨닫게 된다.

고백과 그에 앞서 나타나는 죄책감 및 수치심은 우리가 어른이 될수록 점점 더 보기 흉해진다. 유치원생에게 귀신 이야기를 요약해 주던 아이가 포르노 문제로 결혼 생활에 문제가 생긴 어른이 되었다고 하면 전혀 매력적으로 들리지 않는다.

온라인상에서 느끼는 온갖 형태의 음욕이 내게 전혀 영향을 주지 못하게 된 지는 10년이 넘었다. 나는 그 영역에서 성경이 말하는 '승리'를 경험한 것이다. 하나님이 나와 똑같은 문제로 남몰래 씨름하는 사람들을 내게 잔뜩 보내셨다는 것도 알게 되었다. 하나님은 종종 우리의 능력이 아니라 상처를 사용하여 다른 사람들을 치유하신다.

지금 나를 지배하고 있는 것은 조급함과 분노다. 이렇게 두루뭉술하게 말하면(이런 식으로 말하는 것은 목사들이 잘 계발한 습관이다) 별 문제 아닌 것처럼 들릴 수 있지만, 내가 먼저 시작한 아내와의 쩨쩨한 말다툼의 순간, 또는 이제 막 걸음마를 시작한 우리 집 아이들을 향해 분노를 쏟아내는 순간의 내 모습을 본다면 그렇게 두루뭉술하게 느껴지지 않을 것이다.

이 글을 쓰기 열흘 전, 내가 목회하는 교회 공동체에서는 자정에 기도회와 예배로 모여 하루 24시간, 일주일 내내 쉬지 않고 기도하는 놀라운 시간을 보냈다. "부흥, 그렇습니다! 속히 부흥을 허락하소서!" 하지만 바로 그날, 나는 아들 행크에게 세 차례나 소리를 질렀다. 이런 일이 처음 있는 일은 아니었다. 그런 훈육 방식은 아이를 가르치는 것이 아니라 화풀이에 불과했기에 다시는 그렇게 하지 말자고 다짐했던 터였다. 그런데 그 다짐이 무색하게도 나는 이전의 과오를 또다시 반복하고 말았다.

그리고 첫 번째 자정 기도회에 참석하기 위해 교회로 들어서기 몇 분 전, 나는 아내와 인도를 걸어가며 말다툼을 벌이고 있었다. 아내가 자신의 연약한 모습을 드러낸 순간에 내가 잘못 처신해서 생긴 다툼이었다. 너무나 최악이었던 나의 반응으로 아내는 눈물을 보이고 말았다.

"부흥, 그렇습니다! 속히 부흥을 허락하소서!"

열띤 구호와는 달리, 그날 밤 나는 패배한 사람, 도움이 필요한 사람으로 기도회에 참석했다. "자비하신 하나님, 자비를 베푸사 여기서 저를 만나 주소서." 직접 인도했던 기도회 맨 앞줄에서 그렇게 속삭였다. 그리고 하나님은 나를 만나 주셨다. 그럴싸한 내 모습 때문이 아니라 내 부족한 모습에도 불구하고.

당신이 분명히 알았으면 좋겠다. 나는 죄를 고백하는 무리에 속하지, 사죄를 선언하는 무리에 속하지 않는다. 이미 눈치챘겠지만, 죄를 고백해야 할 필요성에 대해서는 당신과 나 사이에 아무런 차이가 없다. 하지만 나도 그 사실을 안다는 것을 당신이 아는 것은 중요하다.

고백은 느린 춤이다

결혼식 피로연에서 몇몇 친구들(데이트 상대는 없다)과 아리아나 그란데, 저스틴 비버의 곡이나 솔트 앤 페파의 흥겨운 추억의 명곡에 맞춰 격렬히 춤추고 있다고 상상해 보라. 당신이 그런 밤을 보내고 있다면, 죄의 고백은 디제이가 「오늘 밤 당신의 모습을」이나 알 그린의 알려지지 않은 느린 곡으로 분위기를 가라앉히며 이렇게 말하는 것에 해당하리라. "놀라지 마세요. 이런 곡을 틀 때가 되었으니까요. 이런 분위기가 특별히 신나는 건 아닙니다만, 이 곡이 흐르는 4분 동안 나는 숨을 고르고 잔을 새로 채워야겠어요."

　시편 24편은 다윗이 축하를 위해 지은 노래다. "땅과 거기에 충만한 것과 세계와 그 가운데에 사는 자들은 다 여호와의 것이로다. 여호와께서 그 터를 바다 위에 세우심이여, 강들 위에 건설하셨도다"[1] 이 시는 이런 반복된 선언으로 마무리된다. "문들아, 너희 머리를 들지어다. 영원한 문들아, 들릴지어다. 영광의 왕이 들어가시리로다. 영광의 왕이 누구시냐. 강하고 능한 여호와시요 전쟁에 능한 여호와시로다."[2] 그런데 군중을 기쁘게 하는 의기양양한 선언 뒤에 등장하는 3절과 4절의 다음 대사는 아주 생뚱맞게 느껴진다. "여호와의 산에 오를 자가 누구며 그의 거룩한 곳에 설 자가 누구인가. 곧 손이 깨끗하며 마음이 청결하며 뜻을 허탄한 데에 두지 아니하며 거짓 맹세하지 아니하는 자로다."[3] 앞뒤의 다른 구절들과 비교해 보면

이 대목은 다소 분위기를 가라앉힌다. 그렇지 않은가? 디제이가 느리고 잔잔한 블루스를 틀고 춤추던 사람들이 자리로 돌아가는 것처럼 말이다.

이것은 다윗의 습관이다. 그는 시편의 상당 부분을 썼다. 그중에는 히트곡도 많지만, 요령 있는 음반사라면 잘라냈을 법한 가사를 한 절 또는 두세 줄 슬쩍 끼워 넣곤 한다. "여호와의 산에 오를 자가 누구며 그의 거룩한 곳에 설 자가 누구인가. 곧 손이 깨끗하며 마음이 청결한 사람이다.……그런데 나는 그런 사람이 아니다." 다윗은 패배감에 빠져 이 대사를 수없이 속삭인 다음에야 큰소리로 의기양양하게 시편 24편을 노래한 것 같다. 그는 하나님의 임재를 무엇보다 원했다. 이 말은 그가 하나님의 거룩함으로 씻김을 받은 것과 동시에 자신의 타락한 실상을 대면했음을 의미한다.

살아 계신 하나님의 임재를 원한다면, 고백은 그 임재를 누리기 위한 조건이 된다. 이는 정말 중요한 조건이다.

논란이 되는 합의

죄는 기독교에서 가장 논란이 되는 개념인 동시에 교회 밖에서 가장 보편적으로 인정되는 개념이다.

G. K. 체스터턴은 『정통』에서 '죄'가 기독교 신학에서 실제로 증명 가능한 유일한 부분이라고 말했다.[4] 그 책이 나오고 2년 후 체스터턴은 『세상의 무엇이 잘못되었는가』라는 제목의 또 다른 저서를 출간했다. 그해는 1910년이었고 서구에서 사회 진보에 대한 많은 논의가 있었던 해였다. 그는 그 '진보적' 대화에 목소리를 보태면서 자신의 견해를 이렇게 요약했다. "여러분은 옳은 것을 추구하고 있지만 진단의 핵심 요소를 무시하고 있습니다." 그는 이내 "세상의 무엇이 잘못되었습니까?"라고 묻고 간단한 대답을 내놓았다. 내가 잘못되었습니다.[5] 바로 내가 세상의 잘못된 부분이다. 내가 바로잡히지 않는 한 세상은 바로잡히지 않는다. 이것은 원시적이고 보수적인 종교적 사상이 아니다. 프로이트, 플라톤, 마틴 루터 킹 주니어, 간디, 예수님까지 모두가 이 부분에 동의했다. 세상이 뭔가 잘못되었다는 데는 모두가 동의한다. 각종 철학과 종교의 차이는 세상의 망가진 상태를 묘사하는 데 어떤 어휘를 사용하느냐, 이 망가진 상태를 바로잡을 방법으로 무엇을 제시하느냐로 귀결된다. 죄를 지적하는 지점에서는 모든 역사적 시기, 문화, 철학이 의견을 같이한다. 물론 죄는 논란의 여지가 큰 개념이기도 하다. 오랜 세월 동안 남용 및 조작되어 왔기

때문에 이 짧은 단어가 지면에 등장하는 순간, 어떤 이들은 고통스러울 수밖에 없는 주관적인 경험으로 종종 쪼그라든다.

성경이 말하는 죄의 개념은 단순하지 않다. 대단히 광범위하다. 성서학자들은 성경에 등장하는 여덟 가지 히브리어 단어가 모두 죄라는 하나의 단어로 번역되었다는 점을 지적한다. 또한 죄에 대한 성경의 포괄적 정의 역시 진술이 아닌 이야기의 형태로 제시된다.

성경의 처음 몇 쪽에서 남자와 여자는 벌거벗었으나 부끄러워하지 않는 존재로 묘사된다.[6] 이는 육체적 노출이 자유로운 삶, 히피처럼 해방된 삶이라기보다는 영혼의 상태를 가리키는 것이다. 페이지를 넘기면 흔히 '타락'이라고 부르는 이야기가 시작된다. 죄가 인류 역사 속으로 들어오는 것이다.

신의 존재를 믿는 일이 인류에게 정말 어려웠던 적은 없었다. 문화와 시대를 막론하고 우리보다 더 큰 존재가 있다는 것은 언제나 대중적인 견해였다. 계몽주의 이후 해체주의에 경도된 오늘날의 회의적인 사회에서도 대다수의 사람은 세상을 다스리는 모종의 신을 믿는다.

지금도 그렇지만 언제나 어려운 문제는 우리가 존재한다고 믿는 하나님을 신뢰하는 일이었다. 성경 이야기의 거의 맨 앞부분에서 아담과 하와는 하나님이 뭔가 숨기고 있다고 의심하기 시작했다. 그들은 하나님과 분리되어 풍요롭고 행복한 삶을 살기 위해 금단의 열매를 따서 먹었다. 자신들이 그동안 믿었던 하나님이 아니라 스스로를 신뢰했다. 이것이 바로 성경이 말하는 죄, 즉 선한 욕망을 잘못된 수단으로 이루려고 하는 시도다. 죄는 우리가 가진 자원으로 자신의 깊은 욕구를 채우려는 모든 시도를 줄여서 부르는 말이다.[7]

죄를 지은 인간의 본능적 반응은 숨는 것이다. 아담과 하와는 자신이 벌거벗었다는 사실을 바로 깨닫고 무화과나무 잎을 엮어 서로가 보지 못하도록 몸을 숨겼다. 다가오는 하나님의 발자국 소리가 들리자 그분을 피해 덤불 속에 숨기까지 했다. '벌거벗었으나 부끄러워하지 않는' 상태가 순식간에 '가리고 부끄러워하는' 상태로 바뀌었다. 숨어 있는 그들을 보신 하나님(솔직히, 하나님을 상대로 숨바꼭질하는 건 쉬운 일이 아니다)이 두 가지 질문을 던지셨다. "네가 어디 있느냐."[8] 유대교와 초기 기독교의 오랜 해석 전통에서는 이 첫 번째 질문을 고백으로의 초대로 본다. 아담과 하와가 이 초대를 받아들이지 않으면서 두 번째 질문이 따라왔다.[9] "네가 벗은 몸이라고, 누가 일러주더냐?"[10] 달리 말하면, 하나님은 이렇게 물으시는 것이다. "누가 내 아이들의 순수함을 훔쳤느냐?"

이 내용은 매우 중요하지만 잘못 해석되는 경우가 너무나 많다. 성경적 상상력이 정의하는 '죄'란 비난이나 정죄가 아니라 '진단'이다. 의사의 진찰실로 들어가 자신의 증상을 설명한 뒤 '이 질병을 부르는 이름이 있다'는 사실을 알게 되는 과정과 같다. 질병의 문제는 우리가 창조 목적을 감당하는 일, 즉 우리 몸을 원래의 설계대로 사용하여 자유롭고 건강하게 사는 일을 방해한다는 데 있다.

죄의 문제는 하나님이 엄격한 도덕적 기준을 가지고 계셔서 우리가 그 기준에 따라 처신해야 그분 편임을 증명할 수 있다는 것이 아니다. 우리가 가장 잘할 수 있게 타고난 일, 즉 사랑을 받고 사랑을 베푸는 일을 방해한다는 것이 죄의 문제다. 그렇다면 죄가 사랑을 방해하는 이유는 무엇일까? 유진 피터슨이 정의한 것처럼, "죄는 하나님과의 관계를 거절하는 일이고 그것이 다른 사람들과의 관계에까지 영향을 주기" 때문이다.[11] 죄는 항상 인격적인 행위이며 항상 하나님을 대적한다. 우리의 죄가 다른 사람에게 상처를 주는 것은 하나님을 상대로 감행하는 거절에 부수적으로 따라오는 결과다. 이와 같은 맥락에서 다윗은 이렇게 기도했다. "내가 주께만 범죄하여 주의 목전에 악을 행하였사오니."[12] 우리가 죄를 짓는 대상은 규칙이나 법이 아니라 우리 하나님이다.

창세기 3장의 드라마로 돌아가 보자. 이 가슴 아픈 장면은 이런 진술과 더불어 끝이 난다. "이같이 하나님이 그 사람을 쫓아내시고 에덴동산 동쪽에 그룹들과 두루 도는 불 칼을 두어 생명 나무의 길을 지키게 하시니라."[13] 하나님이 우리 몫으로 창조하신 온전하고 자유롭고 풍성한 삶으로 돌아갈 입구는 막혔다. 아담과 하와는 동산을 떠나 동쪽으로 걸어갔다. 그러나 둘이서만 간 것이 아니었다. 하나님이 함께 가셨다. 그분은 거룩함의 기준을 낮추지 않으시지만, 우리를 따라오신다. 성경의 이야기는 타협하시는 하나님이 아닌, 우리를 쫓아오시는 하나님의 이야기다.

이후 성경의 나머지 부분은 인간을 뒤쫓으시는 하나님의 사랑에 대한 그림으로 계속 채워진다. 시간을 절약하고 싶은 독자를 위해 성경 66권 전체를 요약해 보자면, 좋은 소식과 나쁜 소식이 있다고 말할 수 있겠다. 좋은 소식은 우리가 지금 사랑받고 있다는 것이다. 어떤 제한도, 요구되는 자격도 없는 사랑, 있는 그대로의 무조건적인 사랑을 받고 있으며, 우리는 그 사랑을 절대 잃어버릴 수 없다. 나쁜 소식은 우리가 그 사실을 도무지 잘 믿지 못하고, 그 사랑을 경험하는 일이 아주 드물다는 것이다. 하나님이 이미 우리를 사랑스럽게 보시는데도 불구하고 우리의 본능은 자신의 사랑스러움을 열심히 내세우고, 자신이 정의하고 통제할 수 있는 방식으로 사랑스러워지고자 애쓰며, 스스로 보기에 만족스러운 모습이 되려고 노력한다. 우리는 앞으로도 영원히 이런 노력을 기울일 것이다. 이와 같은 좋은 소식은 '은혜'라고 하고 나쁜 소식은 '죄'라고 한다.

자신에게 용서가 필요함을 갑자기 깨달을 때의 심정을 나는 잘 안다. 그런 고통스러운 경험을 해봤기 때문이다. 비난의 목소리가 내 머릿속을 울리는데, 그 목소리가 옳다는 것을 알기에 아무 소리 못하고 엎드린다. 나는 "손이 깨끗하며 마음이 청결"[14]한 사람이 아니다. 과거에 바라던 모습, 앞으로 되기 원하는 모습에 비하면 실제의 나는 엉터리에 불과하다. 수치스러운 모습이 낱낱이 폭로된 상황에서 나는 랍비 예수님이 간음한 여인에게 속삭이셨던 말을 내게 다시 속삭이시는 것을 듣는다. "나도 너를 정죄하지 않는다."[15] 나는 그 사랑을 추월할 수 없다. 나를 변화시킬 수 있을 만큼 강력한 힘은 그 사랑뿐이다.

부끄러워서 고개를 숙이는 모든 순간, 그 순간들이 "나도 너를 정죄하지 않는다"는 그분의 음성을 다시 들을 기회라면 어떨까? 우리 이야기에서 지우고 싶은 부분이 결국 우리가 영원히 이야기하게 될 대목이 된다면? 부끄러운 모습의 자신을 발견하는 상황, 그것은 스스로를 깨끗하게 할 기회가 아니라 그분이 항상 보셨던 우리의 실제 모습 그대로를 보고 "사랑하는 자여" 하고 부르시는 그분의 음성을 들을 기회라면 어떨까?

하나님은 거룩함의 기준을 낮추지 않으셨다. 그분은 우리의 성과에 의존하지 않고 우리를 거룩하게 만들 방법을 찾으셨다. 은혜가 이긴다.

함께 고난받으심

우리의 죄와 하나님의 용서가 만나는 자리에 대한 신학적 설명들은 명백히 옳지만 그 안에서 어떤 감정과 마음도 찾아볼 수 없는 경우가 대부분이다. 성경이 제시하는 하나님은 감정적이시고, 심지어 감정에 이끌려 행동하신다. 사실, 우리의 감정은 하늘에 계신 아버지의 감정을 반영한다. 그렇다고 해서 우리가 느끼는 감정이 다 좋은 것이라는 뜻은 아니다. 내 말은 온갖 좋은 감정, 하나님의 성품을 반영하는 감정을 느낄 방법이 있다는 뜻이다. 구원받는다고 해서 분노, 슬픔, 희망, 열정, 욕망이 줄어드는 것은 아니다. 하나님의 최종 목표는 우리를 완벽하게 작동하지만 아무것도 못 느끼는 로봇으로 만드는 것이 아니다. 구원은 하나님의 형상을 반영하는 인간의 모든 감정을 회복시킨다.

우리가 신념을 가지고 행동하고 뭔가에 대해 진심일 때, 그것이 신중하게 계산된 완전한 지적 행동 방침의 결과인 경우는 잘 없다. 우리 삶의 가장 뿌리 깊은 동력은 머리가 아닌 가슴에서 나온다. 내 아이에 대한 사랑, 결혼식 날 아내와 처음 춤출 때 느꼈던 감정, 사랑하는 사람이 누운 관을 바라볼 때 나를 짓누르던 묵직한 슬픔, 크리스마스 아침에 조카가 선물을 여는 모습을 보며 짓던 웃음. 그 어느 것도 내가 지성의 방정식을 풀어서 나온 답이 아니다. 이런 것들은 더 깊은 지점, 더 본능적인 지점, 모종의 감정적인 지점에서 흘러나온다.

하나님은 우리의 죄와 그것이 우리 삶에 초래하는 피해에 본능적이고 직감적으로 반응하신다. 그분은 냉정하거나 계산적이지 않으시다. 성경이 제시하는 하나님은 우리의 상태에 더 깊게, 더 인격적으로, 더 감정적으로 반응하시는 분이다. 히브리서 저자는 죄에 대한 예수님의 반응을 공감이라는 말로 묘사한다. "우리의 대제사장님은 우리의 약한 것들을 공감할 수 없는 분이 아니십니다. 모든 면에서 우리하고 똑같이 유혹을 받은 적이 있으십니다. 그러나 죄를 짓지는 않으셨습니다."[16]

새국제성경(NIV)에서 'empathize'(공감하다)로 번역된 헬라어는 합성어 'sympatheo'다. 이 단어는 '고통받는다'는 뜻의 그리스어 'pascho'와 접두사 'sun'(함께)이 결합된 단어이고, 이 접두사는 영어의 접두사 'co-'와 비슷하다. 이 단어를 문자 그대로 번역하면 '함께 고통받는다'는 뜻이다. 예수님은 우리의 죄를 이런 식으로 다루신다. 우리와 함께 고통받으신다. 우리의 생각과 행동, 무질서한 욕망의 결과에 고통받으시고, 입맛에 맞는 자아상 뒤에 숨어 그 자아를 가장하고 연기하느라 끝없는 불안에 갇힌 우리에게 찾아오는 미묘한 고뇌를 함께 겪으신다. 습관적 죄를 하나님의 무한한 사랑의 빛에 가져가기보다 그런 죄를 고백하다 질린 나머지 '관리'하려 들 때 그 선택의 결과로 찾아오는 하나님과의 소외조차 예수님은 함께 겪으신다.

우리는 일이 잘 풀릴 때 하나님과 가장 가까이 있다고 직관적으로 생각한다. 내가 현명하고 덕스럽게 살면서 내 안에서와 세상에서 예수님의 사명에 발맞춰 나아갈 때 그분이 내 곁에 임재하시고 도와주신다는 것이다. 그런데 히브리서의 저자는 정반대의 말을 한다. 예수님은 우리의 강점이 아니라 '약점'이 드러날 때 우리와 가장 가까이 계시다는 것이다. 죄로 부패한 우리의 마음은 마치 자석의 양극처럼 은혜를 밀어내고 은혜에 저항한다. 부패하지 않은 예수님의 마음은 정반대 방식으로 작동한다. 그분은 우리 죄에 끌리신다. 수없이 다양한 방법으로 방정식을 풀어 보려다 은혜만이 온갖 변수를 만족시키는 유일한 해결책이라는 것을 알게 된 수학자처럼 지적으로 끌리시는 것이 아니다. 그 끌림은 본능적인 것이다. 예수님은 직감적으로, 원초적 본능에 따라 우리의 연약한 부분으로 달려가시고, 거기서 우리를 만나기 원하신다.

공감은 대부분 공유된 경험에서 나온다. 우리는 약자들의 약한 부분이 우리가 경험적으로 아는 것일 때 그들에게 공감한다. 예수님도 마찬가지다. "모든 면에서 우리하고 똑같이 유혹을 받은 적이 있으십니다. 그러나 죄를 짓지는 않으셨습니다."[17] 예수님은 치료자이시되, 우리와 같은 질병을 겪으신 의사시다. 폐암을 치료하는 의사에 비유하자면, 폐암에 걸린 적이 있고, 그 영향을 느껴 보았고, 자신의 폐 중 하나를 다른 사람에게 떼어 주기까지 한 의사라고 할 수 있다. 따라서 우리는 우리가 겪고 있는 일을 경험했고, 공감하고, 같은 증상으로 싸우다 몸에 상처가 남은 의사와 이야기하고 있는 것이다. 그 치료사만의 심오한 차이점이 느껴지지 않는가? 처방전만 내미는 의사와 비교할 때 배려와 진정한 관심과 느긋하게 함께함이 느껴지지 않는가?

예수님에게 자주 붙는 이름 중 하나가 '위대한 의사'다. 그러나 정확한 진단 없이는 의사라도 환자를 치료할 수 없다. 아무리 훌륭한 의사라도 환자가 몸 상태를 "여기저기 다 아프다"고만 설명하면 많은 것을 해줄 수 없을 것이다. 고백한다는 것은 다음과 같이 말하는 것이다. "내 증상을 남김없이, 철저하게 밝히고 싶습니다. 남김없이 철저하게 치료받고 싶으니까요."

고백, 발견

위대한 대제사장의 충격적인 은혜는 절대 추상적인 방식으로 발견할 수 없다. 그것은 우리가 개인적으로 경험하는 일들처럼 가까이 다가와야 한다. 불안감에 휩싸여 숨쉬기조차 힘들 때, 인간관계가 깨졌을 때, 중요하게 여기는 자리로 올라가다 미끄러졌을 때, 믿었던 사람에게 무시당하거나 오해를 받거나 배신당할 때, 바로 이런 지점에서 예수님은 우리에게 본능적으로 이끌리시고 우리와 함께하신다. 우리의 아픔을 느끼시고, 치유자로 임재하시고, 당신의 약함과 나의 약함에 공감하신다.

그분은 나와 같은 고통을 당하시고 나의 상태를 겪으시지만 죄를 짓지 않으셨다. 이것이 우리의 소망이요 유일한 소망이다. 우리의 고통에 가장 깊이 공감하시는 분이 가장 큰 치유의 능력도 갖고 계신다. 그분은 우리의 연약함 가운데서 늘 우리와 함께하신다.

그러면 예수님의 치유 능력을 어떻게 받을 수 있을까? 그 답은 바로 고백이다. 죄의 고백을 통해 우리는 그분께로 향하고, 그분의 눈을 바라보고, 심판이 아니라 구원을 위해 우리 곁에 임재하시는 그분을 인정하게 된다. 시카고 지역을 중심으로 활동하는 목사이자 작가인 데인 오틀런드는 이렇게 말했다. "그리스도 안에 있다면, 우리가 슬플 때 하늘에서 격려의 말을 전하는 것으로는 만족하지 못하는 친구가 우리 옆에 있는 것이다. 그분은 멀찍이서 그냥 머물러 있지 못하신다. 어떤 것도 그분을 억제할 수 없다. 그분의 마음은 우리 마음과 단단히 이어져 있다."[18]

메리 카는 탁월하게 써 내려간 그의 회고록 3부작 중 세 번째 작품인 『리트』에서 자신이 정신병원에 입원했던 때를 회상한다. 그는 음주 문제가 너무나 심각해지고 그런 상태가 너무나 오랫동안 이어진 끝에 완전히 망가져서 제 발로 병원에 입원했다.

그곳에 도착한 첫날 밤, 그는 너무나 불안해서 자신에게서 벗어나고 싶어 한밤중에 일어나 화장실로 들어간다. 보는 이 없이 혼자 있을 수 있는 유일한 장소가 거기였다. 그는 무릎을 꿇는다. 그러고 나서 참을 수 없을 정도로 종교적이고 비현실적으로 미신에 사로잡힌 사람들이나 하는 일인 줄 알았던 일을 평생 처음으로 시도한다. 그것은 기도다.

먼저, 오랫동안 신을 향해 품어 온, 억눌리고 성난 비난조의 질문들을 기억나는 대로 줄줄이 쏟아낸다. "당신이 정말 듣고 계신다면, 그때는 어디 계셨습니까?" 같은 질문들이다.

불평의 목록이 끝나고 숨이 가빠지자 그는 감사의 말을 속삭이기 시작했다. "남편을 주셔서 감사합니다. 그이는 이 모든 일을 겪은 후에도 어떻게든 나를 다시 받아 줄 것 같습니다. 아들 데이브로 인해 감사합니다. 어렸을 때 참 많이 아팠지만 잘 이겨냈습니다." 그 말을 하면서 그는 깨달았다. "내가 자신을 끝까지 몰아붙였던 것은 누군가를 위해 내가 정신을 바짝 차려야 했기 때문이구나. 나는 그런 상태를 유지할 수 없었던 것이고."[19]

카는 이렇게 고백했다. "정신병원에 입원함으로써 나는 마음 깊은 곳에서 '항복'을 선언했다.……답을 알아내겠다는 힘든 궁리를 멈추고 답이 드러나기를 기다리기 시작했다. 때로는 희망이 조금씩 커졌다. 그러다 문득 깨달았다. 나는 변기 앞에 무릎을 꿇고 있었다. 다른 주정뱅이들은 이것을 보좌라고 부른다. 얼마나 많은 술 취한 밤과 숙취에 찌든 아침에 이 제단에서 예배하며 내 몸속의 독소를 비워 냈던가? 하지만 내 위의 무엇, 보이지 않는 그 무엇을 향해 기도하는 것은 모멸적인 일로 느껴졌었다. 이전까지는 그랬다."[20]

　그는 무릎을 꿇고 재활기관의 변기 커버에 머리를 얹은 채, 다른 사람들이 그의 모습이라고 감쪽같이 믿게 만들었던 모든 허상을 벗고 마침내 하나님 앞에 벌거벗은 모습으로 앉아 있었다. 그 벌거벗음 속에서 그의 수치심이 하나님의 사랑에 씻겨 나가고 있었다.

　유진 피터슨은 이렇게 말했다. "하나님은 세균이나 다락방의 쥐를 없애듯 삶에서 죄를 제거하는 방식으로 우리의 죄를 다루지 않으신다. 괴사한 다리를 끊어내듯 죄를 절단하여 우리를 불구로 만들고 거룩함을 목발처럼 의지하게 하는 방식으로 죄를 다루지 않으신다. 하나님은 용서를 통해 죄를 다루시며, 그분의 용서를 받을 때 우리는 작아지는 것이 아니라 더 커지게 된다."[21]

　다윗은 용서에 담긴 치유의 힘을 발견했고, 그 발견으로 고백은 느린 춤이 아니라 승리의 춤이 되었다. 그는 시편 139편에서 이렇게 노래했다. "주께서 나를 살펴보셨으므로 나를 아시나이다."[22] 다윗은 하나님의 영에게 오셔서 자신을 살펴보시라고, 자신의 내면을 파헤치시고 그 안의 죄를 드러내시라고 공개적으로 요청했다. 그는 그것을 기뻐하기까지 했다. 죄의 고백은 무시무시한 선물이다. 이 말이 모순처럼 들리는 것은 실제로 모순이기 때문이다.

　숨는 일의 대안은 숨지 않는 것이다. 하나님 앞에 자신을 드러내겠다는 무서운 고집이 있어야 한다. 그것이 무조건적인 사랑에 자신을 여는 유일한 방법이다. 무엇 때문에 다윗이 '하나님의 마음에 합한 사람'이 되었는지 궁금한 적이 있는가? 그의 묘비에는 그 문구가 새겨져 있다. 그러나 그의 약력을 살펴보라. 거짓말쟁이, 상황을 조작한 자, 간통자(자료를 어떻게 해석하느냐에 따라 강간범일 수도 있다), 살인자였다! 그런 그가 삶의 어떤 부분에서 하나님의 마음에 합하게 되었을까? 하나님 앞에서 정직하고 여과되지 않은 벌거벗은 모습을 그대로 드러냈을 뿐이다. 그가 지은 시편에는 개인적인 고백이 가득하다. 그는 완벽한 상태와 거리가 멀었지만 숨지 않았다. 자신이 벌거벗었음을 깨달았을 때 무화과나무 잎을 집어 들지 않고 하나님께 달려갔다.

성경이 탄생한 고대 근동 세계에서는 새로운 문화가 들어설 때마다 옛 도시의 폐허 위에 새 도시를 건설했다. 새로운 땅을 개발하는 수고를 굳이 하지 않았다. 기존에 있던 도시를 불태우고 바로 그 위에다 새로운 도시를 건설했다. 근동 지역의 고고학적 발굴은 한 시대의 역사를 발견하고, 그 아래에 깔린 또 다른 시대를 발견하고, 다시 또 다른 시대를 발견하는 식으로 이루어졌다. 층층이 쌓인 이야기를 먼지를 털어내며 하나씩 읽어내는 식이었다. 고백도 이와 같다. 겹겹이 쌓인 삶을 파 내려가 겉으로 드러난 모습뿐 아니라 그 밑에 놓여 우리의 현재에 계속 영향을 미치는 개인사의 층까지도 밝혀낸다.

현대 교회가 저지른 가장 큰 실수 하나는 영적 성숙을 '고백할 필요가 줄어드는 상태'로 생각한 것이다. 여기에는 이런 암묵적 가정이 깔려 있다. "하나님과의 관계에서 더 높은 단계로 올라갈수록 고백할 내용이 줄어들기 때문에 고백을 덜 하게 된다." 하지만 진정한 영적 성숙은 그 반대다. 그것은 상승이 아니라 고고학적 발굴에 더 가깝다. 우리 안에 줄곧 층층이 깔려 있던 것들을 하나씩 발견하는 과정이다. 영적 성숙은 더 많은 고백으로 나타난다. 성숙은 나라는 개인이 얼마나 심각하게 타락했는지, 그리고 내가 모르는 사이에도 하나님의 은혜가 얼마나 깊숙이 침투했는지를 깨닫는 일이다.

우리 시대에 절실히 필요한 것은 성공한 그리스도인, 인기 있는 그리스도인, 재치 있는 그리스도인이 아니라 깊이 있는 그리스도인이다. 그리고 깊이 있는 그리스도인이 되는 길은 고백이라는 내면의 발굴뿐이다. 영적 성숙의 길은 오르막이 아니라 내리막이다. 성숙하는 공동체는 고백하는 공동체다. 죄가 없는 교회가 아니라 비밀이 없는 교회다.

가장 심각한 필요와 비밀을 숨긴 채 하나님의 임재 앞에 공동체로 모였다가 물러날 때, 우리는 본질적으로 이렇게 말하고 있는 것이다. "예수님의 승리만으로는 충분하지 않아. 나에게는 충분하지 않아. 이 상황에는 충분하지 않아. 시간만 더 있으면 돼. 나 혼자서도 어떻게든 해결할 수 있어." 타락과 함께 우리 안에 심어진 집요한 내면의 이야기, 세심하게 고른 무화과나무 잎으로 자신을 숨기고 꾸미고 싶어 하는 상태에 언제까지고 머물게 만드는 그 이야기와 어떻게 싸울 수 있을까? 고백이다. 다윗의 말에서 영감을 받을 수 있다. 우리는 오래전에 기록된 다윗의 기도문을 지금 우리 기도의 대본으로 삼는다. 그의 기록 중에서 하나님 앞에서 자기 모습을 다 드러내지 않는 기도는 찾기 어려울 것이다.

우리는 은혜를 믿는다고 말하지만, 이미 믿고 있는 것에 대한 신뢰를 실제로 표현하는 방식이 고백이다. 우리 이야기 중에서 편집하거나 아예 통째로 지워 버리고 싶은 부분이 바로 우리가 결코 되돌리고 싶어 하지 않고 끊임없이 말하게 될 부분이다. 하나님은 그렇게 일하는 작가시다.

정직한 부흥

막대한 유산을 상속받은 독일의 20대 청년 니콜라우스 루트비히 폰 친첸도르프 백작(그렇다. 그의 본명이다)은 1722년에 가문의 영지를 난민 구호 캠프로 전환했다. 공동체 사람들은 이 작은 모라비안 마을에 '헤른후트'(Herrnhut)라는 이름을 붙였다. '주님이 지키시는 곳'이라는 뜻이다.

그곳은 위대한 부흥과 근대 선교 운동의 발상지가 되었다. 그곳에서 일어난 모든 부흥과 선교 운동은 난민 마을에서 하루 24시간, 주 7회 쉬지 않고 기도하겠다는 헌신이 일어나면서 시작되었다. 그들의 기도는 백 년 동안 지속되었고 이후 모라비안 부흥으로 알려지게 되었다(자세한 내용은 나중에 설명한다).

그런데 이 이야기에서 정말 흥미로운 부분은 부흥 이야기가 아니라 부흥의 기원이다. 난민들이 직접 남긴 이야기를 읽어 보면, 그들은 기도 운동을 대단하게 여기지 않았다는 것을 알 수 있다. 그들은 기도 운동이 시작된 뜻밖의 밤에 관해 이야기한다.

친첸도르프는 한 난민 집단을 하나님의 가족으로 맞이한 후 그들에게 급진적인 비전을 제시했다. 초대 교회 같은 공동체가 '지금 여기에서' 되살아난다는 비전이었다. 그들이 이루고자 했던 공동체가 되려면 타자를 자신보다 우선시하는 반문화적 결정을 매일 내려야 했고, 그것은 근본적으로 인간 본성을 거스르는 일이었다. 5년이 지나자 자연히 환멸감이 널리 퍼졌다. 많은 고통이 생겨났고, 실망감, 냉소, 남 탓이 만연했으며, 큰 문제는 없지만 함께 상상했던 바에 훨씬 못 미치는 상태에 많은 이들이 안주했다.

1727년 8월 13일, 그들은 또 한 번 평범한 교회 집회로 모였다. 친첸도르프는 십자가에 관한 강력한 설교를 전했고, 그가 설교하는 동안 성령이 압도적으로 그 자리에 임했다. 바로 그 순간, 그 집회실에서 그들은 자신들의 잘못을 고백하고 서로를 용서하기 시작했다. 어떤 단서도, 변명도, 숨김도 없이 그저 잘못을 밝혔고 새롭게 시작하기로 결심했다. 성령의 강한 임재로 그들의 고백은 몇 시간 동안 이어졌고, 초자연적인 경험으로 어지러운 상태가 되어 예배 후에 비틀거리며 걸어 나왔다. 마치 술 취한 사람들이 문 닫을 시간이 되어서 술집에서 나오는 것 같았다.[23]

그날 밤이 지나고 2주 후, 그들은 기도 모임을 시작하기로 결정했다. 그 기도 모임은 백 년 동안 지속되었다. 그렇다면 모라비안 부흥은 어떻게 일어난 걸까? 대부분의 역사가는 "기도다. 모든 것이 기도를 연료로 이루어졌다"고 말한다. 여기에는 많은 진실이 담겨 있다. 그러나 그날 집회실에 있던 마흔여덟 명의 난민들, 즉 그곳에 살면서 그 일을 직접 경험한 목격자들은 이렇게 말했을 것이다. "아뇨, 아뇨, 아뇨. 백 년간의 기도는 그날 밤에 있었던 여과되지 않은 치유의 고백이 넘쳐흐른 결과였을 뿐입니다."

부흥은 그것이 좋은 생각이라는 데 모두가 동의했기 때문에 일어난 것이 아니었다. 부흥이 일어난 것은 모두가 서로 앞에서 무화과나무 잎을 벗었기 때문이었다.

브레넌 매닝은 이렇게 말했다. "하나님은 언제나 깊은 상처를 입은 사람을 크게 쓰신다.……우리는 한 사람도 빠짐없이 보잘것없는 이들이다. 하나님은 이런 우리를 부르시고 중요하게 쓰시는 은혜를 베푸셨다.……마지막 날에 예수님은 우리에게 메달이나 학위, 훈장이 아니라 상처가 있는지 보실 것이다."[24] 하나님은 우리의 재능, 통찰력, 생각, 자격 조건이 아니라 우리의 상처를 사용하여 세상을 치유하기로 결심하셨다.

그분의 상처로 우리가 나음을 입었고[25] 우리의 상처로 그 치유가 세상에 전해진다.

주께서 꺾으신 뼈들도 즐거워하게 하소서

우슬초로 나를 정결하게 하소서. 내가 정하리이다. 나의 죄를 씻어 주소서. 내가 눈보다 희리이다. 내게 즐겁고 기쁜 소리를 들려 주시사 주께서 꺾으신 뼈들도 즐거워하게 하소서(시 51:7-8).

C. S. 루이스는 『새벽 출정호의 항해』에서 고백의 힘을 생생하게 그려낸다. 이 책에서 소년 유스터스는 자신의 행동을 제대로 인식할 사이도 없이 순수함을 잃고 탐욕에 사로잡혀 영영 용의 가죽을 뒤집어 쓰고 살아야 하는 신세가 된다. 이 상황은 루이스가 창세기의 무화과나무 잎 이야기를 신비롭게 재구성한 것이다. 유스터스는 용의 껍질을 벗겨내려고 몇 번이나 시도했지만, 그때마다 껍질은 다시 자라난다. 결국 그는 완전히 녹초가 된 상태로 가만히 누웠고 사자 아슬란이 그에게 다가온다. 루이스는 무섭지만 온유한 이 사자의 모습으로 예수님을 표현했다.

그러자 사자가 이렇게 말했는데, 실제로 말을 한 건지는 나도 잘 모르겠어. "네 껍질을 벗기는 일은 내게 맡겨라." 사자 발톱이 너무 무서웠지만 그때는 자포자기한 상태나 다름없었지. 그래서 그냥 바닥에 가만히 드러누워 사자가 마음대로 하게 내버려두었어.

맨 처음에 발톱이 살을 찢고 들어오는데 어찌나 깊이 파고들던지 심장까지 닿

는 줄 알았다니까. 그때부터 사자가 껍질을 벗기기 시작했어. 정말이지 태어
나서 그렇게 아파 보긴 처음이었어. 참고 견딜 수 있었던 건 순전히 그걸 벗겨
낸다는 기쁨 때문이었어. 한 번이라도 상처의 딱지를 떼어 봤다면 너도 알 거
야. 굉장히 아프긴 하지만 벗겨지는 걸 보는 건 재미있잖아.

……그렇게 해서 사자는 그 징그러운 껍질을 단번에 벗겨냈어. 앞서 내가 세
번 껍질을 다 벗겨냈다고 생각했던 것처럼 말이야. 다만 내가 할 때는 그렇게
아프지 않았지. 그리고 풀 위에는 내가 벗겼던 껍질들보다 더 짙고, 더 검고,
더 울퉁불퉁한 껍질이 널브러져 있었어. 나는 마치 껍질을 벗긴 나뭇가지처럼
매끄럽고 부드러우면서도 전보다 더 작아져 있었어. 그때 사자가 날 붙잡았는
데, 썩 달갑지는 않았어. 껍질이 없어서 연약한 살이 드러나 있었거든. 사자는
나를 붙잡아 물에 집어넣었어. 온몸이 엄청 따가웠지만 한순간이었어. 그다음
에는 진짜 기분이 좋아졌어. 수영을 하면서 물을 튀기기 시작하자 팔의 통증
이 없어졌다는 걸 알 수 있었어. 그제야 이유를 깨달았지. 내가 다시 사람으로
변해 있었던 거야.[26]

나는 하나님의 임재와 능력을 원한다. 니콜라우스 폰 친첸도르프가
헤른후트에서 보았던 것, 바울이 에베소에서 보았던 것, 베드로가 예
루살렘에서 보았던 것을 나의 시대에 경험하고 싶다. 하나님이 내 안
에 계시기를, 예수님이 나를 위해 확보하신 모든 것을 지금 경험하기
를 열망한다. 나의 갈망에 대한 하나님의 응답은 단순하고 사랑이 가
득하며 직설적이다. "주께서 꺾으신 뼈들도 즐거워하게 하소서."

다윗은 껍질이 벗겨지고 물속에 던져졌을 때의 기분이 어떠한지
를 잘 알았다. 처음에는 따끔거리지만, 이내 회복되는 아이 같은 순
수함과 자유롭게 첨벙댈 수 있는 천진한 기쁨을 말이다. 다윗의 유명
한 고백이 담긴 시편 51편에서 그는 자신의 죄를 지칭하는 데 네 개
의 단어를 썼는데, 하나님의 은혜를 설명하는 데는 19개의 다른 단
어를 사용했다. 우리가 죄를 짓는 방법의 가짓수는 제한되어 있지만,
하나님의 용서는 한계가 없고 무한하다.[27]

"주께서 꺾으신 뼈들도 즐거워하게 하소서." 다윗이 외친다. 절망

적 고통의 자리, 숨기고 있는 비밀, 그를 짓누르던 무거운 짐이 순수한 기쁨과 춤추고 웃고 소리 지르는 기쁨으로 바뀌게 해달라고 호소한다.

"네 껍질을 벗기는 일은 내게 맡겨라."

실천.

살펴보고 밝히기

우리가 하나님께 먼저 우리를 살펴보시도록 요청하는 이유는 그분이 우리를 더 잘 아시기 때문이다. 우리는 그분이 우리 자신의 모습, 특히 우리가 보지 못하는 부분들, 다른 사람에게는 잘 보일지 몰라도 우리에게는 숨겨져 있는 추악한 흠을 부드럽게 사랑으로 드러내실 것이라고 신뢰할 수 있다.

일단 자기점검의 공간을 마련하고 사람을 살펴보는 일을 하시는 성령님을 늘 의지하자. 그러면 고백할 준비가 된 것이다. 고백은 말 그대로 단순하고 꾸밈이 없어야 한다. 우리 안에서 드러난 것이 무엇이든 하나님께 큰소리로 말씀드리라. 그것이 바로 고백이다. 그것을 하나님께 말씀드리는 것은 곧 그것을 '빛으로 가져가는 행위'[28]이며, 죄의 힘을 약화시키고 치유와 자유를 위해 은혜의 능력을 요청하는 일이다. 고백은 대부분의 경우 성숙하고 신뢰할 수 있는 영적 우정 가운데 이루어져야 하고, 고백하는 사람들이 그들에게 선포되는 복음을 들으며 사죄의 선언을 받을 수 있어야 한다.

대부분의 사람은 거짓 자아, 즉 자신의 생각, 감정, 행동을 지배하는 심각한 역기능 패턴을 한 번도 대면하지 않은 채 무덤에 간다. 따라서 대부분의 사람은 진정한 자아로 살아가는 자유를 느껴 보지 못하고, 세상에든 사랑하는 사람들에게든 자신의 진정한 자아를 한 번도 내준 적이 없는 상태로 무덤에 간다. 고백하지 않고 사는 것은 절대적인 비극이고, 고백을 발견하는 것은 말할 수 없는 선물이다.

고백은 두 부분으로 이루어진다. 살펴보는 것과 밝히는 것이다. 살펴보는 것은 하나님의 몫이고, 밝히는 것은 우리의 몫이다.

몸과 마음을 진정시키라. 침묵 속에서 기도하며 하나님의 영에 자신을 연 다음 방해가 될 만한 모든 요소를 내려놓고 기다리라. 그러고 나서 다윗의 기도를 초청으로 바꾸어 이렇게 기도하라. "주여, 나를 살펴보시고 나를 아소서." 그다음 기다리며 무슨 일이 일어나는지 주목하라. 하나님이 당신 자신에게 당신의 모습을 어떻게 드러내시는지 주목하라. 그리고 고백하라.

5. 하늘에서 이루어진 것같이 땅에서도
— 중보

> 그날에는 너희가 아무것도 내게 묻지 아니하리라.
> 내가 진실로 진실로 너희에게 이르노니
> 너희가 무엇이든지 아버지께 구하는 것을 내 이름으로 주시리라.
> 지금까지는 너희가 내 이름으로 아무것도 구하지 아니하였으나(요 16:23-24).

리놀륨 탁자 위에서 울리는 커스틴의 전화 진동음에 정신이 산만해졌다. 화요일 저녁이었고, 나는 뉴욕 퀸스의 어느 교회 예배당에 앉아 있었다. 그곳에는 둥근 테이블과 접이식 금속의자, 종이컵에 담긴 연한 커피가 잔뜩 놓여 있었다. 내 앞에 놓인 탁자 주위로 몇몇 목사 부부가 함께 앉아 수십 년 동안 의사소통을 잘해 온 현명한 노부부에게 건강한 소통을 배우는 시간을 보내고 있었다.

그날 밤 노부부가 한 말에 대해선 한 마디도 전해줄 내용이 없다. 윙윙거리는 휴대전화 진동음이 신경 쓰여 아무것도 듣지 못했기 때문이다. 마침내 커스틴이 휴대전화를 들고 밖으로 나갔다. 장인어른이었다. 그는 우리에게 연락하려고 필사적으로 애쓰고 있었다. "의사가 방금 병실을 나갔다. 밴이 못 버틸 거란다." 전해야 할 내용이 아주 많았지만, 홍수처럼 밀려오는 감정에 목이 메여 그다음부터 말을 잇지 못했다.

커스틴의 오빠 밴은 내 절친한 친구이기도 하다(다 설명하자면 사연이 길다). 며칠 전에 가슴 통증이 있었는데 속쓰림이라고 생각하고 있었다. 친구가 그릴로 구워 준 매운 새우를 좀 먹었는데, 그것이 얹혔다고 생각 한 것이었다.

단순 속쓰림인 줄 알았던 것이 대동맥 파열로 밝혀진 것은 제산

제를 받기 위해 일반의원에 갔을 때였다. 심장판막 내부에서 피가 너무 빨리 분출되어 큰 병원으로 옮길 때까지 살 수 있을지도 확신할 수 없다고 했다. 의사가 30대 초반이던 밴에게 이 모든 상황을 설명하는 동안, 구급차가 그를 태우러 사이렌을 울리며 의원으로 달려오고 있었다.

48시간 후, 미국 최고의 심장병원으로 명성이 높은 밴더빌트 병원의 수석 외과의가 이런 소식을 전했다. "환자는 살 수 없을 것 같습니다. 가족에게 최대한 빨리 오라고 연락하세요."

우리는 전화를 받고 바로 그 교회를 나섰다. 서둘러 집으로 돌아와 가장 이른 비행기를 예약했다. 다음 날 아침, 내슈빌에 있는 병원에 도착했을 때 의료진은 더 많은 정보를 전해 주었다. 밴은 수술이 예정되어 있었지만, 수술 도중 사망할 가능성이 아주 높았다. 그러나 그는 죽어가고 있었고, 남은 선택지는 말 그대로 수술뿐이었다.

나는 침대 발치에 놓인 팔걸이의자에 앉아 두 손으로 얼굴을 감싸고 손가락 사이로 문신이 새겨진 밴의 가슴을 바라보았다. 의료진은 앞으로 24시간 안에 밴의 복부 깊숙이 칼을 대고 흉곽을 열 것이었다. 나는 함께 늙어갈 줄 알았던 사람에게 작별 인사를 하기 위해 그 자리에 있었다. 참담한 절박함과 두려움에 휩싸인 나는 끌어낼 수 있는 쥐꼬리만 한 소망을 붙들고 하나님께 나아가 사정을 말씀드렸다. 기도했다.

이것이 이 이야기의 시작이다. 이제 결말을 공개하겠다. 이틀 후, 밴은 성공적으로 수술을 마치고 같은 병실에서 깨어나 수차례의 심장절개술을 거쳐야 하는 이 특별한 수술을 받고 살아남은 병원 역사상 유일한 환자가 되었다.

담당 외과의가 병실로 와서 가족에게 상황을 설명했다. 그는 수술실에서 수술팀이 수술을 포기하고 비공식적으로 밴의 사망을 선언했던 순간을 이야기하며 흐느꼈다. 그때 외과의에게 가위를 건네는 것이 유일한 역할이었던 간호 학생 한 명이 수술실에서 그를 위해 기도하기 시작했다고 했다. 그러자 외과의는 그 전까지 5시간 넘게 찾는 데 실패했던 찢어진 출혈 부위를 바로 찾아냈고, 밴은 살아났다.

기적입니다. 내가 한 말이 아니다. 그리스도인이 아니고 기도하지도 않는 의사가 우리에게 그렇게 말했다. 그의 눈에 고인 눈물이 당장이라도 흘러넘칠 것만 같았다.

그렇다. 기도는 우리를 진정시키고 평화를 안겨 주며 상황을 있는 그대로 받아들이도록 도와준다. 기도는 기도하는 이를 내면에서부터 변화시킨다. 그러나 기도는 또한 능력을 발휘한다. 그 능력으로 눈에 보이는 세상에 진정한 변화를 가져온다.

모니카의 아들

모니카는 아들 하나를 둔 홀어머니였다. 독실한 신자인 그는 아이가 어렸을 때부터 찬송가를 불러 주고 밤마다 아이 이마에 손을 얹고 기도했다. 그러나 소년은 커서 어머니와는 다른 눈으로 세상을 보게 되었다. 청소년기에는 북아프리카의 고향에서 바람둥이로 유명했고, 숱한 밤 술에 취한 채 공공장소에서 목격되었다. 비범한 지성의 소유자였던 그는 결국 철학자로 성장했고, 힘을 다해 어머니의 기독교 신앙에 맞서 싸웠다.

모니카는 포기하지 않았다. 젊은 시절에 아들의 작은 이마에 손을 얹고 기도했던 것처럼 밤마다 아들의 구원을 위해 계속 기도했다. 아들이 열아홉 살이 되던 해, 그는 꿈을 꾸었는데 하나님이 그 꿈을 통해 아들을 위한 기도에 응답을 약속하셨다고 믿게 되었다.

그는 꿈에 대한 반응으로 더욱 열심히 기도했다. 한 해가 지나고 또 한 해가 지나고 또 한 해가 지났다. 변화는 없었다. 소망을 품어 볼 만한 기색조차 보이지 않았다. 아들은 마음의 변화를 보이지도, 믿음에 마음을 열지도 않았다.

모니카가 꿈을 꾼 지 9년 후, 아들은 로마로 여행할 계획을 세웠다. 로마는 향락과 방탕으로 유명한 곳이었다. 모니카는 밤새도록 잠 못 이루며 하나님께 아들의 여행을 막아 달라고 간절히 기도했다. 모니카는 아들이 여행 일정을 바꾸었고 그날 밤 자신이 기도하는 동안 이미 배에 올라 로마로 가고 있었다는 사실을 알지 못했다.

로마로 떠난 모니카의 아들은 여행 중 정원에 홀로 앉아 있던 어느 날, 너무나 분명하게 그에게 말씀하시는 하나님의 음성을 들었다. 그는 혼란스러운 상태로 그동안 있는 힘껏 경멸하고 틀렸다는 것을 증명하려 했던 성경을 찾아 펼쳐 들었다. 바로 그때 그곳에서 그는 예수님께 자신의 삶을 내어 드렸다.

모니카의 아들은 아우구스티누스였다. 역사상 가장 위대한 신학자이자 초기 기독교 교회의 교부로 널리 알려져 우리에게도 익숙한 바로 그 이름 말이다. 기도는 능력을 발휘한다.

경이와 미스터리 사이에서 마비된 기도

기도는 참 경이롭다. 신이 한 인간과의 대화에 반응하여 이 땅에서 행동한다고? 어떻게 그럴 수 있을까? 이렇게 능력이 많으면서도 인격적인 신이 어떻게 존재할 수 있을까? 이것은 대부분의 순간에 우리가 과감하게 상상해 보는 일들 보다 훨씬 더 좋은 일이다. 월터 윙크는 이렇게 자신만만하게 외친다. "역사는 믿음으로 미래를 만드는 중보기도자들의 것이다."[1]

기도는 혼란스러운 미스터리이기도 하다. 기도에 응답받은 사연을 듣고 감동해 기도해야겠다고 동기부여를 받는 사람들도 있겠지만, 같은 이야기를 듣고 혼란스러워하거나 심지어 분노하는 사람들도 그 못지않게 많을 것이다.

"처남이 병 고침을 받았다니 잘되었네요. 하지만 왜 어떤 사람들은 낫고 어떤 사람들은 낫지 못하나요? 응답받지 못한 온갖 비슷한 기도들은 어떻게 되는 건가요? 우리가 하나님의 행하심을 기뻐해야 한다고 주장한다면, 하나님의 침묵은 누가 설명해 줄 수 있나요?"

"아우구스티누스와 그 어머니의 일은 정말 기쁘게 생각합니다. 정말 기쁩니다. 하지만 하나님은 왜 그렇게 오래 걸렸답니까? 왜 기도를 듣고 십 년이나 기다렸다가 응답한단 말입니까? 기도에 들이는 시간과 기도하는 사람의 수, 기도 방법의 적절한 조합으로 마침내 하나님의 관심을 끌어내는 신성한 방정식이라도 있는 걸까요? 아니면 하나님은 대부분의 시간 동안 시큰둥하신데 모니카가 마침 적절한 순간에 하나님을 만난 것일까요? 그렇게 큰 능력이 있음에도 몇 년씩 잠잠히 있는 것이 대체 어떤 상황에서 이치에 맞을까요? 그들의 이야기는 기도에 응답하여 행동하는 신의 친절함보다는 그만한 능력을 가지고도 느릿느릿, 냉담하게, 내키는 대로 행동하는 신의 잔인함에 대해 더 많이 말하고 있지 않을까요?"

우리는 이런 질문의 주위를 맴돌고 있다. "나의 기도는 구체적으로 어떤 의미에서 중요할까? 내가 기도하든 안 하든, 하나님은 늘 일하시는 방식으로 계속 일하시는 건 아닐까? 내가 기도로 드리는 요청은 하나님의 방정식 안에서 내 마음을 변화시키는 데 그칠까, 아니면 내가 살고 있는 이 세상에 실재하는 사람들과 조건과 환경을 변화시킬 능력이 있을까? 내 기도는 실제로 중요할까?"

C. S. 루이스는 회의론자의 목소리를 흉내 내어 기도에 반대하는 주장을 펼쳤다. "당신의 주장을 받아들여 기도 응답이 이론적으로 가능함을 인정한다 해도, 나는 여전히 그것이 무한히 개연성 없는 일이라고 생각합니다. 하나님이 세상을 어떻게 운영하실지에 대해 우리 인간들의 무식한 (모순되는) 조언이 필요하시리라고는 생각할 수 없습니다. 당신이 말하는 것처럼 하나님이 전지한 존재라면, 그분은 가장 좋은 일이 무엇인지 이미 아시지 않겠습니까? 그리고 만약 그분이 더없이 선하시다면 우리의 기도와 상관없이 그 일을 하시지 않겠습니까?"[2]

"역사는 중보자의 것"이라는 불같은 믿음을 가진 신자들과 함께 기뻐하는 사람이 아무리 많아도, 최소한 그 못지않게 많은 이들이 회의론자들과 함께 기도에 관해 그냥 어깨를 한 번 으쓱하고 마는 태도를 보인다. 우리의 기도는 바로 여기, 경이와 미스터리 사이에서 마비된다.

"역사는 중보자의 것"이라니. 얼마나 강력하고 경이로운 말인가! 하지만 우리가 실제로 기도를 시작하면, 모든 확신과 영감이 쓰나미처럼 밀려드는 질문, 의심, 혼란, 과거의 실망에 휩쓸려 사라진다.

내 말을 오해하지 말라. 많은 이들이 경이와 미스터리 사이에 갇혀 옴짝달싹 못 하게 마비된 상태에서도 계속 기도한다. 하지만 우리는 예수님의 방식으로 기도하지는 않는다. 우리의 기도는 인자의 말씀이 그 말씀을 참으로 믿는 모든 사람에게 불러일으키는 감각, 능력을 얻어 눈이 휘둥그레지는 강렬한 감각을 드러내지 못한다. 우리는 가장 안전한 종류의 기도를 드린다. 하나님이 그 기도에 응답하셨는지 안 하셨는지 절대로 알 수 없을 정도로 수동적이고 모호한 기도를 드린다.

한 가지 사고 실험을 해보자. 지난 한 주 동안 기도했던 모든 내용을 떠올려 보라. 만약 하나님이 그 기도들에 모두 응답하신다면 어떤 일이 일어날까? 특별히 대담하거나 순진한 한두 사람을 제외한 대부분이 별다른 변화는 없을 거라고 답할 것이다. 경이와 미스터리 사이의 이 지점에서 우리는 마비되고 만다.

제자들이 예수님께 말씀드렸다. "우리에게도 기도를 가르쳐 주옵소서."[3]

예수님은 이렇게 대답하셨다. "그러므로 너희는 이렇게 기도하라. 하늘에 계신 우리 아버지여⋯⋯."[4]

많은 이가 이 첫 구절을 좋아한다. 아름답다! 온 세상의 하나님 아버지는 한 분이시다.

"이름이 거룩히 여김을 받으시오며⋯⋯."[5]

아, 이 부분은 좀 거부감이 든다. 하나님이 약간 나르시시스트처럼 느껴진다. 하지만 그 정도로 강력하고 사랑이 많은 창조주시라면 거룩히 여김을 받을 자격이 있다는 생각도 든다. 그렇다면 이 대목도 받아들일 수 있다.

"나라가 임하시오며 뜻이 하늘에서 이루어진 것같이 땅에서도 이루어지이다."[6]

이 대목에서 우리는 예수님의 말씀을 따라가지 못한다. 명상하고 내려놓는 방법으로서의 기도? 대찬성이다. 중심으로 향하는 연습으로서의 기도? 필수적이다. 내면에서부터 변화되기 위한 통로로서의 기도? 당연한 말씀이다.

정말로 효과가 있는 기도? 하나님과 함께 협력하여 구원을 가져오고 어둠을 몰아내는 기도? 눈에 보이는 구체적인 세상, 내가 어울리는 사람들의 실제 삶과 그들이 직면한 실제 문제에서 실제로 뚜렷한 변화를 가져오는 기도? 하늘이 땅에 임하게 하는 기도? 여기서 의견이 사방으로 갈라진다. 여기서 우리는 예수님의 말씀을 따라가지 못한다.

예수님 탓이 아니다. 예수님은 이 부분에서 우리가 그분의 말씀을 못 알아듣는 일이 없도록 할 수 있는 일을 다 하셨다. 단 한 번도 물러서지 않으셨고 자신의 발언에 조건을 달지도 않으셨다. 오히려 아래와 같은 말씀을 계속하셨다. 기도에 대한 예수님 말씀의 일부를 소개한다.

구하라. 그러면 너희에게 주실 것이요 찾으라. 그러면 찾아낼 것이요 문을 두드리라. 그러면 너희에게 열릴 것이니(눅 11:9).

그러므로 내가 너희에게 말하노니 무엇이든지 기도하고 구하는 것은 받은 줄로 믿으라. 그리하면 너희에게 그대로 되리라(막 11:24).

너희가 내 이름으로 무엇을 구하든지 내가 행하리니 이는 아버지로 하여금 아들로 말미암아 영광을 받으시게 하려 함이라. 내 이름으로 무엇이든지 내게 구하면 내가 행하리라(요 14:13 - 14).

너희가 내 안에 거하고 내 말이 너희 안에 거하면 무엇이든지 원하는 대로 구하라. 그리하면 이루리라(요 15:7).

너희가 기도할 때에 무엇이든지 믿고 구하는 것은 다 받으리라(마 21:22).

너희가 악한 자라도 좋은 것으로 자식에게 줄 줄 알거든 하물며 하늘에 계신

우리가 예수님의 초대를 정말 진지하게 받아들인다면, 예수님이 말
씀하신 종류의 기도를 정말로 믿는다면, 현대 교회는 교인들이 기도
만 하려고 들어서 다른 일을 하게 하는 데 어려움을 겪을 것이다. 그
런데 실상 우리는 기도하도록 격려를 받아야 한다. 왜냐하면 대다수,
심지어 가장 진지하고 성숙한 그리스도인들조차도 예수님이 말씀하
신 기도를 믿지 않기 때문이다. 어쨌든 전적으로 믿지는 않는다.

　기도에 경이와 미스터리의 요소가 모두 있는 것은 분명한 사실이
지만, 기도는 그 모든 것에 앞서 심오한 초청이다. 나는 기도가 하나
님이 은혜의 저편에서 우리에게 건네시는 가장 심오한 초청이라고
믿는다. 그리고 경건한 사람이나 운 좋은 사람만이 아니라 우리 모두
가 이 초청의 대상이다.

　"하늘에서 이룬 것같이 땅에서도 이루어지이다" 같은 기도를 전
문 용어로 '중보기도'라고 한다. 영어 성경에서 중보기도(intercession)
라는 단어는 구약의 히브리어 '파가'에서 유래했고, 신약의 헬라어에
서는 '엔테우시스'에 해당한다. 영어 단어 'intercession'은 '사이에 오
다'라는 뜻의 라틴어 'intercedo'에서 파생되었다.[7] 중보한다는 것은
고대와 현대의 표현 모두에서 두 당사자 사이에 개입하여 중재하는
것을 의미한다. 쉽게 말해 중보기도는 다른 사람을 위해 기도하는 것
을 말한다.

　진정한 중보기도의 동기는 상대를 향한 사랑이다. 예수님이 설명
하시는 기도는 공식을 알아내면 가끔씩 이뤄지는, 우주적 지니에게
소원을 비는 일의 현실판이 아니다. 예수님은 다른 사람을 향한 사랑
에서 출발하고 그 사랑이 부족한 곳에서 하나님이 활동해 주시도록
초대하는 일로 끝나는 기도를 말씀하시는 것이다. 중보기도는 나의
욕망, 나의 필요, 나의 상황에 끝없이 몰입하는 상태에서 벗어나 다
른 사람의 욕망, 필요, 상황을 돌아보는 의지적이고 의도적인 선택이
다. 그러므로 중보기도는 단 한 마디의 기도일지라도 아주 심오한 사

랑의 행위인 것이다.

리처드 포스터는 이렇게 말했다. "우리가 사람들을 진정 사랑한다면, 우리가 줄 수 있는 것보다 훨씬 많은 것을 그들을 위해 바라게 될 것이고, 그렇게 되면 기도하게 될 것이다. 중보기도는 다른 사람을 사랑하는 방법이다.……중보기도는 이타적인 기도이고, 자신을 내어 주는 데까지 이르는 기도다. 하나님 나라에서 끊임없이 지속되는 사역 중에서 중보기도보다 더 중요한 것은 없다"[8]

하나님의 원래 계획

하나님께서 보내시는 초대장을 보려면, 우리 모두가 옴짝달싹 못 하게 마비된 자리에서 다시 움직이기 시작하려면, 맨 처음으로 돌아가야 한다. 성경에 나오는 기도의 이야기는 네 가지 에피소드(또는 시대)로 요약할 수 있다. 바로 창조, 타락, 약속, 예수님이다.

창조: 하나님이 의도하신 삶

성경의 첫 페이지로 거슬러 올라가 보자. 태초에 하나님이 '아담'을 창조하셨다. 아담은 히브리어로 '사람' 또는 '인간'을 의미한다. 창세기의 영어 번역본에 등장하는 "man"(인간) 또는 "mankind"(인류)는 그 이야기의 다른 대목에서 '아담'이라는 개인명으로 번역된 히브리어와 같은 단어다. 실제로 그 히브리어 단어는 아담(adam)이고, 철자도 영어 철자와 정확히 일치한다.

즉, 역사상 첫 사람의 첫 이름과 이어진, 성경 1장의 주장은 이 이야기가 하나님과 아담 한 사람만의 이야기가 아니라 하나님과 우리 모두의 이야기라는 것이다. 이것은 모든 개인의 이야기다.

역사가 기록된 이래 모든 철학자를 괴롭혀 온 거대한 실존적 질문은 "우리는 왜 여기에 있는가"에 대한 물음이었다. 유신론적으로 말하면 이렇게 된다. "우리는 왜 창조되었는가?" 창세기는 이 중대한 질문에 대해 놀라울 정도로 직접적인 답을 제시한다.

하나님이 이르시되 우리의 형상을 따라 우리의 모양대로 우리가 사람을 만들고 그들로 바다의 물고기와 하늘의 새와 가축과 온 땅과 땅에 기는 모든 것을 다스리게 하자 하시고(창 1:26).

우리는 왜 창조되었는가? 성경은 "다스리기 위해서"라고 대답한다. 남을 조종하는, 권력에 굶주린 "다스림"이 아니다. 하나님의 삼위일체적 성품을 직접 반영하여 이 땅을 다스리는, '이마고 데이'(하나님의 형상) 유형의 권세다. 인간은 하나님과 함께 세상을 사랑으로 돌보는 중보자로 만들어졌고, 하나님의 권세를 발휘하여 이타적 사랑으로 다스리도록 구별된 존재다.

창세기 1장에서 다스림을 가리키는 데 쓰인 히브리어 단어는 왕을 지칭하는 말로도 동일하게 쓰인다. 다스림은 왕의 임무다. 랍비 조너선 색스 경은 이렇게 요약한다. "우리는 고대 세계 사람들이 통치자, 황제, 파라오를 하나님의 형상을 지닌 자들로 여겼다는 것을 안다. 따라서 창세기가 말하는 바는 우리가 모두 왕족이라는 것이다."[9]

하나님은 아담과 하와를 이 땅에서 그분의 관리자로, 즉 결정권을 받은 하나님의 중보자로 만드셨다. 시편 115편은 다음과 같이 직설적으로 이 사실을 표현한다. "하늘은 여호와의 하늘이라도 땅은 사람에게 주셨도다."[10] 우리는 하나님이 땅을 "주신" 일의 의미를 이해해야 한다. 하나님은 땅을 인간에게 완전히 넘기시고 양손에서 먼지를 툭툭 턴 다음 이후의 사업을 진행하신 게 아니다. 그분은 친히 만드신 창조 세계의 활동에 대한 주권과 궁극적인 통치 권한을 유지하셨고, 지금껏 유지하고 계신다. 그러나 그분은 지구를 관리하는 책임을 사람들과 나누셨고, 지금껏 그 책임을 함께 나누고 계신다. 성경적으로 말하자면, 하나님은 우리를 그분의 중보자로 만드셨다.

하나님은 우리를 그분의 형상대로 창조하셨고 창조 세계를 관리하도록 맡기셨다. 이 땅의 모든 곳에 그분의 형상을 퍼뜨리는 것이 우리의 임무다.

타락: 우리가 실제로 사는 삶

창세기에 나오는 세상의 기원 이야기를 주의 깊게 읽는 사람이라면 누구나 금세 이런 당연한 질문을 하게 된다. "이 모든 일이 어디서부터 잘못된 것일까?" 사람들이 하나님의 형상을 지닌 존재로서 그분의 피조 세계를 다스리는 것이 하나님의 계획이라면, 우리는 지금 수준 이하의 일을 하고 있는 것이다. 이 말은 그나마 실상을 상당히 점잖게 표현한 것이다.

세상의 환경은 너무나 심각하게 무너지고 있어서 과학자들이 지구가 인류의 삶을 더 이상 지탱할 수 없게 될 날을 예측하고 있을 정도다. 천연자원이 가장 필요한 나라는 자원을 약탈당하고, 많이 가진 자들은 자원을 과도하게 소비한다. 전 세계 인구의 절반은 기아로 죽어가고, 나머지 절반은 비만으로 죽어간다. 따라서 창세기 2장의 마지막 장면이 등장하는 페이지 한쪽 귀퉁이를 접어 둔 사람이라면 누구나 이렇게 묻게 된다. "창조 세계에 대한 하나님의 의도는 어디서부터 이처럼 끔찍하게 어긋난 걸까?"

성경은 이 모든 역기능이 속임수의 결과라고 주장한다. 우리는 정체성을 잃어버렸다. 하나님의 중보자, 하나님의 창조 세계의 공동 관리자라는 역할을 상실했다.

익숙한 이야기다. 사탄이 아담과 하와를 유혹한다. 그들은 사탄의 속임수에 빠져 그의 의도대로 행동한다. 고통과 고난이 세상에 들어온다. 그로 인해 하나님과 사람 사이의 소통이 단절된다.

창세기의 갈등은 세 겹으로 이루어져 있다. 하나는 우리에게는 영적 원수가 있다는 것. 또 하나는 그 원수의 무기는 속임수라는 것. 마지막은 그 속임수의 결과로 마비가 일어난다는 것이다. 창세기 2장에서 인류는 하나님의 창조 세계를 다스리는 권세를 받지만, 창세기 3장에서는 그 권세를 사탄에게 빼앗긴다.

탁월한 심미안으로 부러 꾸미지 않아도 멋있는 내 친구 러셀은 내슈빌 외곽에서 휴가를 보내고 있었다. 그러던 어느 날 아침 해 뜨기 전에 일어나 오토바이에 올라타고 미리 찾아 놓은 그림 같은 장소를 향해 구불구불한 시골길을 달렸다. 그의 계획은 카메라를 설치한 뒤 저속촬영 방식으로 일출을 찍어 이른 아침 수평선 너머로 떠오르는 경이로운 거대한 불덩어리를 기록에 남기는 것이었다.

그날 아침 늦게 다른 운전자가 그를 발견했다. 그의 오토바이는 도로 바로 옆에 쓰러져 있었고, 그의 몸은 몇 미터 떨어진 곳에 널브러져 있었다. 숨은 쉬고 있었지만 반응이 없었다. 헛된 시도처럼 보이는 상황에서 헬리콥터가 그를 병원으로 급히 이송했다. 의학적으로 볼 때는 모든 면에서 희망을 포기해야 할 상황이었는데도 불구하고, 며칠 후 그는 기적적으로 눈을 떴다. 하지만 그의 뇌는 이미 심각한 손상을 입은 상태였다.

그 후 몇 달 동안 러셀은 재활 시설에서 운동 능력과 관련된 뇌 손상 부위를 재훈련하는 데 힘썼다. 그의 뇌 활동은 정상적이었지만 겉으로 보아서는 그 사실을 알 수 없었다. 가장 단순한 일상을 위한 무의식적인 생각을 해도 몸에서는 아무런 반응이 없었다. '오른손을 움직여야지' 같은 생각을 해도 손이 꼼짝 않고 허벅지에 그대로 붙어 있는 식이었다.

내가 이해할 수 있는 용어로 표현하자면 그 손상은 "러셀의 머리와 손 사이 어딘가에 통신 장애가 발생한 것"이었다. 여전히 20대 후반의 재능 있고 창의적인 전문가의 지적 능력을 그대로 갖추고 있는 그였지만, 그를 처음 보러 갔을 때 내가 병원에서 목격한 광경은 담당 간호사가 얼음 조각을 손으로 먹여 주는 장면이었다. 그는 정신과 육체의 소통이 단절된 상태였다.

러셀을 처음 방문했을 때 봤던 그의 표정이 아직도 눈에 선하다. 간호사가 라텍스 장갑을 낀 손으로 얼음 조각을 집어 그의 입에 넣었을 때, 그는 겁에 질린 것처럼 눈을 휘둥그레 뜨고 나를 쳐다보았다. 러셀은 말을 듣지 않는 몸 안에 갇혀 있었다. 보고 생각하고 욕망할 수 있었지만 움직일 수는 없었다. 힘은 그대로 남아 있었지만, 의도와 행위 사이의 소통이 끊어진 상태였다. 나는 그 자리에 앉아 열중해서 그를 마주보았다. 그러나 내 눈에 가득 찬 것은 공포가 아니라 눈물이었다. 그를 풀어 주고 싶은 마음이 간절했지만 그것은 내가 풀수 없는 자물쇠였다. 그는 자신의 내면에 갇혀 있었다.

이것은 창세기 3장 이후 우리가 처한 상황과 비슷하다. 우리는 소통이 단절된 채 갇혀 있다. 하나님은 그분의 마음과 우리의 행동이 끊을 수 없이 연결되게 만드셨다. 우리는 이 땅에 있는 그리스도의 몸이다.[11] 그런데 타락으로 인해 소통의 끈이 끊어졌다.

세상을 둘러보면 고난, 고통, 불의, 억압 등의 역기능들이 도처에서 우리를 둘러싸고 있지만, 우리는 세상을 바로잡을 능력, 창세기의 언어로 말하자면 세상을 "다스릴" 능력이 없다. 하나님의 마음과 우리의 행동 사이 어딘가에서 신호가 끊어졌기 때문이다. 감옥은 우리 안에 있다. 우리는 완전하시고 사랑이 많으신 하나님의 형상과 권위를 지니고 있다. 그 형상과 권위는 그대로 존재한다. 하지만 우리는 소통의 단절로 인해 마비되었다.

약속: 살아 있는 승리

선지자 이사야는 장차 오실 메시아의 탄생을 예언했다. "이는 한 아기가 우리에게 났고 한 아들을 우리에게 주신 바 되었는데 그의 어깨에는 정사를 메었고."[12] 하나님이 우리 중 한 사람으로 이 땅에 오신다. 저자가 그의 이야기 속에 예수라는 인물로 자신을 등장시킨다. "한 아이가 태어났다!" 이 구절은 사람들이 크리스마스이브에 촛불을 밝히며 갈채를 보낼 때 쓰곤 하는 말이지만, 사실 여기에는 그 이상의 의미가 담겨 있다. "그의 어깨에는 정사를 메었고." 이것은 정치적 진술이다. 권세의 언어다. 통치에 관한 내용이다. 이사야의 약속을 적절하게 다시 표현한다면 이러할 것이다. "그분은 우리가 잃어버린 역할을 되찾아 주시고 소통의 단절을 회복시키기 위해 오실 것이다."

예수님은 이사야의 예언을 성취하시면서 이렇게 말씀하셨다. "이제 이 세상에 대한 심판이 이르렀으니 이 세상의 임금이 쫓겨나리라."[13]

우리는 왜 창조되었는가? 다스리기 위해서 창조되었다.

예수님은 사탄을 무엇이라고 부르시는가? 통치자로 부르신다. 이는 창세기의 표현이다.

예수님은 무엇을 약속하시는가? 우리에게 통치권을 되찾아 주시겠다고 약속하신다. 창세기의 약속이다.

예수님의 삶과 죽음과 부활 이후, 복음서의 끝부분에서 그분은 본인의 승리를 이 유명한 말씀으로 요약하신다. "하늘과 땅의 모든 권세를 내게 주셨으니."[14] 하나님은 우리의 권세를 되찾으셨다. 우리를 창조하실 때 맡기셨던 위치를 되찾아 주셨다. 예수님은 우리가 항상 느끼는 긴장 속으로 들어오셨고 길을 내셨다. 우리를 다시 중보자로 만드셨다.

예수님: 기도의 회복

예수님 생애의 마지막 밤, 그분은 제자들과 함께 허심탄회하게 이야기하시면서 그들에게 가장 힘이 되면서도 혼란스러웠을 말씀을 남기신다. 요한은 그 말씀을 기록한다. "내가 너희에게 실상을 말하노니 내가 떠나가는 것이 너희에게 유익이라. 내가 떠나가지 아니하면 보혜사가 너희에게로 오시지 아니할 것이요 가면 내가 그를 너희에게로 보내리니."[15]

이 말씀은 시트콤에 나오는 결별 선언처럼 들린다. 예수님이 무표정한 얼굴로 이렇게 말씀하신다. "내가 떠나는 것이 너에게 더 낫다. 나는 너에게 도움이 되지 않아. 네 탓이 아니라 내 탓이야." 앨런 존스의 표현을 빌리자면, 그분은 이제 "그들을 영구히 떠나실 것이고 그렇게 하심이 그들에게 유익할 거라고"[16] 말씀하시는 것이다.

이것이 결별 선언처럼 들릴지 모르지만, 그와는 더없이 거리가 멀다. 예수님은 지금 기도에 관한 이야기를 하고 계신다. 그분은 연이어서 이렇게 설명하신다. "그날에는 너희가 아무것도 내게 묻지 아니하리라. 내가 진실로 진실로 너희에게 이르노니 너희가 무엇이든지 아버지께 구하는 것을 내 이름으로 주시리라. 지금까지는 너희가 내 이름으로 아무것도 구하지 아니하였으나 구하라. 그리하면 받으리니 너희 기쁨이 충만하리라."[17]

예수님은 분명하게 밝히신다. "너희는 내게 직접 요청하고, 내게 필요와 질문과 불평을 말하는 데 익숙해졌지만, 이제는 너희가 본 대로 내가 하듯 아버지께 직접 나아가게 될 것이다." 이것은 기도에 대한 말씀이다.

기도는 하나님이 우리를 그분의 본래 계획으로 돌아가게 하고자 만드신 길이다. 기도라는 방법으로 우리는 이 세상을 다스리고, 관리하고, 중보할 수 있다. 기도는 우리를 마비시키는 소통의 단절을 바로잡는다. 필립 얀시는 이렇게 말한다. "하나님이 사용하실 만한 수단 중에서 기도는 가장 약하고, 가장 파악하기 어렵고, 가장 무시하기 쉬운 일처럼 보인다. 과연 그렇다. 하지만 예수님의 가장 당황스러운 주장이 옳다면 이야기가 달라진다. 그분은 권력 분담의 차원에서 우리를 위해 떠나셨다. 하나님과 직접 교제하도록 우리를 초대하시고 악의 세력에 맞선 싸움에서 중요한 역할을 맡기시기 위함이었다."[18] 하나님은 그분의 능력을 우리와 나누셨다. 우리를 이 땅에서 거니는 하늘의 공동 관리자로 부르신다. 기도라는 방식을 통해 성경 속 소문이었던 일이 우리의 실제적이고 일상적인 경험이 된다.

예수님은 제자들에게 아주 분명하게 말씀하신다. "지금까지 너희는 내가 의도한 대로 기도한 적이 없다. 하지만 내가 아버지께로 가면 너희는 내 이름으로 하는 기도를 발견하게 될 것이다." "내 이름으로"라는 고대의 문구는 '내 권세로'라는 뜻이다. 예수님의 이름으로 기도한다는 것은 회복된 권세를 발휘하여 기도한다는 뜻이다. 그분은 우리가 창조될 때 받았다가 잃어버린 권세를 우리 대신에 되찾아 주셨다. '예수님의 이름으로'는 경험 많은 그리스도인이 기도 끝에 붙이는 태그라인이 아니라, 예수님의 승리를 우리 것으로 행사함을 알리는 문구다. 기도한다는 것은 예수님처럼 언제 어디서나 아버지 하나님께 나아감을 경험하는 것이다.

신약학자 래리 허타도는 이렇게 말했다. "예수님의 이름으로……

기도한다는 것은 우리가 하나님의 호의로 예수님의 자리에 들어가 하나님 앞에서 예수님이 누리는 지위를 우리의 것으로 주장하는 것을 말한다."[19]

우리는 예수님이 아니다. 하지만 예수님을 따르는 사람이라면, 기도할 때마다 언제나 통치자의 의복을 입고 면류관을 쓰고 아버지 앞에 나아간다. 하나님이 보실 때 우리는 예수님의 신분과 지위를 가진 존재다.

하나님이 우리의 권세를 되찾아 주셨을 때, 우리는 기도를 돌려받았다.

천국 공유

스위스 신학자 칼 바르트는 이렇게 말했다. "기도로 손을 맞잡는 것
은 세상의 무질서에 맞서 일어나는 봉기의 시작이다."[20] 우리는 세상
과 우리를 감염시킨 저주를 기도라는 수단으로 몰아낸다.

중보기도는 하늘의 자원을 활용하여 다른 사람들을 사랑하는 행
위다. 기도는 하늘에 있는 최고 등급의 기밀 정보에 접근하게 해준
다. 하늘의 금고에 자유롭게 들어가 무엇이든 짊어질 수 있을 만큼 가
지고 나와 세상에 나눠 줄 수 있게 한다는 의미다. 우리는 하늘의 자
원을 어떻게 배분할지 결정하는 통치자이고, 중보기도는 "오, 여기에
이걸 좀 써야겠습니다. 보세요, 저기에 뭔가 부족한 게 있습니다"라
고 말하는 방법이다. 중보기도는 우리의 무질서한 세상 속 익숙한 환
경에서 하나님의 자원을 분배하는 일이다. 직장 동료, 룸메이트, 이
웃, 낯선 사람들에게, 그리고 술집, 카페, 무료 급식소, 고층 빌딩, 저
소득층 주택단지, 노숙자 쉼터, 교도소 같은 곳에서 말이다. P. T. 포
사이스는 이렇게 말했다. "기도가 그 위대한 목적을 달성할 때 우리는
필요보다 은사를, 죄보다 은혜를 더 의식하고 확신하게 된다."[21]

중보기도는 우리의 세상을 회복시키는 동시에 하나님이 처음에
우리에게 불어넣어 주신 정체성을 되찾게 한다. 중보기도는 창조 세
계를 회복시키는 적극적인 경험이다.

교회가 가진 최악의 비밀

이 모두는 틀림없는 사실이지만, 교회 역사상 최악의 비밀은 대부분의 사람들, 심지어 대부분의 그리스도인조차도 기도를 별로 좋아하지 않는다는 것이다. 내 말을 오해하지 말라. 우리는 여전히 기도를 한다. 주로는 죄책감이나 의무감 때문에 기도하고, 우리에게 좋다는 것을 알기 때문에 기도한다. 기도를 셀러리 먹는 일과 비슷한 영적 행위로 여기는 것이다.

하지만 예수님이 너희는 한 번도 제대로 기도한 적이 없다고 말씀하신다면 어떻게 될까? "지금까지는 너희가 내 이름으로 아무것도 구하지 아니하였다."[22] 상속자의 예복을 갖춰 입고 예수님의 지위와 신분을 지니고서 아버지 앞에 나아간 적이 한 번도 없다면? 하늘 금고에 저장된 재물을 꺼내 쓴 적이 없다면? 하나님과 함께 저주를 몰아낸 적이 없다면? 사실 저주는 이미 패배했으며, 하나님은 이미 확보하신 승리를 실행에 옮길 중보자를 찾고 계실 뿐이다.

"잠깐만요, 그게 기도라고요? 음, 그런 기도라면 몇 분 더 일찍 일어나서라도 할 수 있겠어요. 점심시간도 할애할 마음이 있어요. 한두 끼는 거를 수도 있겠어요."

이 이야기에서 무엇보다 좋은 점, 내 마음을 사로잡는 부분은 하나님께는 그분의 창조 세계를 관리할 중보자가 필요하지 않다는 것이다. 그분은 세상을 감독하는 책임에 부담을 느끼지 않으신다. 그분은 모든 것을 아시고 전능하시며 시간으로부터 완전히 자유로우시다. 하나님께는 이 모든 능력이 있다. 하나님은 중보자가 필요하지 않으시지만, 중보자를 선택하신다.

우리는 하늘이 땅에 임하게 하시는 하나님을 꿈꾸지만, 하나님은 천국을 함께 나눌, 기도하는 사람들을 꿈꾸신다.

너무나 단순한 질문을 다시 한번 던져 본다. 지난 한 주 동안 당신이 기도한 모든 것을 하나님이 허락하신다면 어떤 일이 일어날까?

내가 묻는 이유는 단 하나, 당신이 통치자이고 그리스도와 공동 상속자이며 하늘의 자원을 관리하는 사람이기 때문이다. 그 모든 권한을 가지고 당신은 무엇을 하고 있는가? 우리가 예수님의 기도 초청을 정말로 진지하게 받아들인다면 어떤 일이 일어날까? 당신에게는 어떤 일이 일어날까? 당신의 공동체에는 어떤 일이 일어날까? 당신의 도시에는 어떤 일이 일어날까? 알아볼 만한 가치가 있지 않을까?

내 기도의 응답이 되기

나는 버스정류장 벤치에서 디에고 옆에 앉아 있었다. 우리 사이에는 디에고의 여행 가방이 놓여 있었다. 그는 달아나기로 단단히 마음먹고 있었지만, 탈출 계획은 신통치 않았다. 타임스퀘어의 포트오소리티 버스터미널에서 누나가 사는 푸에르토리코의 산후안까지 가겠다면서 주머니에는 푼돈밖에 없었다. 좋게 말해야 어설픈 계획이었다. 그는 나에게 전화를 걸어 만나서 작별 인사를 하고 싶다고 했지만, 사실은 자기를 설득하여 계획을 바꾸게 해달라고 요청하는 것이라는 생각이 들었다.

나는 고등학교 입학을 앞둔 열여섯 살의 디에고를 몇 년 전에 처음 만났다. 당시 그는 학업에 의욕이 없었고 금세라도 자퇴를 할 것 같은 상태였다. 고등학교에 입학했을 때 그의 읽기 능력은 고작 초등학교 3학년 수준에 불과했다. 내가 섬기는 교회의 교인이던 그의 담임 교사가 디에고에게 남자 롤모델이 필요하다며 나를 소개해 주었다.

디에고는 뉴욕의 악명 높은 알파벳시티에서도 가장 위험한 블록인 애비뉴 D의 저소득층 주택단지에서 자랐다. 출신 배경을 감안할 때 디에고는 놀라울 정도로 잘 자랐다. 말썽이라고는 일으키는 일이 없고 학교에도 빠짐없이 출석하는, 대체로 행복한 아이였다. 하지만 아버지가 마약 소지 및 유통 혐의로 체포되면서 모든 것이 달라졌다.

경찰이 집을 급습했을 때 디에고는 집에 있었다. 그는 경찰이 아버지의 팔을 등 뒤로 꺾어 수갑을 채우고 미란다 원칙을 고지하는 모습을 지켜보았다. 체포된 후, 그의 아버지는 몇 주에 걸쳐 아파트에서 마약을 거래했으며 디에고의 어머니에게 꾸준히 마약을 제공하여 정신과 정서에 돌이킬 수 없는 손상을 입힌 것이 밝혀졌다.

디에고의 선생님이 디에고에게 나를 소개한 시점은 그의 아버지가 체포되고 몇 달 후였다. 그 무렵 디에고는 술을 많이 마셨고 학교에도 잘 적응하지 못하는 상태였다. 나는 그를 어떻게 도와야 할지 몰랐다. 그에게 어떤 기회가 있을까? 예수님을 따르는 일이 그에게 어떤 의미가 있을까? 하나님의 나라가 하늘에서 이룬 것처럼 그의 가족에, 집에, 이 땅에서의 그의 삶에 임한다는 것은 그에게 무엇을 의미할까?

피트 그레이그는 이렇게 말했다. "하나님의 마음을 아프게 하는 일들이 우리의 마음도 아프게 할 때라야 비로소 중보기도가 가능하다."[23] 이 아이를 어떻게 도와야 할지 도무지 알 수 없었지만, 그의 사연이 마음 아팠고 그것이 나를 기도로 이끌었다. 나는 매일 해 뜨기 전에 일어나 애비뉴 D를 따라 3킬로미터를 걸어 그 끝에 있는 디에고의 집에 이르렀다. 길을 걸으며 주기도문을 가지고 주제별로 나누어 기도했다. 각 간구에 영감을 받아 하나님과 인격적 대화를 나누었고 "나라가 임하시오며 뜻이 하늘에서 이루어진 것같이 땅에서도 이루어지이다"라는 구절에서 항상 가장 오래 머물렀다. 그 특별했던 날 밤 우리가 앉았던 버스 정류장 벤치를 지나 디에고의 집에 가까워질 때면 특히 디에고를 떠올리며 그 구절로 기도했다.

마태가 기록한 예수님의 '주기도문'은 세 가지 간구로 이루어진 두 구성으로 나뉘는데, "하늘에서처럼 땅에서도"라는 문구는 중간에서 경첩 같은 역할을 하며 예수님의 기도를 하나로 묶어 준다. 기도의 전반부는 우리를 하나님의 현실로 인도한다. 유진 피터슨은 이렇게 말했다. "처음의 세 청원은 우리가 하나님의 존재와 행동에 참여하도록 이끈다."[24] 당신의 이름, 당신의 나라, 당신의 뜻. 여기 나오는 대명사가 중요하다. 당신의, 당신의, 당신의'. 하나님이 은혜를 베푸셔서 우리의 발이 이 땅을 단단히 딛고 있는 동안 하늘의 실재가 우리 안에 임하게 해주시기를 구하는 후반부의 세 가지 청원에서는 대명사가 달라진다. 우리에게 주시고, 우리를 용서하여 주시고, 우리를 인도하소서. 우리, 우리, 우리. 피터슨의 말은 이렇게 이어진다. "기도는 우리가 하나님의 모든 사역에 깊이 있고 책임감 있게 관여하게 만든다. 또한 기도는 우리 삶의 모든 세부 사항에 하나님이 깊이 관여하여 변화를 일으키시게 한다."[25]

나는 하나님이 내 기도의 응답으로 나를 사용하실 줄 몰랐지만, 중보기도는 자주 그렇게 작동한다. 하나님은 우리의 기도에 응답하셔서 이따금 하늘과 땅을 움직이시고 공간과 시간을 구부려 초자연적인 이야기를 엮어 가신다. 그러나 하나님은 언제나 기도를 통해 중보기도자의 마음이 변하기를 원하신다. 기도에 대한 심오한 응답은 하나님의 독립적인 행위로도 나타나고, 기도하는 사람을 바꾸어 그를 통해 일하시는 형태로도 나타난다. 중보기도자가 기도를 마친 후 어떤 사람이 되는가는 중보기도에서 자주 핵심적인 부분이 된다.

기도. 결국 나는 기도 때문에 한밤중에 버스 정류장에 있게 되었다. 아침마다 기도하면서 어느 시점엔가 디에고를 향한 예수님의 오래 참는 사랑이 조금이나마 내 안에 들어왔던 것이다. 그래서 그날 밤 디에고가 전화했을 때, 내가 있을 곳은 그의 곁이라는 것을 알 수 있었다.

새벽 1시경, 몇 대의 버스가 지나가는 것을 지켜보고 나서 디에고는 내 말을 받아들여 하룻밤 자면서 생각해 보고 최종 결정을 내리기로 했다. 그리고 1년 후, 나는 디에고와 그가 꾸린 짐을 몽땅 차에 싣고 북쪽으로 300마일 떨어진 곳으로 갔다. 그는 캐나다 국경 바로 옆에 있는 작은 주립대학에 등록한 상태였다. 디에고는 고등학교를

---

* 한국어 성경은 한국어의 특성상 대명사를 생략하기도 하고, '주', '하나님', '아버지'로 밝혀 적기도 한다

졸업했을 뿐만 아니라 마지막 학년에는 학생회장이 되었다. 가족 중 처음으로 대학에 입학했고 결국 졸업까지 해냈다.

물론 디에고의 이야기는 많은 경우 중 하나이고, 모든 이야기가 동화처럼 끝나는 것은 아니다. 사실 그의 이야기는 여전히 많은 부분이 진행 중인, 동화가 아닌 실화다. 그리고 영광스럽게도 내가 뜻밖에 참여하게 된 이야기다. 그리고 이 모든 일의 배후에 무엇이 있었을까? 바로 중보기도다.

중보기도는 평범한 사랑이 냉철한 겸손을 만난 결과다. 나는 디에고를 사랑하고 그의 필요는 나의 능력을 넘어선다는 것을 겸손히 인정한다. 사랑과 겸손한 인식 사이의 간극을 메우는 것은 무엇일까? 바로 기도, 강력한 중보기도다. 대범하게 기도하고 계속 기도하는 사람들은 보이지 않는 기도의 수고와 함께 나란히 펼쳐지는 모험에 참여하게 된다.

브루클린의 기도의 집

2019년 겨울, 모교 공립 중학교라는 거룩한 땅을 돌며 기도하는 일로 새해를 맞이한 후, 나는 브루클린(당시 내가 살던 곳이었다)으로 돌아와 예수님의 기도 초대를 개인적으로 진지하게 받아들일 만큼 정신 나간 평범한 급진주의자들의 교회를 이끌었다.

우리는 유대교 회당을 개조한 건물에서 모였다. 뒤쪽 구석에 삐걱거리는 계단을 제외하면, 그곳은 앞쪽에 무대가 있고 주일 아침마다 시원찮은 이케아 의자들이 놓이는 열린 공간이었다. 삐걱거리는 계단을 올라가면 꽤 오래전 작은 발코니였던 공간이 나왔다. 우리는 그 공간을 폭 2.4미터, 너비 3미터짜리 방 두 개로 개조했다. 방 하나는 몇 안 되는 직원을 위한 공유 사무실로 썼고, 다른 하나는 유아방으로 썼다. 주일이면 어김없이 용감한 자원봉사자 몇 명과 아주·많은 아기를 몰아넣던 그 작은방은 주일을 제외한 나머지 6일 동안은 내내 비어 있었다.

우리 중 몇몇은 꿈을 꾸기 시작했다. 그 작은방을 기도실로 쓰면 어떨까?

우리는 제대로 일하는 정육점 주인이 고기를 포장할 때 쓰는 것 같은 크라프트지로 벽 전체를 도배했다. 한쪽 구석에는 너무나 많이 사용해서 쿠션이 닳아 여기저기 나무가 드러난 교회 기도의자를 놓았다. 기도의자 위에는 성경을 두었다. 그곳에서 하나님의 광범위한 약속은 속삭이는 개인적 기도로 바뀔 터였다. 또 다른 구석에는 물통과 수건을 놓았다. 그 위로 죄 사함을 알리는 성경 구절들이 적힌 액자가 걸렸다. 그곳은 죄를 고백하고, 회복되고, 씻김을 받고, 깨끗해지는 장소였다. 벽에 기대어 있는 십자가 아랫부분 바닥에는 무거운 못들이 박혀 있었다. 하나님과의 소통 단절을 회복하기 위해 지불된 대가를 묵상하자는 의미였다. 문 옆에는 탁자를 두고 부서진 크래커 몇 개와 와인 잔 하나를 금 접시 위에 올려 두었다. 그곳은 은혜와 용서, 구속과 회복의 이야기를 혀끝으로 맛볼 수 있는 장소였다. 유아방 문밖에는 표지판이 걸렸다. "신발을 벗으세요. 지금 들어가는 곳은 거룩한 땅입니다." 정직하면서도 우스꽝스러운 문구였다. 우리의 '거룩한 땅'에는 지난 주일에 사용했던 더러운 기저귀 냄새가 풍겼다. 그곳은 평범한 땅이었고 그 사실을 숨길 수는 없었다. 하지만 신발을 벗고 들어오는 한 사람 한 사람이 기도의 말로 그 방의 정적을 채우면서 그곳은 점점 거룩해져 갔다.

우리는 '24-7 기도 운동'에서 영감을 얻었다. 당시 이 기도 운동은 전 세계에서 여러 공동체가 떠들썩하게 모여 20년 가까운 시간을 쉼 없이 이어 오고 있었다.[26] 우리는 일주일 중 6일을 한 시간씩 시간대별로 나누고 사람들을 초대했다(주일에는 유아방으로 썼다). 24-7 기도 운동의 한 지도자가 친절한 조언을 건넸다. "교인들에게 광고하기 전에 첫 2주가 채워지지 않으면 성공 가능성이 없습니다." 우리는 처음의 들뜬 분위기가 곧 가라앉을 것임을 직감적으로 알았다. 불행히도, 기도라는 개념에 대한 우리의 욕구가 기도의 실제 경험에 대한 욕구보다 더 강한 경향이 있다.

나는 1월 중순에 광고를 하기 전에 직원들과 리더들, 가장 헌신적인 평신도들에게 한 시간만이라도 지원해 달라고 간청하고 졸랐다. 그렇게 해서 2주를 거의 다 채웠다. 완전히 채우지는 못했지만 거의 다 채웠다. 우리 대부분은 휴대전화를 끄고 방문을 닫고 누구의 방해도 없이 한 시간 동안 하나님과 대화해 본 적이 없었다.

나는 맨 첫 시간, 금요일 아침 이른 시간에 신청했다. 한 시간 후

밖으로 나오기 전에 벽에다 기도문 한 줄을 끼적였다. 그것 말고는 사방의 크라프트종이가 손대지 않은 상태였다. 나는 그 길로 우버를 타고 공항으로 가서 비행기에 올랐다.

일주일 후 브루클린으로 돌아왔을 때, 나는 또 한 시간 기도하러 그 방에 들어갔다. 그리고 그 안에서 비틀거렸다. 과장이 아니었다. 기도실로 들어간 나는 실제로 비틀거렸다. 엉망이었다. 아름다운 엉망진창이었다. 벽이 기도문으로 뒤덮여 있었다. 마치 문신 애호가의 등처럼 보였다. 단어, 그림, 성경 구절이 겹쳐 있었다. 교회 소그룹 모임에선 들을 수 없는 솔직한 말들이 마음에서 쏟아져 나와 벽에 기록되어 응답하시는 하나님을 기다리고 있었다. 잃어버린 친구와 가족들의 이름이 방 꼭대기에서 걸레받이 바로 위까지 길게 늘어져 있었다. 아흔아홉 마리 양을 두고 한 마리 잃어버린 양을 찾아 나서시는 선한 목자를 기다리는 기도, 구원을 요청하는 기도였다. 모네가 얼굴을 붉힐 만큼 우아한 그림, 뱅크시가 질투할 만큼 대담한 그림, 이제 막 걸음마를 배우기 시작한 아이가 그렸다고 해도 믿을 것 같은 천진한 그림들이 있었다. 오직 한 분 관객이신 분의 눈에는 모두 걸작일 터였다. 고백, 갈망, 소망, 두려움이 있었다. 나는 내가 사랑하는 공동체의 깊은 외침에 둘러싸여 있었고, 그 외침 모두가 연약한 모습으로 손을 내밀고 응답을 기다리고 있었다. 마침내 우리는 하나님께 감탄하거나 실망할 수 있는 위치에 이르렀다. 그 외의 다른 반응은 있을 수 없었다. 골키퍼는 빠졌고, 안전벨트는 풀렸으며, 안전장치도 제거되었다.

"좋습니다, 하나님. 이게 바로 당신이 기다리셨던 것이 맞습니까?" 나는 떨리는 목소리로 그렇게 기도했다. 그다음, 그 모든 광경의 아름다움에 압도되어 작은 방 한가운데서 무릎을 꿇었다.

2주 후, 빈 상태로 있을까 걱정했던, 쉬지 않고 기도하기로 정한 기도 스케줄은 한 달 전체가 진작에 신청이 완료되어 있었다. 기도라는 평범한 경험에 대한 욕구가 사그라진 사람은 없었다. 오히려 많은 이들이 자신 안에 더 많은 기도 경험에 대한 갈망에 가까운 욕구가 있음을 발견했다.

우리가 예수님의 기도 초청을 정말 진지하게 받아들인다면 어떤 일이 일어날까? 당신 안에는 어떤 일이 일어날까? 당신의 공동체에는 어떤 일이 일어날까? 당신의 도시에는 어떤 일이 일어날까? 우리는 알아보기로 했다.

실천.

하늘에서처럼 땅에서도

"이름이 거룩히 여김을 받으시오며 나라가 임하시오며 뜻이 하늘에서 이루어진 것같이 땅에서도 이루어지이다."

예수님은 우리에게 이렇게 중보기도를 하라고 가르치신다. 중보기도에는 두 가지 움직임이 있다. 내려놓는 것과 구하는 것이다.

주의 뜻이 이루어지이다. 기도의 이 부분은 통제권을 내려놓는 일에 관한 것이다. 자신의 삶에서 통제권을 놓지 않으려 씨름하고 있는 문제를 생각해 보라. 하나님께 한 번도 내려놓지 않은 것, 또는 과거에 내려놓았지만 다시 붙잡으려 드는 것 하나를 말해 보라. 하나가 떠오르면 그것을 밝히고 내려놓으라. 그러고 나서 그것 대신에 성령의 충만을 구하라. 불안 대신에 평안을, 두려움 대신 신뢰 등을 구하라.

이 기도를 실천할 때는 자세가 도움이 될 수 있다. 두 손을 펼치고 그 안에 자기 삶의 어떤 부분, 자신이 꽉 움켜쥐고 자기 뜻을 고집하고 있는 부분이 있다고 상상해 보라. 준비가 되면 손을 뒤집으라. 내려놓는 것, 하나님께 통제권을 내어놓는 것, 예수님 발 앞에 상황을 가져와 놓는 것을 물리적으로 상징하는 행위다. 다시 한번 손바닥을 위로 향하게 하고, 손을 펴서 자신이 방금 놓은 것 대신에 성령의 열매를 받으라.

주의 나라가……하늘에서와 같이……땅에서도 임하게 하소서. 통제권을 포기하고 자신의 뜻을 내려놓음으로써 우리는 자신의 삶, 관계, 공동체, 세상을 하나님의 눈으로 볼 수 있는 자유를 얻는다. 바로 그 자리에서 믿음과 소망이 가득한 마음으로 간구하게 된다.

하나님의 나라가 없는 곳, 즉 예수님과 관계를 맺지 못한 친구, 우리 도시와 세상의 필요, 힘들고 어려운 상황, 심신의 질병 등에 하나님 나라가 임하도록 단순하고 분명하게 간구하라. 사랑과 평화의 하나님 나라가 없는 모든 곳에 임하여 주시도록 예수님께 기도하라.

하나님께 간구할 때는 간결하고 구체적으로 구하라. 우리는 뭔가를 구할 때 장황하고 모호하게 기도하는 경향이 있다. 담대하게 주님 앞에 청원을 내놓기를 두려워한다는 생각이 들 정도다. 하나님을 감싸거나 너그럽게 봐드리고 싶은 충동을 억제하라. 그분은 당신의 청원을 감당하실 수 있다. 그냥 구하라.

6. 일용할 양식
— 청원

> 찬양과 감사는 언제나 적절하다.
> 그리고 우리의 마지막 기도는 모두 찬양일 것이 분명하다. 하늘이 우리의
> 아멘과 할렐루야로 크게 진동할 것이다. 따라서 찬양의 음계를 연습하는
> 것은 언제나 좋은 생각이다. 하지만 지금 이곳에서 우리는 주로 구하는
> 기도를 한다. 예수님은 우리에게 구하라고 가르치셨다.
> — 유진 피터슨, 『다윗, 현실에 뿌리박은 영성』

주차장을 다시 한 바퀴 돌았다. 크리스마스가 지나고 며칠 후 나는 장모님의 SUV 뒷좌석에 앉아 부유한 교외 지역을 누비고 있었다. 드넓은 쇼핑센터 여기저기에는 체인 레스토랑을 비롯한 체인 가게들이 있었다. 크리스마스 아침에 받은 선물 한두 개를 반품하고 급히 돌아가야 하는 사람은 우리만이 아니었다. 장모님은 천천히 차를 몰면서 누군가의 후미등이 켜지고 콘크리트의 빈자리가 나면 당장에 달려들 준비를 하고 있었다.

그때 나는 장모님의 말을 들었다. 딱히 누군가에게 하는 말이 아니었다. 하지만 엄밀히 말하면 특정한 누군가에게 하는 말이었다. 장모님은 매우 다정하게 그 말을 했지만, 나중에 떠오른 생각처럼 불쑥 흘러나왔다. "예수님, 주차 공간을 찾게 도와주세요."

'지금 장난하세요?' 뒷좌석에 앉은 나는 속으로 이런 생각을 하고 있었다.

이 정도 크기의 차량이 한정된 천연자원을 과도하게 소비한다는 것은 잘 알려진 사실입니다. 그런데 미관상의 이유로 불필요하게 큰 차량을 타고 다니면서, 우리가 무분별하게 약탈하고 있는 이 세상을 창조하신 하나님께 도움을 청하다니, 너무 뻔뻔하신 것 아닙니까?

어차피 필요도 없는 옷 몇 벌을 교환하러 가려고 우리는 지금 추가로 120초를 더 기다리고 있습니다. 하나님이 세상에 오셨을 때 그분의 전령은 "옷 두 벌 있는 자는 옷 없는 자에게 나눠 줄 것이요"[1]라는 명령을 전하며 사람들을 일깨웠잖아요. 그런 하나님에게 우리의 꽉 찬 옷장에 집어넣을 더 세련된 옷을 고를 수 있게 도와 달라고 부탁하시는 건가요?

오늘도 6억 9천만 명이 굶주리고 있고[2], 크리스마스 연휴 뒤에 꽉꽉 들어찬 냉장고 속 남은 음식은 상할 게 뻔한데, 장모님은 지금 정색을 하고 하나님께 쇼핑이 편리한 방향으로 우주의 호를 구부려 달라고 부탁하시는 거예요? 하나님은 그 사람들의 배고픔을 해결하기에 바쁘셔서 우리가 쇼핑몰에 들어가려고 기다리는 일 따위는 걱정하실 여유가 없다고 생각하지 않으세요?

나의 내면의 독백(다행히 한 마디도 소리 내어 말하지 않았다)은 장모님의 목소리로 중단되었다. "네, 하나 있네요. 고마워요, 예수님!"

이 이야기는 대체로 과장되어 있다. 없는 이야기는 하나도 없지만, 내가 그렇게까지 참을 수 없을 만큼 비판적인 사람은 아니다. 비슷한 모습이긴 해도 그렇게까지 심각하지는 않다.

기도를 생각할 때 많은 사람들이 이 부분, 즉 간구하는 부분을 영 거북하게 여긴다. 하지만 예수님은 이 부분을 강조하신다. '세계 기아'를 위한 기도와 '주차 공간' 확보를 위한 기도를 다 하라고 하신다. 이와 관련된 다른 말씀은 없으시다. 예수님은 "이름이 거룩히 여김을 받으시오며"처럼 우주적인 기도, "나라가 임하시오며"처럼 종말론적인 기도, "우리 죄를 사하여 주시옵고"처럼 통회하는 기도, "악에서 구하소서"처럼 영적인 기도 한가운데에 "오늘 우리에게 일용할 양식을 주시옵고"라는 실용적이고 상황적이며 즉각적일 수밖에 없는 청원을 포함시키신다.[3]

가장 단순하고 직설적으로 말하자면, 기도는 하나님께 도움을 청하는 일이다. 그렇다면 우리가 구할 수 있고 구해야 하는 '도움'에 대한 지침은 무엇일까? 우리의 진지한 요청 중에는 하나님이 그냥 웃어넘기실 정도로 이기적이거나 비현실적인 내용이 분명히 있을 것이다. 내 뜻은 어디에서 멈춰야 하고 하나님의 뜻은 어디에서 시작되는 걸까? 어떻게 하면 하나님의 영원한 관점에 부합하는 기도를 드릴 수 있을까? 기도해야 하는 일과 삶의 일부로 받아들여야 하는 일은 어떻게 구분할까? 그리고 결론적으로, 예수님은 주차 공간에 정말 관심을 가지실까?

감사

예수님의 교훈적이고 모범적인 기도에서 경첩에 해당하는 지점은 "하늘에서처럼 땅에서도"라는 구절이다. 이 문구에는 두 가지 주장이 숨겨져 있다. 첫 번째는 하늘이 우리 기도의 기관실이라는 것이다. 우리가 구하려고 생각할 수 있는 모든 것의 근원이 하늘에 있다. 둘째, 우리가 하나님께 요청을 하는 동안 발을 딛고 선 이 땅이 바로 그분의 응답 행위가 이루어지는 곳이라는 것이다. 기도의 기관실은 하늘이지만, 우리의 기도는 땅에서 응답되고 가시화된다. 우리의 요청에 대한 응답으로 하늘이 땅이라는 대기에 침입한다고 말할 수 있다.

예수님은 제자들과 군중에게 기도를 설명하시면서, 떡이 필요해서 그것을 받으려고 기다리는 이웃의 이야기를 들려주신다. 이 이야기에 담긴 것은 현실의 언어, 실제적인 언어, 정직한 일상의 언어다. 일용할 양식의 언어다.

오늘날의 그리스도인들은 "하나님 아버지"와 "아멘" 사이에서만 들을 수 있는 완곡한 표현과 문구로 기도를 채우는 경향이 있다. 어느 시점에서 교회는 기도 언어라는 것을 만들어냈고, 그 언어는 많은 이들에게 전해졌다. 그러나 예수님은 식품점 계산대, 길모퉁이, 업무상 미팅, 친구들과의 술자리에서 들려오는 일상의 언어를 담은 기도를 가르치신다.

기도할 때 쓰는 언어가 현실에 머물러 있으면 우리의 기도도 현실에 머무른다. 일상적 언어는 하나님의 활동을 먼 상상의 세계로 이끄는 고상한 기도를 하지 못하게 막고, 대신에 무엇을 먹을지, 누구를 만날지, 무엇을 할지, 그 과정에서 어떻게 느낄지 같은 오늘의 관심사로, 지금 여기로 하나님을 초대한다. 이것이 "하늘에서처럼 **땅**에서도" 이루어지기를 구하는 기도다. 일용할 양식을 구하는 기도다.

예수님은 스테인드글라스로 장식한 성스럽고 화려한 교회 벽에서 기도를 떼어내어 평범한 일상생활 속에 가져다 놓으신다. 기도는 우리 영혼이 어디 다른 곳으로 올라가는 일이 아니다. 기도는 우리의 기본적인 일상의 필요와 욕구를 직접 다룬다. 기도는 바로 이 시대의 요구, 의무, 특권과 관련이 있다.

세계 기아의 종식을 위해 기도하면서 오늘 저녁 식사로 먹을 파인애플 볶음밥 앞에선 '감사기도'를 드리지 않는다면, 핵심을 놓치고 있는 것이다. 지속가능한 환경을 위해 기도하면서 토요일 오후 산 정상에 올라서고는 감사의 기도를 잊는다면, 우리는 하나님을 현재의 어려움보다 작은 존재로 여기고 있는 것이다. 패션업계의 동아시아 공장에서 정의가 이루어지기를 기도하면서 생계를 위해 H&M에서 휴일 2교대 근무를 하며 크리스마스 선물 교환 업무를 담당하는 사람을 무시한다면, 나무를 보느라 숲을 보지 못하는 것이다. 그리고 우리가 이해할 수 없는 하나님의 우선순위를 안다고 확신하면서 주차 공간을 구하는 다른 사람의 기도를 함부로 판단한다면, 그들의 하나님은 항상 그들의 삶에 관여하시고 관심을 갖고 임재하시는 반면, 우리의 영적 삶은 숨 막히고 제한된 상태에 머물게 될 것이다.

큰일만을 놓고 기도하며, 객관적으로 고상한 요청을 할 때만 하나님과 대화한다면, 우리의 영적 삶은 비좁은 상태에 머물고 우리가 예수님 안에서 만나는 실제적인 하나님이 들어설 자리 역시 협소해진다. 감사는 작은 것을 위해 기도할 수 있는 사람들에게 하나님이 주시는 상이다.[4]

장모님이 새로 난 주차 공간에 차를 세울 때, 그분의 마음속에는 감사가 있었고 내 마음속에서는 쓴 뿌리가 드러났다. 페루의 철학자이자 해방신학의 아버지인 구스타보 구티에레스는 건강한 영혼을 위한 기본 식단이 기도, 정의, 감사로 구성된다고 말했다.[5] 나의 내면의 독백에 담긴 정의관이 합당하고 기도에 대한 생각도 일리가 있을 가능성이 없지는 않다(높다고 생각하는 것은 아니다). 하지만 내 영혼은 감사의 결핍으로 인해 쪼그라들고 약해진 반면, 장모님의 영혼은 건강하고 드넓었다.

오블레이트 신학대학원의 로널드 롤하이저 교수는 이렇게 단호하게 말한다. "성도(聖徒)가 된다는 것은 감사에 힘입어 사는 것, 그 이상도 이하도 아니다. 오직 한 종류의 사람만이 세상을 영적으로 변화시킨다. 감사하는 마음을 가진 사람이다."[6]

하나님의 얼굴을 상상해 보라. 어떤 표정을 짓고 계시는가? 당신이 상상하는 하나님은 엄격하고 심각하고 완강하고 심지어 화난 분인가? 아니면 냉담하고 무심하고 심드렁한 분인가? 이 질문에 어떻게 대답하는지를 들여다보면 자신의 영성에 대해 많은 것을 알 수 있다. 13세기 영국의 은자인 노리치의 줄리안이 묘사한 하나님은 "더없이 느긋하시고 정중하시고, 그분[하나님] 자체가 그분이 사랑하는 친구들의 행복이자 평화이시며, 그 아름다운 얼굴은 놀라운 교향곡처럼 한없는 사랑을 발산한다."[7] 그가 상상한 하나님은 친구들과 함께하며 감사와 평화를 누리시고, 그들을 사랑하는 데 만족하시며, 초자연적 미소를 띤 그분의 얼굴에선 사랑이 뿜어져 나온다.

일용할 양식을 구하는 기도에는 감사의 길이 숨겨져 있다. 구하고, 또 구하라. 큰 것도 구하고 작은 것도 구하라. "나라가 임하시오며"라고 기도하고 식전에는 감사기도를 드리라. 예수님의 방식으로 기도하고 일상적인 잡담처럼 기도를 일상화할 때, 감사의 길로 한 걸음 내딛게 된다.

통제 욕구와의 전쟁

기도에는 아름답고 환상적인 순간만 있는 것이 아니다. '일용할 양
식'을 구하는 다양한 기도는 지독한 영혼의 원수, 통제 욕구에 맞서
는 함성이며 전쟁 선포다. 에니어그램 번호˙, MBTI 유형, 생애 단계
나 양육 방식을 불문하고 누구나 통제권을 원한다. 우리는 모두 자신
의 삶을 통제하려는 끝없는 욕망, 즉 "자기가 자기 신이 될 수 있다"
는 최초의 거짓말에 저항할 수 없이 이끌리는 마음을 안고 살아간다.
　온갖 타락한 상태가 그렇듯, 통제 욕구 또한 선한 욕망이 순리를
벗어난 경우다. 통제 욕구는 영혼 깊은 곳에서, 열매를 맺고자 하는
욕망이 표면적으로 나타나는 증상이다. 우리는 자신의 인생이 중요
한 것이기를 원한다. 세상에 뚜렷한 변화를 일으키고 싶어 하고, 자
신이 인격적이고 심오한 방식으로 중요한 존재이기를 원한다. 하지
만 이를 악물고 그 욕망을 이루려 하면 결국 녹초가 되고 길을 잃게
마련이다. 내가 속한 밀레니얼 세대는 근래 가장 사회적 의식이 높
고 전 지구적 안목을 가지고 있으며 정의를 추구하는 집단이다. 정신
적으로 가장 아픈 불행한 세대이기도 하다. 자신이 원하는 삶을 살고
전 지구적 공익을 위해 선택한 일에 기꺼이 힘을 쏟으면서도 어찌할
바를 알지 못하고 완전히 소모되어 만성적으로 불안해하는 세대다.

˙　에니어그램은 사람을 9가지 성격으로 분류하는 성격유형 지표다.

이 모두가 선한 욕망이 순리를 벗어날 때 나타나는 증상이다.

많은 사람들이 다음과 같은 무의식적인 내면의 독백을 한다. '풍요롭고 의미 있는 삶을 살고 싶지만, 하나님을 신뢰할 수 있다는 확신이 없어. 큰 신학적 질문들에 대한 답변으로서 존재하시는 하나님은 믿을 수 있지만, 꿈, 희망, 계획에 대해서도 그분을 신뢰할 수 있을지 확신이 들지 않아. 궁극적으로는 그분을 신뢰할 수 있지만 지금 당장 신뢰할 수 있을지는 모르겠어. 그래서 내가 가진 모든 것으로 손마디가 하얗게 되도록 내 삶을 꽉 붙들게 돼. 주변 환경, 인식, 다음 발걸음까지 세세하게 관리하려고 하게 돼.'

세계관으로서의 하나님은 신뢰하지만, 세상에서의 경험을 통해서는 하나님을 신뢰하지 못할 때, 통제 욕구라는 유혹의 희생양이 되고 있는 것이다. 선한 욕망을 잘못된 방법으로 충족시키려다 녹초가 되고 짓눌리고 만성적 불안에 시달리는 사람이 얼마나 많을까?

누가가 기록한 주기도문은 마태의 주기도문보다 더 짧고 간결하다. 다섯 가지 청원만 담긴 누가의 주기도문에서는 "일용할 양식"을 구하는 기도가 전체 기도의 중심인 세 번째 청원으로 등장하고 앞뒤 기도를 연결하는 역할을 한다. "일용할 양식"은 기도의 중심에 있는 심장과도 같다.[8]

예수님은 "우리에게 주옵소서"라는 구절을 기도에 넣으라고 가르치신다. 매일 우리가 구할 때마다 그분은 독립성에 중독된 상태에서, 가장 간절히 원하는 것을 스스로 마련할 수 있다는 착각 아래 살겠다는 고집에서 벗어나게 해주신다. 우리의 요청은 어린아이가 철없이 떼쓰는 것이나 걸인이 적선을 구하는 것과는 다르다. 일용할 양식을 구하는 기도는 우리가 책임자가 아니며 상황을 통제할 능력이 없음을 매일 떠올리게 하는 기도다.

기도는 통제 욕구를 신뢰로 대체한다. 하나님이 주신 욕망은 하나님이 주신 수단으로만 채워진다.

나는 그 말을 네 입을 통해 듣고 싶다

요한복음 5장에는 예수님이 예루살렘의 베데스다 연못으로 가시는 흥미진진한 장면이 나온다. 고대의 미신에 따르면 그 웅덩이에는 치유력이 있었다. 많은 사람들이 물이 출렁거릴 때마다 맨 먼저 물에 들어가는 사람의 질병이 기적적으로 낫는다고 믿었다. 예수님은 그 못에 도착하셔서 38년 동안 장애를 갖고 산 한 남자를 만나신다. 그리고 그에게 흥미로운 질문을 던지신다. "낫고 싶으냐?"[9]

이 질문은 부드러운 만큼이나 (불경함을 무릅쓰고 말하자면) 완전히 불필요한 질문이다. 대답이 뻔하지 않은가? 그는 치유의 못 옆에 누워 있는 장애인이다. 병을 고치는 기적으로 명성이 높은 랍비 예수님에게 치유의 못 옆에 누운 장애인의 상태를 알아보는 것은 식은 죽 먹기였을 것이다. 이것은 마치 교통사고 현장에 도착한 응급 구조사가 사고로 피를 흘리는 부상자에게 "낫고 싶으세요?"라고 묻는 일과 같다. [부상자는 이런 생각을 할 것이다.] '지금 장난해요? 뻔한 걸 왜 굳이 말해야 하는데요?'

그 질문의 불필요한 면은 예수님이 보이지 않는 하나님의 형상이라는 사실 때문에 더욱 복잡해진다. 하나님은 우리가 구하기 전에 우리에게 무엇이 필요한지 아시는 분이다(이는 예수님이 친히 하신 말씀이다).[10] 따라서 예수님이 못 걷는 사람에게 "낫고 싶으냐?"라고 물으신 것은 이렇게 말씀하시는 것과 같다. "나는 그 말을 네 입을 통해 듣고 싶다."

예수님이 가나의 혼인잔치에서 물을 포도주로 바꾸실 때도 같은 장면이 반복된다. 예수님이 회당장 야이로의 죽은 딸을 살리실 때도, 맹인 바디매오의 눈을 뜨게 하실 때도 마찬가지다.[11] 예수님은 사람들이 그들이 진정 원하는 것을 그분에게 구하도록 초대하는 질문을 반복적으로 던지신다. "나는 네 입을 통해 그 말이 듣고 싶다." 예수님은 행동하시기에 앞서 동의를 구하신다.

성경이 처음부터 끝까지 내세우는 기도에 관한 포괄적인 주장에 따르면, 하나님은 우리가 구하기를 원하신다. 그분은 당신과 내가 입을 열어 구하기를 원하신다. 찰스 스펄전이 지적했듯이 이 규칙은 심지어 예수님에게도 적용된다. "구하는 것이 하나님 나라의 규칙임을 기억하십시오.……이 본문을 기억하십시오. 여호와께서 아드님에게 말씀하십니다. '내게 구하라. 그리하면 내가 열방을 네 기업으로 삼으리라'(시 2:8, 스펄전은 설교에서 KJV 본문을 인용했다). 왕이시며 거룩하신 하나님의 아들조차도 구해야 가질 수 있다는 규칙에서 예외가 아니라면, 여러분과 저에게 그 규칙이 느슨하게 적용되기를 기대할 수 없습니다." 그는 이렇게 결론을 내린다. "구하면 무엇이든지 얻을 수 있고 구하지 않고는 아무것도 얻을 수 없다면, 기도가 얼마나 절대적으로 중요한지 알아보셔야 합니다. 많이 기도하시기를 간청합니다."[12]

하나님은 사람들이 구하는 일에 왜 그토록 관심이 많으실까? 우리가 구하기 전에 우리에게 필요한 것을 이미 아신다면, 왜 하나님은 우리가 그분께 구하기를 원하실까? 나는 하나님이 우리에게 필요한 줄 이미 아시는 것을 우리 입으로 굳이 듣겠다고 하시는 데는 두 가지 주된 이유가 있다고 생각한다. 관계와 권한 위임이 바로 그것이다.

관계

성경의 이야기는 관계에서 시작한다. 아무것도 없었을 때 완전한 관계가 존재했고, 완전히 충족하신 삼위일체 하나님이 계셨다. 창조 세계는 그 사랑의 관계가 풍성하게 넘쳐흐르는 가운데 탄생했다. 하나님의 창조 열망과 가장 유사한 것은 행복한 결혼 생활을 하는 부부가 그들의 결합으로 큰 기쁨을 느낀 나머지 아기를 갖기로 결심하는 모습에서 볼 수 있다. "당신의 일부와 나의 일부가 완전히 자유롭고 독립적인 존재를 이루어 우리가 나누는 사랑이 다른 사람에게 표현되고 전달될 수 있다면 놀랍지 않을까요?" 하나님이 그분의 형상대로 남자와 여자를 창조하셨을 때 하나님의 마음에 있었던 동기가 바로 이것이 아니었을까 상상해 본다.

성경의 이야기는 관계로 끝난다. 현재 교회의 사역에는 선교, 전도, 인내, 정의가 포함되지만, 이 모든 것이 사라질 날이 올 것이다. 천국을 가장 단순하게 표현하면 할 일이 남지 않은 상태에서 하나님과 영원히 함께하는 것이다. 선교가 성취되고, 전도가 끝나고, 정의가 영원한 현실이 되고, 인내가 더 이상 필요하지 않게 된다. 하나님의 최종 목표는 그저 우리와 함께하시고, 우리를 영원히 즐거워하시고 우리가 영원히 그분을 즐거워하는 기쁨을 누리시는 것이다.

소통은 관계에 필수적이다. 구하려면 취약해져야 하기 때문이다. 누구에게든 무언가를 요청할 때는 거절당할 위험, 최소한 실망할 위험이 따른다. 우리가 하나님께 무언가를 구하기 전까지는 그분에게 실망하거나 놀랄 수 없다. 구하지 않고서는 하나님에 대한 신뢰를 쌓을 수 없다. 구하지 않으면 하나님과 관계를 맺을 수 없다. 구하지 않으면 하나님을 자유로운 관계적 존재로 만날 수 없다. 그저 그분을 우리가 무엇을 원하는지 스스로 의식하기도 전에 우리의 욕구를 채워 주는 기계처럼 여기게 된다. 구하는 일을 수단으로 하여 우리는 하나님이 우리가 누리도록 설계하신 그분과의 관계를 구축해 나간다.

예수님은 평범하고 불경하다는 점에서 아주 놀라운 기도에 관한 이야기를 하나 들려주셨다.

예수께서 그들에게 말씀하셨다. "너희 가운데 누구에게 친구가 있다고 하자. 그가 밤중에 그 친구에게 찾아가서 그에게 말하기를 '여보게, 내게 빵 세 개를

꾸어 주게. 내 친구가 여행 중에 내게 왔는데, 그에게 내놓을 것이 없어서 그러네!' 할 때에, 그 사람이 안에서 대답하기를 '나를 괴롭히지 말게. 문은 이미 닫혔고, 아이들과 나는 잠자리에 누웠네. 내가 지금 일어나서, 자네의 청을 들어줄 수 없네' 하겠느냐? 내가 너희에게 말한다. 그 사람의 친구라는 이유로는, 그가 일어나서 청을 들어주지 않을지라도, 그가 졸라 대는 것 때문에는, 일어나서 필요한 만큼 줄 것이다(눅 11:5-8, 새번역).

이 이야기는 기도라는 신비로운 행위를 설명하기에는 너무 평범해 보이지만, 예수님의 신적 상상력에서 곧장 나온 이야기로 청원이 무엇인지 잘 보여준다.

이 이야기는 관계를 다룬다. 이웃집 초인종을 눌러 발효종 반죽의 일부를 떼 달라고 부탁하거나 한창 진행 중인 여름 바비큐 파티에 쓸 여분의 빵 몇 덩이를 청하는 것처럼 편안한 관계를 그린 이야기다. 하나님과 대화하는 것은 수염이 하얗게 난 노 수사와 어색하게 만나 무언가 심오한 말을 하려고 애쓰는 일이 아니다. 기도는 잡담만큼이나 자연스러운 행위다. 구하는 것은 기도의 가장 관계적인 면을 경험하는 일이다.

권한 위임

관계는 하나님의 최종 목적이지만, 권한 위임은 그 목적에 도달하기 위한 하나님의 계획이다. 예수님은 단순히 세상을 구속하러 오신 것이 아니라, 우리 같은 타락한 남자와 여자들을 그 구속에 참여하도록 초대하기 위해 오셨다. 청원보다 더 큰 권한 위임의 수단은 없을 것이다.

리처드 포스터는 이렇게 말했다. "우리는 미리 정해져 있는 결정론적 미래에 갇혀 있지 않다. 우리의 세계는 닫혀 있지 않고 열려 있다. 우리는 '하나님과 함께 일하는 동역자'로서……하나님과 협력하여 사건의 결과를 결정한다."[13] 이 말에 상당수의 독자는 당혹해할 것이다. 그러나 멀리 갈 것도 없이 성경만 들여다봐도 기도를 통한 권한 위임이라는 충격적인 주장을 발견할 수 있다.

출애굽기 32장에서 우리는 모세의 기도 생활을 엿볼 수 있다. 상황을 설명하자면, 하나님은 이스라엘 백성이 전혀 마음에 들지 않으셨고 그분의 분노에는 분명한 근거가 있었다. 애굽에서의 종살이에서 풀어 주시고, 홍해를 가르시고, 하늘에서 내린 떡을 먹이시고, 반석에서 낸 물로 갈증을 해소해 주셨는데도 그들이 다른 신을 숭배하기 시작했던 것이다. 하나님은 진노를 드러내셨고, 모세는 그에 대한 반응으로 기도했다. 그 기도의 핵심은 하나님께 자신이 어떤 분이신지 기억하시도록 촉구하는 것이었다.

> 주의 맹렬한 노를 그치시고 뜻을 돌이키사 주의 백성에게 이 화를 내리지 마옵소서. 주의 종 아브라함과 이삭과 이스라엘을 기억하소서. 주께서 그들을 위하여 주를 가리켜 맹세하여 이르시기를 내가 너희의 자손을 하늘의 별처럼 많게 하고 내가 허락한 이 온 땅을 너희의 자손에게 주어 영원한 기업이 되게 하리라 하셨나이다(출 32:12-13).

모세는 하나님께 그분의 말씀을 지키시라고 요청한다. "주를 가리켜" 하나님이 누구신지 상기시켜 드린다. 그는 자신이 원하는 것을 달라고 간청하는 것이 아니다. 하나님이 진정 원하시는 것이 무엇인지 하나님께 상기시키는 것에 더 가깝다. 그리고 그다음 하나님의 반응을 보라. "그러자 여호와께서 마음을 누그러뜨리고 그 백성들에게 재앙을 내리려던 마음을 접으셨……다."[14] 잠깐만, 뭐? 모세가 하나님과 정면으로 맞서서……이겼다고? 그렇다. 그 비슷한 이야기다.

'마음을 누그러뜨렸다'는 구절은 히브리어 '나함'의 번역어로, '마음을 바꾸었다' 또는 심지어 '회개했다'로도 옮길 수 있다. 하나님이 '나함'하셨다. 하나님이 마음을 바꾸셨다. 하나님이 회개하셨다. 정말? 본문에 정말 그렇게 나와 있다.[15]

이것은 하나님이 죄를 짓다 발각되어 고백하셨다는 뜻이 아니다. '나함'은 하나님이 잘못하셨다는 의미가 아니라 하나님의 감정이 움직였다는 뜻이다. 모세의 기도는 우주의 창조주를 감정적 차원에서 감동시켰다. 이것이 성경이 가르치는 내용이다.

아리스토텔레스는 신을 '부동의 원동자'(unmoved mover)라고 불렀다. 모세가 기도한 하나님은 '감동한 원동자'(moved mover)에 더 가깝다. 그분은 하늘과 땅을 움직이실 뿐만 아니라 스스로의 마음을 움직이는 것 역시 가능하다. 그분은 우리 기도를 들으신다. 실제로 귀를 기울이시고 실제로 관심을 가지신다. 응답하신다. 이러한 신 개념은 꽤 급진적으로 보일 수 있는데, 이는 많은 이의 관념 속에 아리스토텔레스가 형성한 신 개념이 내재해 있기 때문이다.

오해하지 말라. 여기에는 엄청난 신비가 숨어 있다. 답을 모르는 질문이 너무나 많다. 좋다, 모세는 그렇다 치자. 그러면 말라기는 어떤가? 그는 하나님이 "나 여호와는 변하지 아니하나니"[16]라고 말씀하시는 것을 들었다. 그런가 하면 호세아도 있다. 하나님은 그에게 "내 마음이 바뀌어 내 긍휼이 뜨겁게 솟아오른다"[17]고 말씀하셨다. 하나님의 이 두 계시가 어떻게 똑같이 사실일 수 있을까? 하나님은 우리가 [인격적으로] 알아야 할 관계적 존재이시기 때문이다. 그분은 숙달해야 할 공식이 아니다.

모든 관계적 존재를 상대할 때 우리는 신비에 익숙해져야 한다. 우리가 만나는 어느 누구도 신비한 부분이 전혀 남지 않을 만큼 완전하게 알 수는 없다. 나는 남은 평생, 아내를 알아가고 사랑하겠지만 결코 그를 속속들이 알 수는 없을 것이다. 가장 친밀한 관계에서도 신비는 사라지지 않을 것이다. 물론 모세의 기도문 하나로 한 가지 신학을 통째로 구성하는 것은 위험할 수 있지만, 이 구절이 뒷받침하는 분명한 성경의 패턴이 있다. 하나님은 그분답게 행하신다는 것이다. 그것이 하나님의 본성이다. 존 마크 코머는 이렇게 결론을 내린다. "하나님은 하나의 공식보다는 친구에 가깝다."[18]

현대 교회의 경향은 성경에서 신비를 벗겨내고 하나님의 말씀을 추상적 원리로 축소하는 것이다. 우리는 출애굽기 32장 같은 구절을 읽고 나서 '와, 모세와 하나님 사이에는 정말 특별한 무언가가 있었구나'라고 생각한 다음, 아리스토텔레스가 말하는 신에게 열의 없이 계속 기도하곤 한다. 마치 모세가 우리와는 다른 방식으로 하나님께 다가가는 일종의 슈퍼스타였던 것처럼 말이다. 그러나 예수님은 정반대의 말씀을 하셨다. "누구든 내 나라에서 가장 작은 자가 내 이전의 모든 사람보다 더 크다."[19] 여기 담긴 어감을 직설적으로 표현하면 이렇게 된다. "하나님이 보실 때 당신은 모세보다 더 위대하다. 당신은 예수님의 권세를 지니고 기도하기 때문이다."

성경은 예전에 다른 사람들이 하나님과 어떻게 관계했는지를 알려 주는 책이 아니다. 성경은 하나님과 그분의 백성이 어떻게 서로 작용했는지에 대한 역사적 기록이며, 그 기록을 기초로 하여 하나님과 우리의 상호작용을 생각하고 기대해야 한다. 모세의 기도는 하나님이 들으시고 관심을 가지신다는 것을 분명하게 알려 준다. 사실, 하나님은 너무나 큰 관심이 있으셔서 우리의 기도에 마음이 움직이신다.

달라스 윌라드는 이렇게 말했다. "우리의 기도에 대한 하나님의 '응답'은 가식이 아니다. 하나님은 어차피 하실 일을 진행하시면서 우리의 기도에 응답하는 척 가장하시는 게 아니다. 우리의 요청으로 인해 하나님이 행하시거나 행치 않으시는 일이 실제로 달라진다."[20]

이 모든 것이 구약의 예외일 뿐이고 하나님은 모세 이후로 더 강인해지셔서 자신의 입장을 고수하는 법을 익히셨다고 생각하는 사람들이 있다면, 신약의 저자 야고보가 일반 신자에게 쓴 목회서신의 이 대목을 들려주라. "너희가 얻지 못함은 구하지 아니하기 때문이요."[21]

하나님이 그분의 능력을 자녀들에게 기꺼이 나누어 주신다는 것은 무시할 수 없는 신약의 현실이다. 물론 하나님은 오래 기다리게 하시거나 심지어 능력을 주지 않는 방식으로 기도하는 사람의 내면의 삶에 필수적인 무언가를 만들어내시는 경우도 많다. 하지만 교회가 함께 모였을 때 그들 발밑의 성전 바닥을 흔드시고, 마비된 사람을 일으켜 세우시고, 병든 사람들을 고치시고, 중독자를 해방하시고, 귀신 들린 자를 구하시고, 투옥된 사람들의 감옥문을 열어젖히시는 경우도 그만큼이나 많다.

좋은 것들

예수님은 청원에 대한 가르침을 마무리하면서 이렇게 말씀하신다. "너희 중에 누가 아들이 떡을 달라 하는데 돌을 주며 생선을 달라 하는데 뱀을 줄 사람이 있겠느냐. 너희가 악한 자라도 좋은 것으로 자식에게 줄 줄 알거든 하물며 하늘에 계신 너희 아버지께서 구하는 자에게 좋은 것으로 주시지 않겠느냐."[22]

예수님은 우리가 구할 때 하나님이 어떤 마음으로 우리를 대하시는지 보여주시기 위해 자녀가 원하고 자녀에게 필요한 것을 주고 싶어 하는 아버지의 모습을 제시하신다. 이처럼 명백하게 부서진 세상, 어려움이 많은 세상에서 하나님은 잘못된 것을 구속하시는 일과 우리에게 좋은 것 주시기를 기뻐하신다.

아주 힘든 하루를 보내고 집에 돌아온 작년의 어떤 하루가 생생히 기억난다. 그날 나는 미국에 여전히 만연해 있는 구조적 인종차별에 맞서 싸우기 위해 모인 당일치기 목회자 회의에 참석했다. 브루클린의 기아 위기가 악화하는 상황에서 우리 지역의 '푸드 팬트리'를 최대로 운영할 수 있는지에 대해 뉴욕에서 가장 규모가 큰 식품 기부자와 상의했다. 외도가 밝혀져 결혼 생활의 신뢰가 깨지고 심각한 고

• 미국에서 음식이 필요한 사람에게 식품을 무료로 나눠 주는 곳. 학교나 지역교회 및 비영리단체에서 운영한다

통을 겪고 있는 부부를 상담했다. 나는 타락한 세상의 부서지고 어려운 상태를 여실히 느꼈다. 아파트 4층에서 승강기 문이 열리고 주머니에서 집 열쇠를 꺼내 들었을 때, 안에서 사이먼의 작은 목소리가 들려왔다. "아빠 오셨다!" 내가 집안으로 들어서자 사이먼이 달려와 나를 껴안았다. 그리고 행크가 방에서 나와 곧바로 이렇게 물었다. "아빠, 오늘 저녁에 아이스크림 먹어도 돼요?" 나는 생각할 것도 없이 이렇게 대답했다. "그래, 오늘 밤에 아이스크림 먹자."

세상은 엉망이다. 나는 그런 상태에 상처받기보다 그런 상황에 처한 이들을 어떻게든 돕기 위해 최선을 다하고 있다. 하지만 그 모든 부서지고 어려운 상황 앞에서도 나는 내 아이들에게 아이스크림을 주고 싶다. 나는 아이들이 원하는 것에 "그래" 하고 말하기를 좋아한다.

하나님은 우리 아버지시다. 그분은 매 순간 우리 머리로는 도저히 파악할 수 없을 만큼 많은 일을 하고 계신다. 그래도 그분은 우리가 원하는 것 주기를 기뻐하신다. 그것이 주차 공간이라 해도 마찬가지다.

구하라. 이것이 하나님이 우리에게 원하시는 전부다.

실천.

오늘 우리에게 일용할 양식을 주소서

예수님이 하늘이 땅에 임하는 일과 악에 맞서 싸우는 일에 대한 기도 사이에 오늘의 점심 식사 같은 일상적인 일을 끼워 넣으신다는 것은 우리에게 아주 큰 해방감을 안겨 준다. 그러니 예수님이 우리의 일상적이고 평범한 요청도 소중히 여기신다는 것을 알고, 그런 요청들을 내어놓아 그분께 영광을 돌리자.

몇 분 동안 시간을 내어 당신의 삶에서 구체적으로 필요한 것과 원하는 것을 달라고 기도하라. 특히, 하나님께 내어놓기에는 너무 사소하다 싶은 것들을 구하라. 잘되었으면 하는 마음이 간절한 업무 회의, 하나님이 채워 주실 거라고는 잘 믿기지 않는 필요, 메일함을 수시로 들락거리며 기다리는 이메일의 회신, 방금 구매 오퍼를 넣은 집, 은행 계좌에 돈이 부족해서 지불하지 못한 임대료 등을 위해 기도하라.

하나님께 실망하거나 놀랄 수 있을 만큼 충분히 구체적으로, 상처받을 여지가 있도록 기도하라. 하나님을 이렇게까지 스스럼없이 대해도 되는지 의문이 들 정도로 충분히 힘을 실어 대담하게 구하라.

7. 중간태
— 참여로서의 기도

영성의 전제는 항상 내가 알기 전에 하나님이 뭔가를 하신다는 것이다.
따라서 나의 과제는 내가 볼 때 이루어져야 할 것 같은 일을 하나님이
하시게 만드는 것이 아니라, 하나님이 하시는 일을 알아차려 그에 반응하고
참여하고 기뻐할 수 있게 하는 것이다.

– 유진 피터슨,『목회자의 영성』

"일단 안으로 들어가고 보니 팝 콘서트장을 가득 메운 관중들 사이에 있는 것 같았어요. 그 사람들은 기도하기 위해 문을 비집고 들어왔다는 점만 달랐지요."

알리나는 최근에 뭄바이에 다녀온 이야기를 하고 있었다. 거기서 한 시간 가까이 줄을 서고 기다린 끝에 비로소 힌두교 전통에서 존경받는 신 가네샤를 모시는 싯디비나약 사원에 들어갈 수 있었다. 평일 한낮이었는데, 사원은 블랙프라이데이를 맞은 미국의 교외 쇼핑몰보다 더 붐볐다. 남편과 함께 인도 여행을 마치고 돌아온 그는 사원을 방문한 경험을 잊을 수 없었다. 알리나 부부와 우리 부부 네 사람이 우리 집 식탁에 둘러앉았고 앞에 놓인 중국집 포장 용기에서는 김이 모락모락 피어오르고 있었는데도 손을 대는 사람이 없었다.

"제 바로 옆에 노쇠한 할머니가 있었어요. 80대 정도로 보였는데, 거기 들어오겠다고 바깥 뜨거운 태양 아래서 기다리느라 몸이 익은 상태였어요." 알리나는 우리에게 이야기를 하면서 그 경험을 정리하고 있었다. "할머니를 보니 큰소리로 울부짖고 있었어요. 눈물이 뺨을 타고 흘러내렸고 할머니는 제가 알아들을 수 없는 말로 통곡했어요. 그런데 그 할머니만 그런 게 아니었어요. 모두가 그렇게 하고 있었어요. 거기 있는 모든 사람이 저는 존재조차 믿지 않는 신에게

절박하고 간절하게 기도하고 있었어요. 저는 예수님께 한 번도 그렇게 기도한 적이 없었는데 말이에요."

우리가 참되신 한분 하나님께 기도하는 것보다 더 헌신적으로 거짓 신에게 기도하는 사람들을 볼 때 우리의 믿음은 흔들릴 것이다. 알리나는 그런 경험으로 인해 동요하고 있었다. 그는 가장 원초적이고 적극적인 형태의 기도를 접했던 것이다.

흥미롭게도, 그 사원에서 도로 하나를 건너거나 한 블록을 더 가면 거의 정반대의 형태로 기도하는 사람들로 가득 찬 힌두 사원을 발견할 수 있을 것이다. 힌두교 신자들도 어느 정도는 경건한 명상의 방식으로 기도한다. 불교 신자들은 특히나 그렇다. 그런 기도의 목적은 자기비움이다. 자신을 내려놓고 신성한 타자, 즉 자기 너머에 있는 깨달음에서 오는 평화와 평온에 굴복하는 것이다. 이것은 가장 수동적이고 지적인 형태의 기도다.

절박한 울부짖음과 고요하게 가만히 있음, 능동적인 방식과 수동적인 방식. 두 가지 모두 흔한 기도의 표현이다.

능동적 방식의 기도는 대부분의 사람들이 안다. 하나님이 우리의 뜻을 받아들이시게 만들려고 시도하는 기도다. 보통 우리는 좋은 동기에서 하나님의 행동을 이끌어내려고 노력한다. 그런 기도에서 우리가 하나님께 제시할 수 있는 가장 설득력 있는 주장을 내세우는 것을 보면, 하나님을 설득해 뭔가를 하시게 해야 한다고 가정하고 있음이 드러난다. 그런가 하면 우리 대부분은 수동적 부류의 기도도 안다. 하나님을 있는 그대로 받아들이고, 우리 자신도 있는 그대로 단순하게 인정하는 기도다. 기도자는 아무것도 요구하지 않는다. 사실상 구하고 싶은 욕망을 비우고 있는 그대로를 평온하게 받아들이는 상태에 도달하려고 노력하는 상태다.

성경은 능동적 기도의 사례들을 기록하고 있다. 바리새인들은 개인 도덕을 중심에 놓고 기도했으며, 유대 민족 전체가 단 하루만이라도 토라에 나오는 613가지 계명에 순종한다면 하나님의 나라가 임할 것이라고 믿었다. 이 믿음에는 우리가 해독할 수 있는 암호가 있다는 가정이 깔려 있다. 정말로 진심으로 기도하고 순종으로 그 진심을 증명한다면 하나님이 귀를 기울이시게 할 수 있다는 것이다.

이런 허세에 지친 사람들은 종종 소극적인 기도로 돌아선다. 자신을 비워 빈 상태가 되고 우주와 조화를 이루려는 기도다. 하지만 성경의 이해에 따른 묵상은 비우는 것이 아니라 채워지는 것이다. 아버지의 복을 받고 그리스도로 옷 입고 성령으로 충만해지는 것이다.

능동적 기도도 수동적 기도도 예수님이 기도하신 방식이 아니다.

중간태

예수님은 유진 피터슨이 '중간태'라고 부른 방식으로 기도하신다.[1] 능동태에서는 내(주어)가 행위자다. 내가 행동을 개시한다. "나는 조언을 한다." 수동태에서는 내(주어)가 행동을 당한다. 행동을 받는다. "나는 조언을 받는다." 신약성경의 원어인 고대 그리스어에는 세 번째 말하기 방식인 '중간태'가 있다. 중간태는 이런 의미다. "나는 조언을 받아들인다. 나는 적극적인 참여자이지만, 이 행동은 나로부터 시작된 것이 아니다. 나는 다른 사람의 행동에 동참하고 있다."

고대 그리스어는 라틴어처럼 도서관에서의 연구나 대학원 학위 취득을 위해서만 쓰이는 학술적인 언어로 남아, 더 이상은 친구들 간의 일상적인 대화에서 쓰는 언어가 아니다. 이것은 예수님이 가르치신 대로 기도를 배울 때 꽤 중요한 문제가 된다. 영어에서 우리는 능동태나 수동태로 말하지만, 기도는 중간태로 이루어지기 때문이다. 이러한 용어들을 정의하는 데 중요한 역할을 한 유진 피터슨은 이렇게 말했다.

기도와 영성의 특징은 참여다. 하나님과 인간, 그분의 뜻과 우리 뜻의 복합적 참여다. 우리는 은혜의 흐름에 잠기고 사랑의 바다에 빠져 정체성을 잃는 것이 아니다. 우리 삶에서 하나님이 일하시게 만드는 줄을 당겨 하나님이 우리의 독단적인 정체성에 복종하게 만드는 것이 아니다. 우리는 하나님을 조종하지(능동태) 않고, 하나님에 의해 조종당하지도(수동태) 않는다. 우리는 행동에 관여하고 그 결과에 참여하지만, 그것을 통제하거나 규정하지 않는다(중간태). 기도는 중간태로 이루어진다.[2]

중간태는 내가 능동적으로 참여하지만, 그 행동은 다른 이로부터 시작되었다는 의미다. 우리는 행동에 참여하고 거기에 따르는 혜택을 누린다. 우리는 완전히 능동적이지는 않다. 그리고 하나님의 행동은 우리의 주도권에 의존하지 않는다. 우리는 전적으로 수동적이지도 않다. 하나님은 거의 언제나 사람들과 협력하여 행동하기로 자유롭게 선택하셨다. 기도할 때 우리는 하나님의 행동에 참여하고 그분의 행동에서 유익을 얻는다. 우리는 하나님과 함께한다. 기도할 때 하나님과 우리의 모든 상호 작용은 중간태 곧 참여의 태로 일어난다.

예수님은 우리에게 이러한 기도 방식을 가르치셨을 뿐만 아니라 몸소 그렇게 기도하셨다. 이를테면 요한복음 17장에 나오는 예수님의 기도를 보자. "내가 비옵는 것은 이 사람들만 위함이 아니요 또 그들의 말로 말미암아 나를 믿는 사람들도 위함이니 아버지여, 아버지께서 내 안에, 내가 아버지 안에 있는 것같이 그들도 다 하나가 되어 우리 안에 있게 하사 세상으로 아버지께서 나를 보내신 것을 믿게 하옵소서."[3] 이처럼 예수님은 하나님에게서 시작된 행동("아버지께서 내 안에, 내가 아버지 안에 있는 것같이")에 우리가 합류하고 참여하기를 바라신다("그들도 우리 안에 있게 하옵소서"). 이런 참여의 결과로 세상 사람들은 보고 믿게 될 것이다. 이것이 바로 중간태의 기도다.

예수님은 계속 이렇게 기도하신다. "내게 주신 영광을 내가 그들에게 주었사오니 이는 우리가 하나가 된 것같이 그들도 하나가 되게 하려 함이니이다. 곧 내가 그들 안에 있고 아버지께서 내 안에 계시어 그들로 온전함을 이루어 하나가 되게 하려 함은 아버지께서 나를 보내신 것과 또 나를 사랑하심같이 그들도 사랑하신 것을 세상으로 알게 하려 함이로소이다."[4] 하나님으로부터 시작된 행동("[아버지께서] 내게 주신 영광")이 또다시 나오고, 예수님은 우리가 이 일에 참여

("그들로 온전함을 이루어 완전히 하나가 되게 하려 함")하기를 원하시며, 그 결과 "아버지께서 나를 보내신 것과 또……그들도 사랑하신 것을 세상〔이〕 알게" 될 것이다. 이것이 바로 중간태의 기도이고, 예수님은 이 방식으로 기도하신다.

에덴에서 중간태는 유일한 의사소통의 형태였다. 아담과 하와는 하나님의 행동에 참여했다. 동물들의 이름을 짓고, 동산을 가꾸고, 다른 모든 종(種)을 관대하게 다스리고 통치했다. 청지기인 그들에게 맡겨진 일 중에서 그들로부터 시작된 것은 없다. 세상의 모든 것은 하나님이 먼저 말씀하셨기 때문에 존재한다. 그러나 하나님은 아담과 하와에게 가만히 앉아서 그분의 다스림을 지켜보라고 말씀하시지 않았다. 그분은 그들이 참여하도록 초대하시고 심지어 참여를 요구하는 방식으로 창조 세계를 설계하셨다.

하와가 금단의 나무 한 그루에서 딴 아삭한 사과(좀 더 그럴듯하게는 무화과)를 베어 물었을 때, 하나님의 세계에 능동태가 도입되었다. 그리고 똑같은 죄를 지은 아담이 소심하게 책임을 떠넘겼을 때("하나님이 주셔서 나와 함께 있게 하신 여자 그가 그 나무 열매를 내게 주므로 내가 먹었나이다"[5]), 하나님의 세계에 수동태가 도입되었다.

중간태는 에덴에서 누렸던 관계의 언어다. 기도를 통해서 예수님은 우리가 처음 에덴에서 알았던 관계, 그러나 그 첫 번째 비극적인 기만행위 때문에 잃어버린 관계로 우리를 다시 초대하신다. 성경적 기도의 전제는 하나님의 행동이 항상 나의 요청보다 앞선다는 것이다. 내가 생각할 때 기도의 목표는 하나님이 하셔야 할 일을 하시게 만드는 것이 아니라, 하나님이 하시는 일에 우리가 참여하고, 그 일을 인식하고, 합류하고, 참여의 열매를 누리는 것이다. 기도는 하나님의 창조 질서 안에서 우리의 역할을 회복하는 일이고, 우리의 진정한 정체성을 회복하는 일이며, 그 정체성을 규정해 주는 관계를 회복하는 일이다.

마리아와 함께 기도하기

마리아는 어린 소녀였다. 거의 틀림없이 10대였을 그는 한 소년에게 반해 동화 같은 미래를 꿈꾸고 있었다. 이상주의적이고 순진한 마리아는 방금 천사의 방문을 받았고 처녀인 자신이 임신했다는 소식을 들었다. 하나님의 영이 잉태의 매개이며 야훼 자신이 아버지셨다.

이 소식은 마리아에게 전율을 안긴다. 수 세기 전, 선지자들이 외쳤던 그 모든 고귀한 약속을 하나님이 마침내 이행하고 계셨기 때문이다. 마리아는 이런 생각을 했을 것이다. '하나님이 약속을 지키고 계시는구나. 그것도 바로 이 시대에 약속을 이행하시는구나. 두루마리에서 메시아의 이야기를 읽는 것이 아니라, 내 두 눈으로 그 이야기를 직접 보겠구나. 그것도 모자라, 하나님은 나에게 구원 드라마의 배역을 맡기셨구나.' 이것은 좋은 소식이다.

하지만 한편으로 이 소식은 참담하다. 마리아는 약혼한 상태였다. 약혼자 요셉에게 이렇게 설명하는 모습이 상상이 되는가? "맞아요, 내가 다른 이의 아이를 임신했어요. 하지만 걱정하지 말아요. 그는 '처음이요 나중이신 분'이니까요." 마리아는 이 소식을 전하면 이혼이라는 대가를 지불해야 하고 사랑하는 남자가 상심하게 되리라고 예상했을 것이다. 법적인 문제도 있다. 레위기 율법은 간통죄의 형벌로 사형을 명시하고 있다. 그는 작은 마을에 산다. 이 소식을 조용히 숨길 수는 없다. 약혼자가 특별히 이해심 많은 사람으로 밝혀지고 그가 유난히 관대한 재판관을 만나지 않는 한, 주말쯤이면 사형선고를 받고 집행을 기다리는 미혼모가 될 처지였다. 가족은 그와 거리를 둘 것이었다. 그와 함께 성전에서 쫓겨나지 않으려면 그렇게 해야 할 것이었다. 최상의 시나리오는 사회적 낙인과 종교적 심판이 남기는 영구적 오명을 안고 조용히 외롭게 사는 것이었다. 그가 들은 좋은 소식은 값비싼 대가가 따르는 소식이었다.

천사의 설명을 듣는 마리아의 머릿속에서는 이 모든 생각이 끊임없이 교차했을 것이다. 그러나 그는 이렇게 간단하게 대답한다. "주의 여종이오니 말씀대로 내게 이루어지이다."[6] 이 대답은 항복과 참여의 놀라운 기도다. 평범한 삶이 엉망이 된 상황에서 드리는 중간태의 기도다.

중간태의 기도는 하나님의 행동에 참여하는 것이다. 하나님의 창조 질서에서 우리의 위치를 인정하는 것이다. 우리는 그분의 행동을 받는 자이면서 그에 응답하는 자임을 인정하는 것이다. 하나님의 활동은 미시시피강의 흐름과 같다. 우리는 그 흐름에 동의하고 그 안에 들어가 물살에 따라 자유롭게 헤엄칠 수 있다. 아니면 그분의 활동을 부정하고 물살을 거슬러 헤엄칠 수도 있다. 두 팔을 마구 휘두르고 발길질을 하면서 물살에 맞서는 것이다. 어느 쪽이든 우리는 강물을 따라 흘러가게 될 것이다. 그런 물살과 싸워 이기는 사람은 없다. 강물의 흐름을 받아들여 물살을 타고 순항할 수도 있고, 그 흐름에 맞서 싸우다가 녹초가 되어 떠내려갈 수도 있다. 그러나 물살이 거센 강이 잔잔한 연못인 것처럼 가장하는 일은 불가능하다.

마리아가 놀라운 믿음으로 "주의 여종이오니 말씀대로 내게 이루어지이다"라고 기도했을 때, 그는 병원 방문, 적절한 영양 섭취, 세 분기에 걸친 불편함 같은 일상의 과제들을 하나님의 구원에 참여하는 일로 바꾸고 있었다. 그는 세상과 자신의 내면에서 행하시는 하나님의 활동에 협력하고 있었다. 그 결과는 하나님의 복이었다. "이제 후로는 만세에 나를 복이 있다 일컬으리로다."[7]

나도 그것을 원한다. 내가 마리아에게서 본 것을 나도 원한다. 이 깨어진 세상에서 하나님이 벌이시는 구속 사역에 협력하고 싶다. 물살을 타고 헤엄쳐서 힘들이지 않고 빠르게 나아가고 싶다. 앞으로 양팔을 젓고 발길질도 하겠지만 더 강한 물살에 밀려 나가고 싶다. 내 안에서 이루시는 하나님의 역사에 협력하여 내 욕망과 생각과 감정과 행동을 하나님이 빚어 주시도록 요청하고 싶다. 그 모두가 내가 물려받은 타락한 혈통으로 인해 가망 없이 혼란에 빠진 상태이기 때문이다. 나는 하나님의 영이 클래식 자동차를 수리하는 전문 정비공처럼 내면에서부터 나를 고치셔서 설계대로 달리게 해주시기를 원한다.

시편 112편에는 내가 거의 매주 숙고하는 한 구절이 있다. "그런 사람은 영원히 흔들리지 않을 것이다. 의로운 사람은 영원히 기억된다. 그는 나쁜 소식을 두려워하지 않으니, 주님을 믿으므로 그의 마음이 굳건하기 때문이다."[8] 나쁜 소식을 두려워하지 않는다고? 이런 회복력을 갖고 산다는 것이 상상이나 되는가? 나는 툭하면 마음이 와장창 부서지기 일쑤다. 나쁜 소식만큼 무서운 것이 없다. 내 삶의 흩어진 부분들을 바른 순서로 배치하는 것이 평화라는 망상, 내가 상황을 통제할 수 있다는 망상에 매일같이 빠진다. 인생의 예측 불가능성 때문에 '내 계획'이 좌절되는 순간, 두려움이 올림픽 다이빙 선수처럼 내 뱃속으로 뛰어든다.

천사가 찾아온 이후, 마리아가 공들여 조립해 온 삶과 기대했던 미래의 계획은 무너져 무수히 많은 파편으로 산산조각이 난 듯 보였다. 그런 상황에서 마리아의 대답은 무엇인가? "주의 여종이오니 말씀대로 내게 이루어지이다." 나에게는 없는, 갖고 싶은 회복력이다.

기도는 내면세계를 성령의 일하심을 향해 열어 놓고 "네, 주님의 뜻대로 하소서"라고 말하게 하는 수단이다. 중간태로 기도함으로써 우리는 언어보다 더 깊은 차원, 내면 깊숙한 곳에서 일하시는 성령의 역사가 깨어지기 쉬운 세상에서 나쁜 소식을 두려워하지 않는 회복력 있는 사람으로 우리를 빚어 가시는 데 동의한다.

예수님과 함께 기도하기

누가복음의 끝부분, 마리아의 중간태 기도로 시작된 이야기가 마무리될 무렵에 예수님은 어머니의 기도와 거의 동일한 내용으로 기도하셨다. "아버지, 만일 아버지의 뜻이면, 내게서 이 잔을 거두어 주십시오. 그러나 내 뜻대로 되게 하지 마시고, 아버지의 뜻대로 되게 하여 주십시오."[9] 마리아가 기도로 받았던 하나님의 생명을 예수님은 기도로 살아내신다. 예수님은 인생에서 가장 고뇌에 찬 결정적인 밤에 어머니가 했던 말로 기도하신다. 그분은 어릴 적에 어머니가 그렇게 기도하는 것을 들으셨을 것이다. 창조주이신 분이 피조물의 기도 소리에 푹 잠겨 지내셨을 것이다. 나는 궁금하다. 생애 막바지에 타락한 세상에서 구원을 이루기 위한 힘든 선택에 직면하신 예수님은 어머니를 생각하고 그가 처음 회복력을 얻었던 바로 그 지점에서 같은 힘을 얻으신 게 아닐까?

당신은 동의하고 참여하는 이런 삶을 아는가? 시간이 지나고 자신이 세상을 통제할 수 없다는 것이 더욱 분명해질수록, 당신은 회복력이 커지는가, 아니면 불안감이 커지는가? 당신의 기도는 권리를 내세우는 능동태의 요구가 되어 자신의 계획과 맞지 않는 상황에서 건져 달라고 주장하는가? 아니면 수동태의 냉담한 중얼거림이 되어 자신이 영적 드라마에서 배역을 맡으면서도 그것이 실제로 중요하고 참여적인 역할이라고 믿지 못하는가?

중간태의 기도를 발견하라. 하나님은 주권자이시지만 그분의 주권은 참여적 주권이다. 한스 우르스 폰 발타자르는 이렇게 말했다. "기도를 잘 배우면 배울수록 사람은 자신의 모든 더듬거림이 하나님이 하시는 말씀에 대한 응답일 뿐이라는 것을 더 깊이 깨닫게 된다."[10]

예수님이 가르치신 대로 중간태로 기도하는 것은 하나님이 택하신 동역자라는 정체성을 회복하는(기도하는 사람 안에서) 일인 동시에 하나님의 은혜로운 재창조 사역에 참여하는(기도하는 사람 주변에서) 일이다. 그렇다면 우리는 기도가 위험한 일이라는 사실에 유의해야 한다. 내가 경험한 바로는, 하나님은 우리의 기도에 대한 응답으로 우리 자신을 사용하는 습관이 있으시다.

내 말이 믿어지지 않아도 괜찮다. 지난 세기에 가장 널리 존경받은 그리스도의 제자 중 한 사람인 테레사 수녀는 자신을 운동가로 보는 모든 시각을 거부했다. 노벨상 수락 연설에서 그는, 자기 삶의 중심이 사회사업이나 심지어 긍휼이라고 보는 사람은 인과관계를 거꾸로 파악한 것이라고 주장했다. 실제로 그는 자신이 같이 섬기는 자들과 함께 "세상 한가운데 있는 관상가"일 뿐이라고 주장했다.[1] 그는 자신이 가난한 사람들을 돌보고, 중독자들의 재활을 돕고, 빈민가에 천상의 사랑이 있는 공동체를 만들었다는 이유로 상을 받지만, 그 모든 일은 기도의 응답으로 우연히 일어난 일에 불과했다고 말했다.

다시 말해, 그의 삶의 핵심은 하나님과 함께하고 그에 맞추어 반응하는 것이었다. 사회 정의는 예수님과 함께하며 반응한 결과로 자연스레 나타난 결과일 뿐이었다. 마더 테레사는 활동가가 아니라 기도의 사람, 중간태로 기도하는 사람이었다. 그의 모든 활동적 사역은 하나님이 시작하신 일을 인식하고 거기에 동참한 것이 전부였다. 제대로 이해하고 실천하는 기도가 씨앗이 되어 거기서 풍성한 열매가 자라난다.

친밀함이 풍성한 결실로 이어지는 것이지 그 반대가 결코 아니라는 것이다. 하나님과의 사랑의 관계를 우선시하고, 하루 종일 틈틈이 시간을 내어 기도로 그분을 만나고, 훈련된 묵상의 시간을 길게 갖고, 중보기도로 열렬히 간구하는 사람들에게 하나님은 그분의 신성한 능력을 나눠 주신다.

예수님은 친히 이렇게 말씀하셨다. "너희가 열매를 많이 맺으면 내 아버지께서 영광을 받으실 것이요."[12] 그러나 열매는 친밀함에서 나온다. 우리가 예수님을 사랑하고 그분과 함께하기를 원할 때 풍성한 열매를 맺게 된다. 우리 마음이 예수님을 사랑하고 그분과 함께하고 싶을 때, 그 관계가 겉으로 표현되면 세상에서의 정의, 타인에 대한 긍휼, 내면의 평화로 나타나기 시작한다. 예수님과 함께 시간을 보내는데 우리 기도에 대한 응답으로 우리 자신이 쓰임받지 않는다면, 그것은 영적 기능에 문제가 있음을 알리는 신호다.

성경적으로 말하면, 내적 기도와 외적 긍휼은 불가분의 관계에 있다. 개인적인 의를 뜻하는 히브리어 용어는 '쩨다카'인데, 외적인 정의를 뜻하는 히브리어 단어도 똑같이 '쩨다카'이다. 이것은 중요한 대목이다. 역사적으로 성경이 하나님에 대한 헌신을 이해하는 방식에 따르면, 의롭다는 것은 가난한 사람을 돌보는 것이고, 가난한 사람을 돌보는 것은 곧 의롭다는 말이기 때문이다. 그래서 이사야와 아모스 같은 선지자들이 내적으로 경건해 보이지만 외적으로는 남에게 무관심한 사람들에게 그렇게 분노했던 것이다. '의'를 둘러싼 고대 히브리인의 이해에 따르면, 경건하고 개인적인 영적 실천에만 전념하면서 값비싼 대가가 따르는 공적인 긍휼 사역에는 소홀한 공동체는 제 기능을 못 하는 모순덩어리였다.

예수님은 누가복음 11장에서 당시의 성직자들을 향해 길이 남을 비판을 남기셨다. "너희 바리새인은 지금 잔과 대접의 겉은 깨끗이 하나 너희 속에는 탐욕과 악독이 가득하도다."¹³ 우리도 똑같이 예수님의 이 날카로운 비판의 대상이 될지 모른다.

이어지는 구절에서 예수님이 자비를 모르는 개인적 의에 대해 처방하신 해독제에 주목하라. "그러나 그 안에 있는 것으로 구제하라. 그리하면 모든 것이 너희에게 깨끗하리라."¹⁴ 왕께서는 자비를 모르는 신앙생활이라는 왕국을 인정하지 않으신다. 개인적인 기도로 하나님을 알려면 그분이 펼치시는 공적 자비에도 참여해야 한다.

기도와 사명은 아주 밀접하게 이어져 있다. 기도하면 불편한 사명에 초대받게 된다. 기도하면 깨어진 곳, 깨어진 사람들, 내 안의 깨어진 부분들로 이끌려 간다. 예수님은 부적응자, 소외된 자, 억압받는 자, 버림받은 자들과 함께하기를 편안해하신다. 그러므로 예수님과 대화하는 시간을 보낸다면, 예수님은 그분이 가시는 곳에 함께 가자고 당신을 초대하실 것이 분명하다. N. T. 라이트는 이렇게 말했다. "그리스도인의 소명은 성령 안에서 기도하되 고통이 있는 곳에서 기도하는 것이다."¹⁵ 고통에 가까이 다가갈 때 우리의 기도는 신뢰성과 힘을 얻는다.

그러나 풍성한 결실을 목표로 정하고 친밀함을 건너뛰는 것은 그 의도가 아무리 좋아도 비극적인 실수임을 명심해야 한다. 모든 행위의 근거를 예수님과의 친밀함에 두지 않아도 그분의 사명을 수행하는 일을 힘차게 시작할 수 있다. 진지한 활동가들의 이를 악문 각오와 배려하는 마음을 통해서 이 세상에 많은 사회적 선이 이루어졌다. 하지만 그런 동기에서 벌인 일들은 하나님 나라의 열매로 끝맺지 못하는 경우가 많다. 힘차게 시작했어도 많은 경우 결과적으로 녹초가 되고 분노에 사로잡히게 된다.

내가 교회에서 목격한 큰 비극 중 하나는 예수님의 이름으로 사회 운동에 크게 헌신하는 사람들이 처음에는 종종 순수한 마음으로 시작하지만, 어느 순간 교회에 대해 냉정하고 비판적인 태도를 갖게 되는 것이다. 자비 사역을 하는 사람들이 믿음의 형제자매에게 가장 자비롭지 못한 경우가 많다. 긍휼과 자비, 정의 사역에 문제가 있는 것이 아니라, 주님과의 친밀함은 추구하지 않고 풍부한 열매만 거두려 하는 태도가 문제인 것이다. 기도는 우리의 사명에 연료를 공급하는 용광로다.

예수님과 함께 기도할 때 우리는 뜻하지 않게 예수님이 하신 일을 하게 된다. 그럴 수밖에 없는 것 같다. 친밀한 기도는 지속적으로 풍성한 열매를 맺는 길이다.

우리의 삶에서 중요한 것은 친밀함이다. 풍부한 결실은 그 친밀함에 따르는 부수적인 이득이다.

실천.

마리아와 함께 기도하기

"주의 여종이오니 말씀대로 내게 이루어지이다."[16]
이것은 중간태의 기도다. 마리아의 기도를 기도의 본으로 삼으라. 마리아의 기도가 열어 주는 생각의 흐름을 따라가면서 주제별로 기도하고 기도할 내용을 자연스럽게 추가해 나가자.

마리아의 말로 기도하는 것은 보조 바퀴가 달린 자전거를 타는 것과 같다. 두 바퀴로 균형을 잡는 느낌에 익숙해질 때까지 한동안 이 문구를 보조 바퀴로 삼자. 처음에는 두 바퀴로 균형을 잡는 일이 외줄타기처럼 느껴지니 말이다. 하지만 보조 바퀴는 빠지도록 설계되어 있다. 마리아의 기도로 계속 기도하다 보면, 그 기도의 움직임은 우리 자신의 움직임이 된다. 기도할수록 우리의 기도는 예수님이 가르쳐 주신 참여적 형태를 띠게 된다. 그러나 천천히, 그리고 신중하게 시작하자.

"나는 주의 종입니다"

이 첫 번째 진술은 정체성을 밝힌다. 하나님의 창조 질서에서 자신의 위치를 떠올리는 것이다. "당신은 스스로 생각했던 것보다 더 중요한 존재입니다. 하나님은 당신에게 딱 맞는 운명을 준비해 놓으셨고 당신의 삶을 위대한 일에 사용하기 원하십니다!" 서구 사회에서, 심지어 교회 안에서도 끊임없이 주문처럼 쏟아지는 이 말은 자아의 팽창을 부추긴다. 물론 여기에는 많은 진실이 담겨 있다. 하지만 끊임없이 쏟아지는 이런 주문들 앞에서 나는 내가 주연이 아닌 이야기에 속했다는 사실을 떠올리며 깊은 위로를 받는다. 나는 헤아릴 수 없을 만큼 웅장하고 복잡한 구원의 이야기 속 한 장면의 배경에 있는 엑스트라다. 이것은 하나님에 대한 이야기다. 그분이 모든 장면의 중심에 있는 주연이시다. 나는 주님의 종이다. 그리고 알고 보면, 나는 그 사실 하나로 충분하고도 남는다.

하지만 나는 주님의 종이다. 만왕의 왕께 속해 있으며 다른 모든 나라가 사라진 후에도 건재할 나라에서 섬긴다. 어떤 목소리, 어떤 세력, 어떤 정죄도 나를 그분의 종보다 못한 존재로 만들 수 없다.

겸손하면서도 지극히 존엄한 이 정체성을 떠올리는 것으로 기도를 시작하라. 모든 자아의 팽창과 자기미화를 내려놓으라. 모든 낙담, 자기의심, 불안도 똑같이 버리라. 당신은 종이며 당신의 주인은 하나님이시다.

"말씀대로 내게 이루어지이다"

두 번째 진술은 소명과 참여의 기도다. 내 안에서, 나를 통해 일하시는 성령의 역사에 동의하는 기도다. 이 기도를 드린다는 것은 오늘 내가 처한 상황(일반적으로 다소 바꾸고 싶은 상황)에서 하나님이 어떤 부분으로 나를 초대하시는지 찾는다는 의미다. 하나님이 내 안에서 나를 빚으셔서 나를 세상에 주는 사랑의 선물로, 내가 드린 가장 대담한 기도의 응답으로 만드시는 일에 긍정적으로 반응한다는 의미다. 또 이 기도는 하나님이 나를 통해 일하시는 것, 오늘, 지금, 이 순간에도 진행 중인 하나님의 구속 역사에서 특정한 역할로 나를 부르시는 것에 긍정적으로 응답하는 일이다. 하나님의 일하심에 대한 동의는 수용과 참여로 나타난다. 수용은 하나님이 바로 이 순간, 이 상황, 이 관계 속에 계심을 받아들이는 일이고, 하나님의 초대에 참여함은 이 혼란스러운 곳에서 내가 그분을 인식할 때 이루어진다.

이제 동의의 기도를 시작하자. 내면의 삶에서 일하시는 하나님을 인식할 때마다 하나님께 감사하고, 그분이 시작하신 일을 완성하셔서 당신을 그분의 형상으로 다시 빚어 주시도록 간구하라. 하나님의 영이 당신을 행동으로 초대하시는 것을 인식할 때마다 "예"로 응답하라. 가고, 베풀고, 용서하고, 포용하고, 속도를 늦추고, 안식하고, 보고, 소망하고, 믿고, 섬기고, 말하고, 듣고, 기다리고, 사랑하기로 결심하라.

8. 기도의 산고
─ 잃어버린 이들을 위한 기도

엘리야가 아합에게 이르되 올라가서 먹고 마시소서.

큰비 소리가 있나이다.

아합이 먹고 마시러 올라가니라.

엘리야가 갈멜산 꼭대기로 올라가서 땅에 꿇어 엎드려

그의 얼굴을 무릎 사이에 넣고(왕상 18:41 - 42).

19세기 후반의 순회 설교자 D. L. 무디는 현대 교회사에서 손에 꼽을 만큼 영향력 있는 복음전도자였다. 그는 자식들을 먹여 살리느라 고군분투하던 홀어머니 슬하의 아홉 자녀 중 한 명이었다. 초등학교 5학년의 학력으로 보스턴에서 신발 판매원으로 일하던 무디는 열일곱 살에 신앙을 갖게 되었고, 그로부터 얼마 후, 외면받고 소외당하는 청소년들을 대상으로 설교를 시작했다. 이후 전 세계를 순회하며 복음을 전했는데, 많게는 3만 명의 군중이 모여 그의 설교를 들었다. 이로써 그를 19세기 최고의 복음전도자라고 여기는 이들이 많다. 무디의 사역이 맺은 결실은 다른 설명이 필요 없을 정도로 풍성하지만, 그의 방법은 혁신적이지도 인상적이지도 않았다. 오늘날의 우리는 혁신과 새로운 전략 또는 기법을 통한 구원의 확장, 즉 잃어버린 이들을 찾고 외부인이 들어오고 예수님의 가족에 새로운 자녀가 태어나는 현상을 목격하는 데 익숙해져 있다. 영화 「예수」, 알파 코스*, 주말 부흥회, 교회가 후원하는 단기 선교여행과 같은 새로운 도구가 등장하고, 그것들이 복음전도의 급증을 주도한다. 전도가 '효과를 발

---

* 영국에서 시작된 전도 프로그램. 불신자들을 초대하여 10주간 편안한 분위기에서 식사하고 신앙의 주요 주제를 듣고 대화하는 방식으로 이루어진다. 국내에서는 신비주의적 요소가 결합되어 비판받기도 했다.

휘하는'(더 나은 표현이 없어 이렇게 말하는 점 양해 바란다) 이유를 설명할 때 그 중심에는 대개 새로운 방법이 자리 잡고 있다.

무디의 생애와 사역은 이 규칙에 속하지 않는 강력한 예외다. 그의 전도 전략은 통째로 기도였다. 그게 전부였다. 많은 이들이 들려주어 자주 접한 전설 같은 유명한 이야기에 따르면, 성인이 된 후 무디는 예수님과 관계없는 친구 백 명의 이름이 적힌 명단을 매일 호주머니에 넣고 다녔다고 한다. 무디는 아무도 모르게 사랑의 산고를 치렀다. 그는 하나님께 그들이 영원한 사랑으로 인식하고 받아들일 수 있는 방식으로 자신을 그들 각 사람에게 드러내 주시도록 간구했다. 그들의 구원을 위해 이름을 부르며 기도했다.

그가 세상을 떠난 시점을 기준으로, 그 목록에 적힌 이름 중 96명에 대한 기도가 응답되었다. 96퍼센트의 기도 성공률은 낮은 수치가 아니다. 그 정도라면 나는 언제든지 받아들일 수 있다. 그런데 성공률은 더 높아진다. 무디의 장례식에 나머지 네 명도 각각 참석했다. 그 친구들은 추모예배에 각자의 방식으로 깊이 감동했고 모두 신앙을 갖게 되었다. 무디의 장례식에서 말이다![1]

그러니까 분명히 밝혀 두자. 초등학교 5학년의 학력을 가진 신발 판매원이 역사상 가장 영향력 있는 복음전도자 중 한 명이 된 비결이 무엇이었나? 기도였다.

이 이야기를 처음 들었을 때 나는 깊은 감동을 받고 굳게 결심했다. 친구들의 목록을 작성하기 시작했고, 그들을 위해 잊지 않고 기도할 수 있도록 휴대전화 알람을 설정했고, 무디의 삶에서 목격한 사랑의 기도라는 은밀한 산고에 헌신하기로 마음먹었다. 몇 주 후, 나는 당시 담임하던 교회에서 설교를 하면서 이 이야기를 들려주었다. 그리고 교인들을 독려했다. 우리는 함께 기도하기로 했다. "우리도 그렇게 해봅시다. 기도합시다. 사람들이나 사람들의 집단이라는 관념을 위해서가 아니라 우리가 개인적으로 알고 정기적으로 교류하는 사람, 이름, 얼굴들을 위해 기도합시다. D. L. 무디처럼 살면서 하나님이 무슨 일을 하시는지 지켜봅시다!"

그렇게 기도하자고 교인들을 독려하고 나서 9개월이 지났을 즈음, 나는 같은 교회에서 같은 방식으로 무디의 이야기를 다시 꺼냈다. 그러고 나서 간단한 질문을 했다. "여러분 중 매일 적어도 한 명의 이름을 놓고 기도하면서 여전히 D. L. 무디처럼 살고 있는 분이 계십니까?" 한 명이 손을 들었다. 예수님을 따르는 헌신적이고 사랑스럽고 선량하고 진실한 사람들이 가득한 그곳에서 단 한 명이 손을 들었다. 그리고 그것은 내 손이 아니었다. 나는 한두 달 정도 그렇게 기도했는데, 시간이 지나자 매일 하던 실천이 어쩌다 하는 일이 되었고, 더 나아가 휴대전화 화면의 기도 알람을 습관적으로 무시하거나 삭제하게 되었다.

그렇다고 해서 나나 내가 목회한 교회가 실패했다는 말은 아니다. 그런 결과는 우리가 평범한 사람이고 교회임을 알려 줄 뿐이다. 내가 아는 사람 중에 잃어버린 이들(예수님의 새 가족 가운데 자기 자리를 찾지 못한 사람들)을 위한 기도가 잘 이루어지는 경우는 별로 없다. 잃어버린 이들을 위해 충분한 지구력을 갖고 기도하는 경우도 거의 없다. 어쩌다 가끔 30년 동안 같은 사람을 위해 기도하고 기도하다가 마침내 돌파구를 찾은 할머니(왜 이런 사연의 주인공은 늘 할머니일까?)에 대한 감동적인 설교를 들을 때가 있다. 우리는 이런 이야기에 감동을 받지만, 평범한 삶이 이어지다 보면 감동은 희미해지고 제아무리 결연한 의지력이라도 고갈되기 마련이다.

하지만 기도가 새 생명을 낳는다는 것은 부인할 수 없는 성경의 주제다. 예수님을 따르는 일을 '거듭남'이라고 말하는 것이 얼마나 유행에 뒤떨어지는 일인지 나도 안다. 타임스퀘어에서 격렬한 내용을 팻말에 적어 놓고 메가폰으로 전하는 어떤 사람 때문에 그 용어에 대해 다들 안 좋은 인상을 갖게 되었다. 하지만 성경적으로 볼 때, 그것은 구원에 대한 가장 풍부하고 일관성 있는 은유다.

기도는 새 생명을 낳는다

영적 출생이라는 신비롭고도 길고 느린 일련의 과정은 기도로 뿌려진 씨앗이 발아하는 일이다. 이 주제는 성경 곳곳에서 볼 수 있지만 선지자 엘리야의 생애에 특히나 생생하게 그려져 있다. 그의 이야기를 세 장면으로 나누어 짚어 보자.

장면 1: 불붙은 교회

이에 여호와의 불이 내려서 번제물과 나무와 돌과 흙을 태우고 또 도랑의 물을 핥은지라. 모든 백성이 보고 엎드려 말하되 여호와 그는 하나님이시로다, 여호와 그는 하나님이시로다 하니(왕상 18:38-39).

이스라엘은 하나님을 잊어버렸다(그들은 걸핏하면 그렇게 한다). 구약의 패턴은 대개 이런 식이다. 이스라엘이 절박한 상황에서 야훼를 바라보고 도움을 구하면 야훼께서 응답하신다. 하지만 절박한 상황이 끝나 안전하고 안락해지면, 그들은 보다 더 구체적이고 예측 가능한 대상, 즉 믿음이 덜 필요한 대상을 신뢰하는 쪽으로 돌아서곤 했다. 엘리야 시대에 이스라엘이 신뢰한 대상은 아합 왕과 그의 아내 이세벨이었다. 이들은 이스라엘이 야훼에게서 멀어지게 만들었고 바알이라는 거짓 신을 섬기도록 이끌었다.

엘리야는 비범한 용기를 내어 "절대로 안 된다!"는 취지로 말한다. 왕에게 나아가 도전장을 내민다. "야훼의 선지자인 나는 혼자입니다. 바알의 선지자는 사백오십 명입니다. 제단을 두 개로 만들어 하나는 야훼께, 다른 하나는 바알에게 제물을 바치게 합시다. 제단 위에 황소를 올려놓으십시오(동물을 제물로 바치는 이런 식의 제사는 고대 근동 세계에서 온갖 종류의 신에게 드리는 여러 예배의 표준적인 형식이었다). 하지만 희생 제물에 불을 붙이지는 마십시오. 대신에 기도해 봅시다. 그러면 누구의 신이 하늘에서 불을 내려 희생 제물에 불을 붙이는지 알게 될 것입니다. 불을 내리는 신이 유일하고 참된 신입니다."[2]

엘리야가 제안한 흥미로운 조건은 아합의 관심을 사로잡았다. 어느 편에 있는 사람이든, 이렇게 자신을 선명하게 드러내는 경우는 잘 없다. 왕은 거부할 수 없었다.

제물을 바칠 준비를 갖추고 바알의 선지자 사백오십 명이 먼저 나선다. 그들이 기도하지만 아무 일도 일어나지 않는다. 그들은 더 열렬하게 소리를 지르며 외친다. 아무 일도 일어나지 않는다. 결국 신의 관심을 끌기 위해 스스로 몸을 훼손하기 시작한다. 아무 일도 일어나지 않는다. 이 사백오십 명의 선지자는 온종일 바알에게 기도하느라 녹초가 된다. 아무 일도 일어나지 않는다.

이제 엘리야 차례다. 기도하기 전에 "그는 무너진 주님의 제단을 고쳐 쌓았다."[3] 엘리야는 사람들이 바알의 이름으로 허물어뜨린 옛 야훼의 제단으로 걸어가 한때 이스라엘이 하나님을 예배하던 그 기초 위에 제단을 고쳐 쌓는다. 이것이 상징하는 바는 매우 중요하다.

엘리야는 모인 백성에게 말한다. "통 넷에 물을 채워다가 번제물과 나무 위에 부으라."[4] 젖은 나무는 불에 잘 타지 않기 때문에 이것이 인상적인 장면을 연출하기 위한 작업이라고 생각할 수 있지만, 엘리야는 기도할 준비를 하는 예배자로, 마술 묘기를 준비하는 후디니가 아니다.

이스라엘은 3년째 가뭄에 시달리고 있었다. 천 일 넘게 단 한 방울의 비도 내리지 않았다. 그런 가뭄은 오늘날에도 문제다. 농사에 어려움이 생기고 산불이 나기 쉬워지며 생태계에 변화를 초래할 테니까. 그런데 국가 간의 정교한 무역제도가 없던 농업 사회에서 이런 가뭄이 일어난다? 그야말로 참담한 일이다. 권력이 아무리 많이 바뀌고 어떤 정책을 내세운다고 해도 나라 전체가 굶어 죽어가는 것을 지켜볼 수밖에 없다. 그들에게는 물이 필요하다. 이런 와중이라면 가능한 물을 아껴 쓰는 것이 상식일 터이다. 목욕을 제한하라. 꼭 필요한 만큼만 물을 마시라. 농작물에 줄 물을 아껴 두라. 가뭄 시에 물은 가장 한정적인 소중한 자산이기 때문이다.

이 말은 엘리야가 바칠 수 있는 가장 값비싼 제물이 물이라는 뜻이다. 그는 하나님과 군중 앞에서 자신의 평판뿐만 아니라 생계와 안전, 미래의 생존까지 모두 걸었다. 기도를 올리기도 전에 선지자가 가장 귀중한 국가적 물품 몇 통을 나무 위에 쏟아부으면서 가장 심오한 예배와 믿음의 행위가 이루어진다. 이 장면 전반에 걸쳐 다윗의 말이 울려 퍼지는 듯하다. "내가 거저 얻은 것으로 주 나의 하나님께 번제를 드리지는 않겠소."⁵ 그러고 나서 엘리야가 말한다. "이제 또 한 번 그렇게 하시오. 그리고 한 번 더 푹 잠기게 하시오." 그는 자신이 바칠 수 있는 가장 호화로운 제물을 하나님께 드리고 있다. 이것은 매우 의미심장한 일이다.

마지막으로 엘리야는 기도한다.

"여호와여, 내게 응답하옵소서. 내게 응답하옵소서. 이 백성에게 주 여호와는 하나님이신 것과 주는 그들의 마음을 되돌이키심을 알게 하옵소서 하매 이에 여호와의 불이 내려서 번제물과 나무와 돌과 흙을 태우고 또 도랑의 물을 핥은지라. 모든 백성이 보고 엎드려 말하되 여호와 그는 하나님이시로다. 여호와 그는 하나님이시로다 하니."⁶

방금 일어난 모든 일을 잘 생각해 보라. 엘리야는 제단을 고쳐 쌓아 예배 장소를 복원했다. 그리고 제단에 물을 붓게 했다. 물은 엘리야 자신에게만 소중한 것이 아니었기에 본의 아니게 그곳에 모인 모든 사람을 위한 희생 제물이 되어 그 자리에 구경꾼으로 온 사람들까지 예배의 참여자로 만들었다. 그다음, 하나님의 임재가 분명하게 나타났다. 조금 전까지만 해도 젖은 나무와 붉은 고기만 있던 곳에 불이 떨어졌다. 사람들은 그 광경을 보고 하나님께로 돌아간다. 야훼의 제단을 허무는 일을 도왔던 사람들이 이제 야훼의 이름을 부르며 엎드려 경배한다.

하나님과 가장 먼 것 같은 가족, 친구, 직장 동료를 떠올려 보라. 당신이 굳이 그 사람을 위해 기도한다거나 주님과의 관계로 초대할 생각조차 하지 않는 사람, 그 앞에서는 신앙의 주제를 적극적으로 피하게 되는 사람을 떠올려 보라. 다른 때 같으면 졸음이 쏟아질 일요일 아침, 익숙한 예배당에 그 사람이 당신 옆에 앉아 있다고 상상해 보라. 그런데 당신이 찬송을 부를 때 그 사람이 바닥에 엎드려 이렇게 외치기 시작한다. "여호와 그는 하나님이시로다! 여호와 그는 하나님이시로다!" 그런 광경이 상상이 되는가? 하나님의 임재가 가시적으로 나타난 후, 그분께 적대적이었던 사람들이 예배 중에 엎드리는 장면이 상상이 되는가? 당신이 다니는 교회에서 그런 일이 일어난다면, 당신은 그런 예배의 경험에 깜짝 놀라고 즐거워할 것이다. 교회에 불이 났다고 말해도 무방한 상황일 것이다.

그러나 그것은 끝이 아니라 시작일 뿐이다. 하나님은 교회에 불이 나는 것을 꿈꾸지 않으시고, 이 대목은 엘리야 이야기의 절정에 해당하는 순간이 아니기 때문이다.

결말을 알게 되면 이해가 될 것이다. 그러니 다음으로 넘어가자.

장면 2: 다시 태어난 도시

엘리야가 아합에게 이르되 올라가서 먹고 마시소서. 큰비 소리가 있나이다(왕상 18:41).

엘리야 선지자는 지금 절박한 처지의 정치 지도자, 굶주린 백성의 국가 지도자와 이야기하고 있다는 것을 명심할 필요가 있다. 그 왕의 지도력 아래 경제는 무너졌고 백성은 고통을 겪었다. 그러니 틀림없이 비난과 비판이 왕궁의 문을 두드리고 있었을 것이다.

하지만 아합의 절박함은 백성의 대다수를 차지하는 농민층의 절박함에 비할 바가 아니었으리라. 아합은 여전히 왕실 창고에서 꺼낸 재료로 만든 스튜와 갓 구운 빵을 먹고 있었을 테니 말이다. 그러나 도시의 평민들에게 식량은 이미 동이 난 지 오래였다. 나치 독일에 의해 황폐해진 마을의 끔찍한 이야기처럼, 살아남은 사람들은 누구를 먹일지 결정해야 한다. 산모냐 아기냐, 할아버지냐 아이들이냐?

바로 그런 상황에서 엘리야는 왕의 눈을 똑바로 쳐다보며 자신 있게 말한다. "가서 잔치를 벌이십시오. 살진 송아지를 잡아 석쇠에 불을 붙이고 아껴둔 술병의 마개를 따십시오. 하나님이 축하할 이유를 주실 테니 말입니다. 폐하께서 방금 보신 대로 물에 흠뻑 젖은 제단을 거룩한 불로 태우신 하나님이 이제 온 도시에 물을 공급하실 것입니다."

아합이 먹고 마시러 올라가니라. 엘리야가 갈멜산 꼭대기로 올라가서 땅에 꿇어 엎드려 그의 얼굴을 무릎 사이에 넣고 그의 사환에게 이르되 올라가 바다 쪽을 바라보라. 그가 올라가 바라보고 말하되 아무것도 없나이다. 이르되 일곱 번까지 다시 가라. 일곱 번째 이르러서는 그가 말하되 바다에서 사람의 손만 한 작은 구름이 일어나나이다. 이르되 올라가 아합에게 말하기를 비에 막히지 아니하도록 마차를 갖추고 내려가소서 하라 하니라. 조금 후에 구름과 바람이 일어나서 하늘이 캄캄해지며 큰비가 내리는지라. 아합이 마차를 타고 이스르엘로 가니(왕상 18:42-45).

가뭄이 시작되고 3년 후, 엄청난 폭우가 도시에 쏟아지고 거리에는 축제가 벌어지며 침체된 곳에서는 새로운 생명이 솟아나며 엘리야 이야기는 절정에 다다른다.

하나님이 꿈꾸시는 것은 불붙은 교회가 아니라 다시 태어난 도시다. 하나님의 꿈은 교회가 프로그램을 개선하고 교인 수를 늘리고 예배를 추가하고 영향력 있는 콘퍼런스를 개최하는 것이 아니다. 다 좋은 일들이지만, 하나님이 꿈꾸시는 바는 아니다. 하나님의 꿈은 온 도시에 성령을 부어 주시는 일이다.

하나님은 질투하신다.[7]

질투라는 표현을 사용할 만큼 그토록 관계를 바라신다. 하나님은 질투하신다고 말씀하실 만큼 모든 영혼을 갈망하신다. 각각의 영혼을 모두 개별적이고 독특하게 창조하셨기 때문에 그분은 모든 피조물을 질투하듯 갈망하신다. 아브라함 카이퍼는 이 사실을 다음과 같이 놀라울 정도로 잘 표현했다. "만물의 주권자이신 그리스도께서 인간 존재의 전 영역에서 '내 것'이라고 외치지 않으시는 곳은 단 한 뼘 만큼도 없다."[8]

하나님은 다시 태어난 도시를 꿈꾸신다.

엘리야의 이야기는 그 꿈이 교회에서 불이 붙는 것으로 시작되지만, 그것은 그야말로 전체 여정의 시작일 뿐 목적지가 아님을 분명히 명시한다. 다시 태어난 도시, 그것이 목적지다. 가치 있는 모든 여정에는 반드시 출발지와 도착지가 있어야 하고, 우리는 이 둘을 혼동해선 안 된다. 목적지를 알지 못하면 성공적인 모험을 할 수 없다. 불붙은 교회는 하나님이 진정으로 갈망하시는 다시 태어난 도시를 향해 나아가게 해줄 수단이다.

출발지와 목적지 사이의 여정에는 길고 구불구불하며 커다란 우회로도 있기 마련이다. 그렇기에 시작과 끝을 아는 것만으론 충분하지 않다. 우리는 여정의 한가운데를 구성하는 두 번째 장면을 진지하고 실제적으로 받아들여야 한다.

장면 3: 기도의 산

아합이 먹고 마시러 올라가니라. 엘리야가 갈멜산 꼭대기로 올라가서 땅에 꿇어 엎드려 그의 얼굴을 무릎 사이에 넣고(왕상 18:42).

비를 맞이할 준비를 하라고 왕을 보낸 다음 엘리야는 무엇을 하는 가? 그는 산에 올라 기도하기 시작한다. 정상에 올라 하나님이 사랑 하시는 절박한 도시를 내려다보며 이렇게 기도한다. "엘리야가……땅에 꿇어 엎드려 그의 얼굴을 무릎 사이에 넣고."

특이한 기도 자세다. 엎드려 기도하거나 겸손하게 무릎을 꿇고 기도하는 사람들은 성경에 자주 나온다. 예수님은 종종 산꼭대기에 서 이리저리 다니거나 도시 위 떠오르는 해를 바라보며 눈을 뜨고 기도하셨다. 그러나 엘리야는 "땅에 꿇어 엎드려 그의 얼굴을 무릎 사이에 넣고" 기도했다.

성경에 이상하고 불필요해 보이는 세부 사항이 구체적으로 나올 때는 몸을 앞으로 구푸려 자세히 살펴보라. 성경에 중요하지 않은 세부 사항은 없다. 하나의 문학 작품으로 바라볼 때, 성경은 대체로 세부 사항을 간과하는 경향을 보인다. 이야기를 구상하고 몇 번이고 편집하는 소설가의 방식보다는 눈앞에서 펼쳐지는 상황을 맹렬히 따라 잡으려는 방식으로 기록되어 있다. 열왕기상에는 "그러자 주님의 불이 떨어져서, 제물……을 태웠"[9]다는 대목이 나온다. 이 정도면 상황을 파악하는 데 충분하다. 하지만 소설가라면 이 대목을 어떻게 썼을까? 다음과 같은 내용에 더 가까웠을 것 같다. "그러자 불꽃이 마치 앵글로·색슨족 결혼식 피로연에서 '차차 슬라이드'를 추는 것처럼 쪼개진 참나무를 가로지르며 몸을 흔들었다."

그렇다면 성경은 왜 이 대목에서 엘리야의 이상한 기도 자세를 자세히 묘사했을까? 그 자세가 우리에게 중요한 내용을 알려 주기 때문이다. 엘리야는 도시를 위해 기도하고자 비유하자면 진통 중인 여인의 자세를 취하고 힘을 주기 시작한다.

나도 안다. 이것은 그야말로 생생한 그림이다. 신약성서의 저자인 야고보조차도 이 사건을 언급하면서 엘리야의 이 기도를 "간절히 비는" 또는 "큰 효력을 내는" 기도라고 불렀다.[10] 최근에는 이 수고로운 기도 방법을 흔히 "해산의" 기도나 "다투는" 기도라고 부른다.

뭐라고 부르든 간에, 한마디로 새 생명을 낳는 기도가 있다는 것이다.

새 생명을 낳는 기도가 따로 있다

성경 이야기의 첫 페이지로 돌아가 보면 이런 구절이 있다. "땅이 (형체가 없고) 공허하며 흑암이 깊음 위에 있고 하나님의 영은 수면 위에 운행하시니라."[11] 여기서 "형체가 없다"로 번역된 히브리어는 '토후'인데, 이는 "불임의"로도 번역할 수 있는 단어다.[12] 창조는 성령께서 불임의 땅에 생명을 주실 때 일어나므로 성경은 하나님의 첫 창조를 출산의 이미지를 사용하여 설명한다.

인간의 타락 이후, 세상을 구속하기 원하셨던 하나님은 그분의 사역을 다시 시작하기 위해 불임의 상태인 사라의 태와 그의 남편 아브라함을 사용하셨다. 태초에 성령께서는 불임의 혼돈 위를 운행하여 창조 세계를 낳으셨고, 구속 사역에서도 그 성령이 사라의 불임의 태 위에 운행하여 재창조의 역사를 시작하셨다.

하나님이 마침내 그분의 이야기 속으로 직접 들어오실 때도 출산의 과정을 이용하셨다. 천사는 "성령이 네게 임하시고 지극히 높으신 이의 능력이 너를 덮으시리니"라고 동정녀 마리아에게 전했으며,[13] 동일한 성령이 다른 태 위에서도 운행하셨다. 성령께서는 노년의 사라에게도, 청춘의 마리아에게도 기적을 일으키셨다. 그 결과로 타락한 세상이 새 생명을 얻었고, 부서지고 기능 장애가 있는 창조 세계 한가운데서 재창조가 일어났다. 이삭이 사라에게서 태어난 일은 의학적 기적이었다. 성령께서 불임의 태를 여셨다. 예수님이 마리아에게서 탄생한 일은 생물학적 기적이었다. 처녀의 태에 성령으로 말미암아 수정이 이루어졌다. 그리고 마리아가 그의 몸속에서 벌어지는 일을 이해할 수 있도록 약간의 정보를 제공한 천사의 메시지는 창세기 1장의 말씀과 하나님이 아브라함과 사라에게 약속하셨던 창세기 17장과 거의 동일한 내용으로 들린다.

예수님은 인생의 마지막 밤, 다가오는 죽음과 무덤에서의 3일, 그리고 부활을 출산의 이미지로 묘사하신다. "여자가 해산하게 되면 그때가 이르렀으므로 근심하나 아기를 낳으면 세상에 사람 난 기쁨으로 말미암아 그 고통을 다시 기억하지 아니하느니라."[14]

예수님은 자신을 영접하는 모든 사람을 그분의 성령으로 채우겠다고 약속하신다. 창조 당시에 새 생명을 낳으셨고, 사라를 통해 구속의 새 생명을 낳으셨으며, 마리아를 통해 성육신의 새 생명을 낳으셨고, 예수님을 통해 부활의 새 생명을 낳으신 바로 그 성령으로 말이다. 예수님은 그분의 창조의 영을 모든 사람에게 약속하신다. "나를 믿는 자는 성경에 이름과 같이 그 배에서 생수의 강이 흘러나오리라 하시니 이는 그를 믿는 자들이 받을 성령을 가리켜 말씀하신 것이라."[15] "그 배에서"라는 구절은 그리스어의 '코일리아'라는 단어에서 유래한 것으로, 이 단어의 다른 의미 중에는 '자궁'이라는 의미가 있다.[16] 예수님은 당신과 나를 하나님의 영이 거하셔서 새 생명을 창조하시는 '자궁'이라고 부르신다.

부인할 수 없는 성경의 주제는 바로 새 생명을 낳는 기도가 따로 있다는 것이다. 하나님이 응답하기를 좋아하시는 기도가 바로 이런 기도, 새 생명을 위한 기도, 구원을 위한 기도다. 하나님이 꿈꾸시는 것은 불붙은 교회만이 아니라 다시 태어난 도시다. 기도의 산은 불붙은 교회에서 다시 태어난 도시로 가는 유일한 길이다. 하지만 기도의 산을 오를 때는 조심해서 가야 한다. 이미 경험으로 알고 있겠지만, 잃어버린 자를 위한 기도는 더디 이루어지고 매력적이지 않기 때문이다.

잃어버린 자를 위한 기도는 더디 이루어진다

그리고는 그의 시종에게, 올라가서 바다 쪽을 살펴보라고 하였다. 시종은 올라가서 보고 와서, 아무것도 보이지 않는다고 말하였다. 엘리야가 다시 그의 시종에게, 일곱 번을 그렇게 더 다녀오라고 하였다. 일곱 번째가 되었을 때에, 그 시종은 마침내, 사람의 손바닥만 한 작은 구름이 바다에서부터 떠올라 오고 있다고 말하였다(왕상 18:43-44, 새번역).

엘리야는 불을 내려 달라고 한 번 기도했고, 비를 내려 달라고 일곱 번 기도했다. 새 생명을 낳는 기도는 더디 이루어진다. 어쩌면 당신은 하나님이 어떤 친구를 찾으신다고 느낀 적이 있는지 모르겠다. 당신은 그 친구와 기억에 남을 만한 대화를 나누었고 그의 마음이 믿음에 열려 있다는 느낌을 받았을 것이다. 흥분한 당신은 더 기도하기 시작했다. 그러나 아무 일도 일어나지 않는다.

그렇게 7주, 7개월, 어쩌면 7년, 심지어 수십 년 동안 그 한 사람을 위해 열렬히 기도한 끝에 마침내 뭔가 일이 일어났다! 당신이 친구를 위해 기도하고 또 기도하고 계속 기도하는 동안, 하나님이 신비롭게도 그의 마음을 그분께 이끄시고, 그의 삶의 상황을 이리저리 엮어 그를 향한 꺼지지 않는 사랑을 드러내고 계실지 모른다는 희미한 희망을 갖게 된 것이다.

나의 큰아들 행크는 맨해튼 남부지역에 있는 병원의 분만센터에

서 태어났다. 용어가 익숙하지 않은 분을 위해 설명하자면, 분만센터
는 바쁜 병원 안에 있는 작은 호텔방과 비슷하다. 병원 출산 하면 흔
히 떠오르는 의학 전문용어, 정신없는 간호사, 바쁜 분만 의사 대신
에 조산사가 운영하는 곳이다. 조산사들은 대부분 헐렁한 삼베옷 차
림에 카모마일 차를 홀짝이며 부드럽게 속삭이는 모습을 보여준다
(그들의 모습을 살짝 그려 보았다).

　진통이 시작되고 여덟 시간이 지나자 약간 불편해졌다. 커스틴은
진통으로 정말 고통스러워했지만 나는 배가 고파지기 시작했다. 약
간의 불편함이었다.

　나는 그 시점에서 여덟 시간 전에 전략적으로 미니 냉장고에 넣
어둔 30센티미터 길이의 이탈리안 샌드위치를 꺼내기로 했다. 한 입
베어 물었을 때 방 반대편에서 픽사 애니메이션에 나오는 용이 내지
를 법한 목소리가 우렁차게 들렸다. "무슨 냄새야?" 그때 나는 배고
픔으로 인한 '약간의 불편함'은 그대로 남아 있어야 한다는 것을 깨
달았다.

　진통이 열 시간째에 접어들자 조산사가 마침내 물었다. "커스틴,
아기 낳을 준비가 되었나요?" 그는 용기를 얻었고 나는 정말 기뻤다!
지금쯤 빵은 축축해졌겠지만 아직은 샌드위치를 살릴 수 있었다.

　커스틴은 힘을 주기 시작했다. 계속 힘을 줬다. 계속 밀어냈다.
행크를 만나기까지는 그로부터 여덟 시간이 더 걸릴 터였다. 그 긴
시간 동안, 그는 이전에 겪어본 적이 없는 큰 고통을 경험했다. 진통
을 치르는 산모의 용기에 비할 수 있는 인간의 위업은 없다. 커스틴
이 때가 되었다고 생각한 순간들도 있었지만, 아직 갈 길이 먼 상태
였다. 포기하고 싶은 지점들도 있었지만, 그는 용감하게 계속 나아갔
다. 커스틴은 누가 옆에 가까이 오면 몇 번씩 이렇게 말했다. "다시는
이거 안 할 거예요."

　그러다 우리는 행크를 만났다. 열여덟 시간에 걸친 출산이 끝나
고 일주일쯤 지났을 때(이건 전혀 과장이 아니다) 그가 말했다. "타일
러, 나 아기 또 갖고 싶어." 분만 과정에서 겪었던 최악의 순간들이

새 생명이 주는 기쁨에 씻겨 내려간 것 같았다. 아이는 그에게 극심한 고통을 안겨 주었고 수면 패턴에도 큰 불편을 초래했으며 앞으로 여러 해 동안 우리 둘에게 전적으로 의존하게 되겠지만, 그 작은 아이는 그 모든 일을 감수할 만한 가치가 있는 존재였기 때문이다.

예수님은 이렇게 말씀하셨다. "아기를 낳으면 세상에 사람 난 기쁨으로 말미암아 그 고통을 다시 기억하지 아니하느니라." 새 생명을 얻으려면 산고가 있어야 한다. 기도의 산고가 필요하다. 그러나 구원의 기쁨은 언제나 그 이전의 고통, 싸움, 인내보다 훨씬 크다. 많은 사람들이 D. L. 무디의 100인 명단에 감동을 얻었다. 하지만 감동이 사라진 후에도 계속 기도한 사람은 아주 적었다. 무디와 같은 유산을 남기고 싶다면 그와 같은 삶을 살아야 한다. 출산의 기도는 응답이 느리다.

잃어버린 자를 위한 기도는 매력적이지 않다

엘리야는 하늘에서 불을 내려 대중의 찬사를 받았다. 군중은 열광하며 그의 이름을 불렀을 것이다. 그러나 도시에 폭우를 내려 달라고 기도하는 일은 은밀한 산고였다. 눈에 보이지 않았고 화려하지도 않았다. 우리가 본받아야 할 것은 다들 보는 데서 불을 내리는 장관이 아니라 은밀한 산고의 기도다.

예수님의 제자들이 엘리야의 불의 광경을 재현하는 데 관심을 보이는 순간이 있다. "제자 야고보와 요한이 이를 보고 이르되 주여, 우리가 불을 명하여 하늘로부터 내려 저들을 멸하라 하기를 원하시나이까. 예수께서 돌아보시며 꾸짖으시고 함께 다른 마을로 가시니라."[17] 이것은 단호하고 직설적인 거절이다.

성경이 우리에게 본받으라고 말하는 것은 엘리야의 삶에서 은밀하고 화려하지 않은 부분이다. 야고보서 5장에는 이렇게 나와 있다. "의인의 간구는 역사하는 힘이 큼이니라. 엘리야는 우리와 성정이 같은 사람이로되 그가 비가 오지 않기를 간절히 기도한즉 삼 년 육 개월 동안 땅에 비가 오지 아니하고 다시 기도하니 하늘이 비를 주고 땅이 열매를 맺었느니라."[18] 우리는 남들이 주목하는 장관을 보기 원하지만, 하나님은 새 생명을 원하신다. 우리는 대중의 시선을 거부하지 못하지만, 하나님은 은밀한 기도의 산고를 거부하지 못하신다.

오늘날 교회의 많은 사람들은 이렇게 외칠 것이다. "불이 내릴 때 그곳에 있고 싶어요! 부흥을 보고 싶어요! 표적과 기사가 임하게 해 주세요!" 반면, 은밀한 기도의 산고를 치를 준비가 된 사람은 그보다 훨씬 적다. 은밀한 기도는 화려하지 않다. 하지만 강력하고 효과적이다.

하나님께서 교회가 불붙기를 원하시는 이유는 도시가 다시 태어나기를 꿈꾸시기 때문이다. 하나님은 믿음의 공동체 안에서 예배에 대한 열정이 커지는 것을 기뻐하신다. 엘리야는 불을 내려 달라고 구하기 전에 제단을 고쳐 쌓았다. 하나님은 값비싼 희생의 사례들로 영광을 받으신다. 가뭄이 들었을 때 제단 위에 몇 통의 물을 붓는 것 같은 희생 말이다. 그리고 교회가 모여서 예배하고 기도하고 그곳에 불이 내릴 때, 예수님은 거기 계시면서 얼굴 가득 초자연적인 미소를 지으며 춤을 추신다. 하나님이 교회에 불을 내리시는 것은 도시를 잃고 싶지 않은 그분의 간절한 마음 때문이다.

엘리야의 이야기와 기도에 참여하라는 야고보의 촉구는 기도의 산에서 하나님을 만나고 성령과 함께 새 생명을 위해 신음하며 간구하라는 초대다. 이를 위해서는 끈기 있고 한결같은 마음을 가져야 하며, 화려하지 않은 것에 입맛을 들여야 한다. 이 초대를 받아들이려면 기다림에도 굴하지 않고 꿋꿋이 기도할 의향이 있어야 한다. 새 생명의 약속이 이루어지게 하고자 고뇌를 감수하고 초자연적 산고를 치르겠다는 마음이 필요하다.

갱신의 패턴

교회사에서 하나님의 모든 위대한 움직임, 모든 부흥과 각성은 한 가지 공통적인 패턴을 따른다. 교회에 불이 붙고 기도를 중요하게 여기게 되고 그 결과로 그 도시에 성령이 부어지는 결과가 따라온다는 것이다. J. 에드윈 오르의 말을 빌리자면, "하나님은 그분의 백성에게 뭔가 새로운 일을 할 준비가 되실 때마다 늘 그들로 기도하게 만드신다."[19]

찰스 스펄전은 역사상 가장 유명한 설교자임이 틀림없다. 그는 설교의 비결을 묻는 질문을 받을 때마다 설교 시간 내내 쉬지 않고 기도하는 중보기도팀을 꼽았다. 스펄전이 설교할 때 그 중보기도자들은 한 순간도 놓치지 않고 기도했다. 그의 교회에는 단상과 설교단 바로 아래에 작은 방이 있었는데, 중보기도자들이 그곳에서 모여 설교가 진행되는 동안 기도했다. 스펄전은 그 방을 '보일러실'이라고 불렀다.[20] 수사학적 조언을 구하는 사람들에게 스펄전은 본질적으로 늘 한 가지 조언만 했다. 하나님은 우리가 드리는 따분하고 은밀한 기도 사역에 마음이 약해지신다는 것이었다.

기도에 흠뻑 잠긴 스펄전의 메시지가 지닌 영향력은 놀라웠다. 이를테면 남미의 교도소에 갇혀 있던 한 영국인 죄수가 면회를 온 영국인 친구에게서 소설 두 권을 선물로 받은 이야기가 전해지는데, 놀랍게도 소설 중 한 권에 스펄전의 설교가 끼워져 있었다. 타국의 감

옥에 있던 죄수는 그 설교를 읽은 후, 바로 그 자리에서 자신의 삶을 그리스도께 내어드렸다.[21]

이와 비슷한 사례로, 전기 작가 루이스 드러먼드는 호주 밸러랫의 덤불숲을 걷다가 바람에 날려 온 신문지 한 장을 발견한 시골 양치기의 이야기를 전했다. 신문지를 집어 든 그의 눈에 광고처럼 보이는 한 면이 들어왔는데, 거기에는 스펄전의 설교 한 편이 거의 통째로 인쇄되어 있었다. 양치기는 그 설교를 한 글자도 빠짐없이 읽었고, 들판에서 홀로 자신의 인생을 예수님께 바쳤다. 드러먼드는 이렇게 말했다. "그는 그 글이 설교인 줄 알았다면 절대 읽지 않았을 것이라고 고백했다. 그는 그 글이 신문에 광고 형식으로 나와 있는 것을 보고 관심을 가졌고, 읽었고, 그리스도를 발견했다."[22]

그러면 스펄전 박사님, 박사님의 비결은 무엇이었습니까? 어떻게 하면 박사님처럼 유창하게 설교하는 법을 배워 박사님 같은 결과를 얻을 수 있을까요?

그는 이렇게 대답할 것이다. '오, 당신이 생각하는 것과는 다릅니다. 내가 설교하는 동안 쉬지 않고 기도하는 중보기도팀이 있거든요.' 다시 말해, 새 생명을 낳는 유형의 기도가 있다는 것이다.

기도는 더디 이루어지고, 매력적이지 않고, 때로는 산고가 따르지만, 새 생명의 기쁨으로 가는 수단이다.

실천.

기도의 산고

평범한 일상을 하나님의 관점으로 바라볼 수 있게 해달라고 기도하자. 함께 일하는 동료, 어울리는 친구들, 일상적으로 스쳐 지나가는 지인 등 매일 만나는 사람들을 상상력을 발휘하여 바라보라. 성령님을 초대하여 당신의 평범한 한 주를 하루하루 돌아보게 해주시도록 구하라. 우리를 전적으로 사랑하시고 끊임없이 찾아오시는 하나님의 눈을 통해 상상력을 발휘하여 삶을 바라보게 해달라고 구하라.

그분의 관점에서 당신의 삶을 바라볼 때 눈에 들어오는 이가 누구인가? 당신이 놓치고 있는 사람, 하나님이 찾으시는 사람이 있는가? 하나님이 당신에게 주목하라고 초대하시는데 당신은 배제하고 있는 사람이 있는가?

하나님께서 떠오르게 하시는 이름을 한 명 이상 적어 보라. 그 이름이 적힌 종이를 주머니에 넣고 다니거나, 매일 그 사람을 떠오르게 해줄 휴대전화 알람을 설정하거나, 컴퓨터 바탕화면 또는 휴대전화 배경에 메모장을 만들거나, 욕실 거울에 적어 두라. 자신에게 맞는 방법이면 무엇이든 상관없다.

그 이름 또는 이름들을 위해 기도하라. 하나님이 기도에 응답하시는지 알 수 있을 만큼 구체적으로 기도하고, 인내와 수고를 들여 꾸준히 기도하라.

그렇게 기도하다 보면 하나님이 실제로 듣고 계신다는 새로운 믿음이나 당신이 이름을 놓고 기도하는 대상을 향한 새로운 긍휼을 하나님께 구해야 할 수도 있다. 이 활동을 해야 할 일의 한 항목 정도로 축소하지 말라. 기도하면서 믿음, 소망, 사랑이 당신의 동기가 되도록 구하고, 이 산고의 기도가 맺는 결실로 새 생명을 얻게 해달라고 구하라.

9. 구하라, 찾으라, 두드리라
― 침묵과 끈질김

구하라. 그리하면 너희에게 주실 것이요
찾으라. 그리하면 찾아낼 것이요
문을 두드리라. 그리하면 너희에게 열릴 것이니
구하는 이마다 받을 것이요 찾는 이는 찾아낼 것이요
두드리는 이에게는 열릴 것이니라(마 7:7-8).

"하나님은 능력이 부족하거나 충분히 선하지 않거나 둘 중 하나예요. 어느 쪽이든 내게 남은 선택지는 하나님을 지금보다 덜 의지하는 것뿐인 것 같아요."

제나는 그 말을 하면서도 나를 똑바로 바라보지 않았다. 그저 먼 곳을 바라보고 있었다. 감정이 올라와서 내 눈을 똑바로 바라보기 힘들었을 수도 있고, 제나가 말한 상대가 내가 아니었기 때문일 수도 있다. 어쩌면 그는 하나님께 말하고 있었고 나는 의도치 않게 엿듣는 처지였는지도 모른다. 우리는 브루클린의 공유 오피스에 있는 비좁은 사무실에서 책상 하나를 사이에 두고 마주 앉아 있었다. 내가 그의 삶을 지켜본 지 7년 만인 그때, 그는 나에게 가장 개인적인 이야기를 들려주었다.

신학자들은 고통 때문에 우리 삶에 찾아오는 피할 수 없는 질문을 '신정론'(theodicy)이라고 부른다. 이 영단어는 '하나님의 정의'를 의미하는 두 개의 라틴어 단어가 합쳐져서 만들어졌다. 어떤 영성, 철학, 세계관도 이 신학적 수수께끼를 피해 갈 수 없다. 인생을 어떻게 설명하든 어느 지점에서는 '정의'라는 모난 말뚝을 '고통'이라는 둥근 구멍에 끼우려고 애쓰는 처지가 된다.

예수님은 체포되어 십자가에 못 박히시기 몇 시간 전에 겟세마네에서 무릎을 꿇으셨다. 고뇌에 찬 그분의 영혼에서 기도가 쏟아져 나왔다. "아빠 아버지여, 아버지께는 모든 것이 가능하오니."[1] 예수님의 이 아름다운 기도는 하나님의 친밀함과 위엄을 긴장 중에 모두 담아내고 있다. 예수님은 하나님을 아빠라고 부르시고 연이어 그분의 무한한 능력을 인정하신다. 친밀한 아버지는 모든 것이 가능하신 분이기도 하다.

"아빠 아버지여, 아버지께는 모든 것이 가능하오니." 그런데 문제가 있다. 이 대목이 사실이라면, 하나님이 설명하셔야 할 일들이 좀 있다. 왜냐하면 적어도 내가 보기에는(그리고 추측하기로는 여러분도 마찬가지일 텐데) 능력이 무한하시고 사랑이 완전하신 하나님이 하지 않으신 일들의 목록이 길고 어처구니없이 이어져 있기 때문이다.

불행은 누군가 함께 있는 것을 좋아한다고 하지만 옆에 있는 이가 불행의 고통을 없애 주지는 못한다. 따라서 예수님의 겟세마네 기도가 그분이 기도하신 바대로 응답되지 않았다는 점은 주목할 만한 가치가 있다. 고난의 잔은 그분에게서 거두어지지 않았다. 생물학의 도움 없이 태어나시고, 호수를 댄스 플로어처럼 가로지르시고, 소년의 참치 샌드위치로 군중을 먹이시고, 흙과 침으로 눈먼 자를 치료하시고, 귀신들이 꽁지 빠지도록 달아나게 만드시고, 명령 한마디로 시체에 생명을 불어넣으신 분도 하나님의 침묵을 견뎌내셔야 했다. 응답 없는 기도는 예수님의 마지막 스물네 시간을 쫓아다니며 괴롭혔다.

나는 책상 맞은편에서 말없이 기다리고 있었다. 제나가 마침내 침묵을 깼다. "언젠가 아이를 갖고 싶은 마음이 들 테고 그때가 되면 아이를 갖게 될 거라고 생각하면서 평생을 살아왔어요. 어느 날 '그래, 준비됐어!'라는 마음이 들면 다음 단계로 넘어갈 거라고 생각했죠. 하지만 우리 부부에겐 그렇게 일이 풀리지 않았어요."

제나는 기도의 사람이다. 기도를 들으시고 응답하시는 하나님을 믿는다. 아니, 그 이상이다. 그는 하나님의 응답을 기대하고 그것에 의존하여 살아간다.

그와 남편 리암은 지독히 가난했고, 그의 생존 전략은 기도였다. 먹을 것이 부족할 때 식료품을 달라고 기도했더니 지역 교회의 푸드 팬트리에서 무료로 식료품을 지원받았다. 집세가 부족했을 때 하나님께 기도했는데, 어느 날 저녁 귀가해서 누군가 문 밑에 정확히 필요한 금액이 적힌 익명의 수표를 놓고 간 것을 발견한 적도 있다.

매 끼니 최대한 검소하게 양을 정해서 먹었기 때문에 남은 음식을 데우는 일이 많았다. 그러나 그들의 수수한 아파트에는 전자레인지가 없었기 때문에 그것은 꽤나 성가신 일이었다. 당연히 제나는 기도했다.

이틀 후, 그는 시내 허름한 지역의 빨래방 주차장에 서서 자원봉사를 하고 있었다. 그곳은 노숙인 중독자들과 매춘으로 생계를 유지하는 이들을 돌보는 단체가 봉사하는 장소였다. 그는 한동안 꾸준히 그 일을 했고 자신이 도왔던 많은 이들과 친구가 되었다. 그렇게 그가 자정 무렵까지 한 무리의 성매매 종사자들 사이에서 사역을 하고 있을 때, 차 한 대가 주차장에 들어섰다. 누군가 차의 트렁크를 열고 어두운 밤하늘과 희미한 가로등 아래서 무거운 상자처럼 보이는 것을 꺼냈다. "혹시 전자레인지 필요한 분, 계십니까?" 그렇게 해서 그는 48시간 전에 기도했던 전자레인지를 얻게 되었다.

하지만 자주 있는 이런 이야기의 배경에는 성가신 질문이 자리 잡고 있었다. "하나님, 제가 전자레인지를 달라고 한 번 기도했는데 주셨어요. 그런데 아기를 달라고 몇 년 동안 매일 기도했는데 돌아오는 건 침묵뿐입니다. 제 삶의 사소한 필요에는 이렇게 관심이 있으시면서, 저의 가장 깊은 소망에는 왜 그렇게 무심하신가요?"

다들 이 질문을, 아니면 비슷한 질문이라도 한 번쯤 해보지 않았는가? 우리는 모두 수많은 방식으로 임재하시는 하나님이 삶의 어떤 영역에서만큼은 눈에 띄게 부재하시고 괴로울 정도로 침묵하시는 것을 경험하지 않는가?

하나님이 분명하게 거절의 답을 주신다면 받아들이기야 어렵겠지만, 그분이 우리의 기도를 들으셨고 무한한 지혜와 영원한 관점에 따라 거절하셨다는 것을 알 수 있을 것이다. 거절의 답변은 환멸을 안겨 주지만 지속적인 소통을 이어갈 근거가 되기도 한다. 그 답변은 더 깊은 관계로 우리를 초대한다. 그러나 침묵은? 고통받는 사람에게 침묵은 냉담함으로 느껴진다. 여기 아래에서 무슨 일이 일어나고 있는지에 대해 하나님은 마음이 움직이지도 않고 관심도 없으신 것처럼 느껴진다.

다음 중 친숙하게 느껴지는 말이 있는가? "아무리 기도해도 침묵밖에 없어요. 어머니를 속에서부터 철저히 파괴하는 질병을 멈출 힘을 가진 유일한 분이 이 일에는 신경도 안 쓰시는 것 같아요", "굳게 닫힌 내 자궁을 열 힘을 가진 유일한 분이 다른 데 정신이 팔려 내겐 관심이 없으세요", "수십 년 동안 하나님께 교제할 상대를 구했지만, 그분은 나의 외로움 앞에서 하품을 하십니다." 침묵은 하나님이 보고 들으시지만, 나의 고통을 일부러 무시하신다는 뜻이다. 두 손을 꽉 쥐고 기도하는 사람에게 하나님의 침묵은 그렇게 느껴진다.

제나가 아기를 구하며 속을 끓인 지 여러 해가 지났을 때, 시누이 헬렌이 자궁경부암 진단을 받았다. 20대의 이 건강한 젊은 여성의 몸에서 소리 없이 자라고 있던 종양이 발견된 것이다. 치료가 가능하다는 진단이 나왔지만, 치료를 받으면 임신을 하고 막달까지 유지하는 것이 거의 불가능할 터였다. 헬렌과 제나는 불임이라는 조용한 슬픔을 함께 겪으며 금세 가까워졌다.

열렬한 기도를 통해 제나는 의학적 가능성은 희박하지만, 하나님이 윌과 헬렌에게 아기를 주실 것이라고 확신했다. 아니나 다를까, 자궁경부암 진단을 받고 몇 달 후 헬렌은 임신했다. 그리고 그해 9월에 헨리가 태어났다. 제나는 가족 모두가 기적을 축하했던 순간을 회상한다. 그뿐만 아니라, 여러 차례의 시험관 아기 시술 끝에 제나도 임신을 했다. 오랫동안 기다려 온 두 기도가 마침내 모두 응답된 것이다.

하지만 헨리가 태어난 지 몇 달이 지났는데도 헬렌은 여전히 고통스러워했다. 제왕절개술은 회복에 시간이 좀 걸린다는 말을 들었지만, 상황은 좀처럼 나아지지 않았다. 헬렌은 검진을 받았다. 복부에서 수술이 불가능한 거대 종양이 발견되었다. 암이 공격적으로 재발한 것이다. 암은 오랫동안 몸속에서 자라면서 여러 주요 장기에 전이되었다. 의사들은 종양을 건드릴 수 없었다. 종양은 헨리 뒤에 숨어 있었다. 헬렌의 뱃속에는 생명과 죽음이 동시에 자라고 있었던 것이다.

7개월간의 적극적인 화학 요법과 방사선 치료 후, 의사들이 할 수 있는 일은 더 이상 남아있지 않았다. 종양은 계속 자랐고 치료는 효과가 없었다. 헬렌은 대체 의학과 엄격한 식이요법에 의지했다. 이 치료법은 최후의 수단이었지만 그는 뭔가 효과가 있을 것이라고 확신했다. '하나님이 이 기적의 아기를 주신 다음에 엄마를 데려가실 이유가 어디 있겠어? 하나님이 길을 열어 주실 거야.'

그것이 6월의 일이었다. 7월이 되자 헬렌은 급속도로 상태가 나빠지기 시작했다. 헬렌의 상태가 심각하게 악화되었던 8월경, 제나는 아일랜드로 향하는 비행기에 몸을 실었다. 그는 소망을 붙들고 또 다른 기적이 일어나기를 기도하며 그곳으로 향했지만, 헬렌을 본 순간 그 소망은 심각한 타격을 입었다. "병실에 들어섰을 때 헬렌을 보고 거의 쓰러질 뻔했어요. 바로 이런 생각이 들더군요. '주님, 이 상황은 주님도 어쩔 수 없을 것 같아요. 이 정도로 악화된 상태에서는 그 누구도 회복되지 못할 것 같아요.'"

다음 날, 제나와 다른 이들이 병원에 있던 헬렌을 집으로 데려왔다. 그가 일주일도 안 되어 세상을 떠날 줄 모르고서 한 일이었다. 점점 더 많은 가족이 모였다. 그들은 헬렌이 곧 떠날 거라고 생각했고 작별 인사를 하려고 차례를 기다렸다. 아무도 죽음을 입밖에 내지 않았지만 죽음의 그림자가 온 집안에 드리워져 있었다.

제나는 헬렌의 침대 곁에 모인 가족, 즉 남편 윌과 어머니, 아버지, 형제자매들에게 자리를 내어 주느라 아기방에 있었다.

제나가 내게 말했다. "죽어가는 사람의 침대 곁에 몇 시간 동안 앉아 있으면 뭔가 이상한 일이 일어나요. 그 사람의 숨소리에 익숙해진 나머지 그 소리가 리듬과 멜로디가 있는 음악처럼 느껴져요. 그러다 어느 순간 조성이 바뀌는 걸 느낄 수 있어요. 나는 복도에서 그 소리를 들었어요. 그리고 때가 됐다는 걸 알았죠."

그때 제나는 방으로 들어가 가족들과 나란히 섰다. 그렇게 얼마나 있었을까? 몇 시간이었을까, 몇 분에 불과했을까. 그런 순간에 시간은 상대적으로 흐른다. 길고 애달픈 침묵이 흘러간 후, 침대 옆에 모인 모두를 대신하여 제나가 말했다. "헬렌, 겁먹지 말았으면 좋겠어요. 괜찮아요. 이제 가도 돼요." 그러고 나서 헬렌은 떠났다. 헨리의 첫 번째 생일이 일주일도 채 남지 않은 시점이었다. 몇 주 후, 제나는 뉴욕으로 돌아왔다.

그의 말을 들어 보자. "집에 들어섰을 때 상실의 무게가 〔대장간의〕 모루처럼 나를 짓눌렀어요. 그곳을 떠나기 전, 저는 기적을 기대하며 짐을 싸고 있었습니다. 이제 집에 돌아왔는데, 그는 떠나고 없어요. 그런 일이 있었는데 삶이 어떻게 아무렇지도 않게 계속될 수 있는지 알 수가 없었어요. 저는 헬렌의 죽음을 비통해하고 있었지만, 그가 죽기 전의 제가 사라져 버렸다는 사실도 견딜 수 없이 슬펐어요. 저는 제가 고난에 부딪혀도 꿋꿋함을 유지하고 계속 전진하는 그리스도인일 거라고 항상 생각했어요. 이제 저는 알아요. 저는 그런 사람이 아니에요."

그의 말이 이어졌다. "이제는 알겠어요. 바로 그런 순간에 많은 사람이 떠나간다는 걸요. 사실 저도 떠나고 싶었어요. 하지만 두 가지가 저를 붙잡았어요. 하나는, 제가 예수님께 단단히 매여 있었다는 사실이에요. 예수님이라는 기초 위에 정말 많은 선한 일들이 세워졌거든요. 그분을 부정하려면 지금 이 순간 안 계신 것 같은 그분만을 부정하고 끝나는 것이 아니라 너무나 많은 좋은 순간에 함께하셨던 그분마저 다 부정해야 했어요. 또 하나는, 그냥 떠나 버리기에는 너무 화가 났기 때문이에요. 배우자와 방에서 격렬한 말다툼을 벌이다가 한참 말을 더듬으면 너무 화가 나서 그대로 밖으로 나가 바람을 쐴 수가 없는 것과 비슷하다고 할까요. 뭔가 할 말이 있으면 어떻게든 말을 해야 하더군요."

제나는 치유하시는 하나님을 경험한 믿음의 장소였던 브루클린의 아파트로 돌아왔다. 하나님은 헬렌을 치유하실 수 있었을 것이다. 그가 사랑하는 남편과 수천 날을 함께하도록 해주실 수 있었고, 어린 헨리가 자라는 것을 보는 기쁨을 허락하실 수 있었고, 그의 남편과 아들이 그가 늙어가는 것을 지켜보게 하실 수도 있었을 것이다. 그러나 하나님은 그 어느 것도 하지 않으셨다.

"아빠 아버지여, 아버지께는 모든 것이 가능하오니." 예수님의 이 말씀이 옳다면, 하나님은 도저히 받아들일 수 없을 것 같은 고통스러운 일을 뜻하셨거나, 헬렌의 죽음을 원치 않으셨지만 그냥 허락하셨다는 말이 된다. 후자의 경우가 좀 더 부드럽게 들리긴 하지만 그렇다고 해서 하나님의 책임이 줄어들까? 그렇게 되면 하나님이 살인자는 아니라고 해도 본인이 치료법을 아는 병으로 사람들이 죽어가는 동안 암 치료제를 협탁 서랍에 넣어두고 집에 앉아 텔레비전 채널이나 이리저리 돌리는 의사 정도는 되지 않을까? "아빠 아버지여, 아버지께는 모든 것이 가능하오니." 어떻게 그럴 수 있을까?

나는 의료진이 치료를 포기하고 떠난 환자를 위해 기도하고 이후 그 사람이 깨어나 계속 살아가는 것을 본 경험이 있다. 그런 사건 이후에 찾아오는 행복감, 슬픔에 잠긴 사람에게 밀려드는 초자연적 기쁨을 경험했다. 하늘이 땅에 입 맞추는 광경을 지켜본 것 같은 경이감을 하나님의 개입에서 맛보았다.

나는 약물로 인해 혼수상태에 빠진 한 청년의 손을 잡은 적도 있다. 그의 아내, 아들, 부모, 형제자매가 모두 대기실에 모여 있었다. 그들은 하나님이 자신들의 기도를 듣지 않으시는 것 같으니 내 기도는 들어주시길 간절히 바라며 기다리고 있었다. 나는 그 청년의 머리에 기름을 바르고 그의 목숨을 살려 달라고 기도했으나 한 시간 후 병실을 나와 슬픔에 빠진 가족들을 그냥 지나쳐야 했다. 그들은 그가 돌아오지 못한다는 사실과 내 기도가 그들의 기도보다 나을 바 없었다는 사실을 받아들여야 했다.

나는 하나님의 능력과 침묵을 다 안다. 하나님의 능력을 고려할 필요가 아예 없다면 그분의 침묵을 더 잘 감당할 수 있을 것 같다는 생각을 가끔 하기도 한다. 인격과 의지를 가진 신은 그야말로 예측 불가의 존재다. 하나님이 내가 누르는 버튼에 따라 예측 가능한 결과를 제공하도록 설계된 운영 체제 같은 신이라면 더 쉬울지도 모른다. 그러나 그것은 성경의 지면에 계시된 하나님의 모습이 아니다. 예수님 안에서 계시된 하나님이 아니다. 내가 평생 동행해 온 하나님이 아니다.

더 깊은 초대

예수님이 기도라는 주제에 관해 하신 말씀 중 마태복음 7장의 산상
수훈에서 사용하신 간단한 세 동사, 구하라, 찾으라, 두드리라보다
더 유명하거나 더 혼란스러운 말씀은 없을 것이다. 한편으로 이 동사
들에는 격려가 되는 직설적인 초대가 담겨 있지만, 다른 한편으로 이
초대는 예측할 수 있는 일관된 결과를 보장하지 않는다. 이것은 허위
광고였을까? 예수님이 지키지도 못할 약속을 하신 걸까? 아니면 여
러 세기의 전통과 번역을 거치면서 예수님께서 하신 명령의 원래 의
미가 손실된 것일까?

　예수님은 이 세 동사를 사용하여 공통의 기도 여정, 태초부터 이
어지는 믿음의 남녀가 밟아 온 길의 이정표에 이름을 붙이신다. 기도
의 여정은 필요에서 시작하여 관계로 끝난다. 우리가 이 세상에 태
어나 처음 하는 말은 알아들을 수 없는 소리로 고통과 필요를 알리는
울음이다. 아기는 조리 있게 말하는 법을 배우기 전에, 자신을 이 세
상에 태어나게 한 부모와 관계적 신뢰를 쌓기 전에 울고 통곡한다.
이와 마찬가지로, 기도는 고통과 아픔에 직면했을 때 본능적으로 나
오는 원초적 언어다. 필요가 먼저 우리를 무릎 꿇게 한다. 하지만 우
리로 하여금 그 자리에 머물게 하는 것은 관계다. 예수님은 바로 이
말씀을 하시려는 것이다. 구하라, 찾으라, 두드리라. 이 단순한 세 동
사에 이런 깊이 있는 초대가 숨겨져 있다.

'구하라'는 말은 우리를 기도하게 만드는 상황에서 나오는 요청이다. 대부분의 기도는 그보다 앞서는 필요에 따라온다. 질병 진단, 교통사고, 또다시 음성으로 나온 임신 테스트, 사랑하는 사람 없이 보내야 하는 휴가, 지원서를 냈으나 회신이 없는 또 다른 한 주, 계속 규모가 커지는 신용카드 청구액, 이별, 이혼으로 인해 발생하는 필요 말이다. 인생은 전혀 예상하지 못했으며 어떻게 이해해야 할지 알 수 없는 한두 장의 카드를 우리에게 건네곤 한다. 삶을 통제하고 있는 것 같은 허술하고 막연한 느낌에 만족하면서 행복하게 콧노래를 흥얼거리며 살던 우리가 갑자기 대낮에 얻어맞고 강도를 당한다. '우리 것'이라고 철석같이 믿었던 삶을 빼앗긴다. 갑자기 생경한 이야기 속에 들어와 있고 친숙한 줄거리에서 삶이 벗어나 있고 돌아갈 길이 보이지 않을 때, 우리는 기도한다. 우리는 '구한다.'

'찾으라'는 성경 곳곳에 등장하는데, 찾아야 할 대상은 대부분 하나님이다. 우리는 왕과 사사들의 이야기, 시편의 시, 선지자들의 외침을 통해 하나님을 찾으라는 가르침을 받는다. 예수님은 '찾는다'는 단어를 쓰심으로써 기도의 길을 알려 주셨다. 우리는 구하러 왔다가 혼란 속에서 관계를 발견한다. 우리는 선물을 찾아 나섰다가 종종 선물을 받는다! 그러나 가장 큰 선물, 우리가 진정으로 추구하는 분, 찾으면 반드시 받게 되어 있는 분은 선물을 주시는 바로 그분이다.

'두드리다'는 산상수훈에서 기도에 대한 예수님의 가르침에 등장하는 마지막 동사다. 이것은 필요에서 시작되는 기도 여정의 종착지다. 성경적으로 볼 때, '두드리다'는 식탁 교제의 이미지를 떠올리게 한다. 예수님은 식탁에서 제자는 물론 죄인들과도 함께하셨다. 랍비가 길거리에서 그런 사람들과 대화를 나누는 것도 문제였는데, 함께 식탁에 앉는다? 그건 정말 상상도 못 할 일이었다. 패스트푸드나 테이크아웃은 물론, 영향력 있는 인사와의 식사가 비교적 일상화된 현대 세계에서도 이것은 도발적인 이미지이지만, 식탁에서 이루어지는 친교로 인정과 존엄, 평등을 부여했던 고대 히브리 세계에서는 더욱 도발적인 이미지였을 것이다. 당시에 누군가와 함께 식사한다는 것은 그 사람과 한자리에 있으면서 꼭 필요한 영양분을 섭취하는 정도의 일이 아니었다. 함께 식탁에 앉는다는 것은 그 사람을 가장 크게 인정하는 일이자 가장 진실하고 깊은 형태의 친밀함을 표현하는 일이었다.

그래서 예수님은 세리, 창녀, 악명 높은 죄인들과 함께 떡을 나눴다는 이유로 여러 차례 비난을 받으셨다. 예수님께서 드린 기도 중에서도 가장 위대한 사례는 그분이 삶으로 보여주신 내용이다. 무한한 타자, 처음이요 나중 되신 분, 거룩하고 무오하신 분이 우리를 그분의 식탁에 맞이하신다. 그분은 우리를 참아 주시고 우리의 요청을 자비롭게 들어주시는 정도가 아니라, 식탁에 함께 앉을 사람으로 우리를 선택하시고 우리가 그 자리에 있는 것을 기뻐하신다.

"기도는 하나님이 선물로 주시는 그분 자신을 담아낼 수 있을 정도로 우리의 마음을 넓혀 준다. 구하고 찾으라. 그러면 그분을 받아들이고 자신의 것으로 간직할 수 있을 만큼 마음이 커질 것이다." 테레사 수녀의 말이다.[2]

우리는 선물을 받으러 왔다가 선물을 주시는 분을 만난다. 그분은 우리를 그분의 식탁에 앉히시고 환영하시고 받아 주시고 사랑하시고 먹이시고 우리의 말에 귀를 기울이신다. 우리는 사랑의 하나님, 그분의 따뜻한 임재 안에서 편히 쉰다.

다음의 그림은 흔히 '삼위일체'로 불리는 러시아 화가 안드레이 루블료프의 작품으로, 교회 역사상 가장 유명한 이콘화 중 하나로 꼽힌다. 이 그림이 오랜 세월 동안 인정받는 이유는 평범한 장면에서 하나님의 모습을 너무도 생생하게 포착했기 때문이다. 바로 성부, 성자, 성령이 한 식탁에 앉아 함께 있음을 즐기시는 모습이다.

여기서 우리는 잡담에서 시작해 자연스럽게 깊이 있는 대화를 나누시는 공동체적 하나님을 만나게 된다. 기도는 어떤 형태로 이루어지든, 누가 하든, 식탁에 의자를 가져다 놓고 삼위일체 하나님과 편안하고 친밀하며 중단되지 않는 대화를 즐기라는 하나님의 초대다. 예수님은 이것을 간결하게 설명하셨다.

"문을 두드리라. 그리하면 너희에게 열릴 것이니."[3]

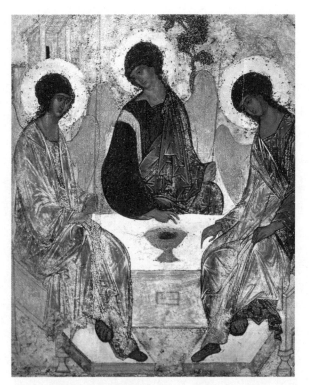

안드레이 루블료프, 「삼위일체」(1410).

거절을 거부했던 여인

예수님은 기다림과 침묵에 직면한 기도에 대해 이야기를 들려주셨다. 그 이야기는 누가복음에 기록되어 있다.

> 예수께서 그들에게 항상 기도하고 낙심하지 말아야 할 것을 비유로 말씀하여 이르시되 어떤 도시에 하나님을 두려워하지 않고 사람을 무시하는 한 재판장이 있는데 그 도시에 한 과부가 있어 자주 그에게 가서 내 원수에 대한 나의 원한을 풀어 주소서 하되 그가 얼마 동안 듣지 아니하다가 후에 속으로 생각하되 내가 하나님을 두려워하지 않고 사람을 무시하나 이 과부가 나를 번거롭게 하니 내가 그 원한을 풀어 주리라. 그렇지 않으면 늘 와서 나를 괴롭게 하리라 하였느니라. 주께서 또 이르시되 불의한 재판장이 말한 것을 들으라. 하물며 하나님께서 그 밤낮 부르짖는 택하신 자들의 원한을 풀어 주지 아니하시겠느냐. 그들에게 오래 참으시겠느냐. 내가 너희에게 이르노니 속히 그 원한을 풀어 주시리라. 그러나 인자가 올 때에 세상에서 믿음을 보겠느냐 하시니라. [4]

어떤 청중에게는 법정에서 자신을 변호하는 이 과부의 이야기가 거북하게 다가왔고 다른 청중에게는 격려가 되었다. 비극적이게도, 역사의 이 시기에는 법정에서 여자의 증언을 받아들이지 않았다. 여자의 사회적 지위가 너무 낮았기 때문에 재판할 때 여자의 말을 신뢰성 있게 여기지 않았다. 무시당하던 존재인 여자들 사이에서도 과부는 지위가 가장 낮았다. 그레코로만 세계에서 과부들은 일하는 것이 허용되지 않았기 때문에 사회의 자선에 늘 의존할 수밖에 없었다. 잘해야 겨우 복지 혜택을 받았고, 더 흔하게는 노숙 신세를 면하지 못했다.

예수님은 올바른 판결을 구하는 기도에 대한 이야기를 들려주시면서, 사회적 지위가 가장 낮은 사람, 목소리를 낼 수 없는 사람, 권위를 전혀 인정받지 못하는 사람에게 주연을 맡기셨다. 예수님의 이야기에서 재판관은 "내 원수에 대한 나의 원한을 풀어" 달라는 여인의 간구를 듣고 이루어 주었다. 끈기가 필요하긴 했지만, 여인의 요청은 그냥 받아들여진 정도가 아니라 "속히" 받아들여졌다. 예수님은 기도에 무력감을 느끼는 사람들에게 그들의 기도가 하나님의 행동을, 그것도 신속하고 결정적인 행동을 불러일으킨다고 말씀하셨다.

계속 구하라

물론 이렇게 생각하는 독자가 이미 있을 것이다. '그래, 이 모든 말씀은 상당히 근사하게 들려. 하지만 동전의 뒷면은 어떻게 되는 거지? 구해도 받지 못하고, 찾아도 대답보다 질문이 더 많이 생기고, 두드려도 문이 열리지 않는 경우는 어떻게 되는 거냐고. 인생의 사건들이 우리를 기도로 이끌지만, 기도해도 여전히 같은 곳에 홀로 남아 있게 되면 어떡해?'

여기서 '구하라', '찾으라', '두드리라', 이 세 단어는 영어 문법에는 없는 그리스어 동사 시제로 기록되어 있다. 이 시제는 일회적 행동이 아니라 현재에도 미래에도 계속되는 지속적 행동을 의미한다. 마태복음 7:7을 그리스어 문법을 살려 번역하면 이렇게 된다. "계속해서 구하라. 그러면 너희가 받을 것이다. 계속 찾으라. 그러면 찾아낼 것이다. 계속 문을 두드리라. 그러면 너희에게 열릴 것이다." 실제로 많은 영어 번역본이 이 대목을 정확히 이런 식으로 번역하고 있다.[5]

구해도 답을 듣지 못하고, 찾아도 발견하지 못하고, 문을 두드려도 환대받지 못하는 우리에게 예수님은 어떤 반응을 보이실까? 예수님은 신실하게 기도하고 참을성 있게 기다리다가 지치기 시작하는 사람들의 깊이 있는 진짜 질문에 어떻게 응답하실까?

그 답은 "계속 구하고 계속 찾고 계속 두드리라는 것", 즉 끈기다.

영 만족스럽지 않은 답변이다. 기다림과 침묵의 구체적인 사연에 따라 이 답변은 무신경하게 들리거나 불쾌감을 줄 수도 있다.

예수님은 이 말씀을 받아들이기가 어렵다는 것을 아셨기 때문에, 몇 가지 이야기로 그 요점을 설명하신 뒤 거기에 뼈대를 세우고 살을 붙이시고는 거룩하고 성스러운 스테인드글라스 건물이나 설교의 이론적 세계가 아니라 냉혹하고 실제적인 현실 세계로 끌고 오셨다. 나는 인색한 재판관에게 끈질기게 억울함을 호소하는 이 집요한 과부의 이야기를 가장 좋아한다. 이 이야기는 기도에 수반되는 기다림에 지쳐 하나님에 대한 기대치를 낮춘 사람들, "구하라, 찾으라, 두드리라"는 예수님의 직설적인 선언을 희석하여 좀 더 소박하고 무난한 말씀으로 바꾼 사람들, 그렇게 해서 자신을 저버리는 듯한 하나님의 대응에 실망하거나 분노하지 않고 사랑하는 그분을 붙들 수 있길 바라는 이들에게 '성경이 말하는 기도'를 생각해 보게 하는 출발점이 된다.

예수님이 이 특별한 이야기를 들려주신 데는 이유가 있었다. 이 이야기는 이야기의 교훈을 미리 제시한다는 점에서 독특하다. 예수님의 비유는 흔히 그 의미가 베일에 가려져 있지만, 누가는 여기서 핵심 구절을 먼저 드러낸다. "예수께서 그들에게 항상 기도하고 낙심하지 말아야 할 것을 비유로 말씀하[셨다]"[6] 누가는 사람들이 이 이야기를 알아듣고 파악하고 이해하기가 어려울 것임을 알았다. 예수님처럼 그도 사람들이 끈질긴 인내를 받아들이기 어려울 수 있음을 알기에 분명하게 나서서 이렇게 말한다. "예수님은 우리가 침묵과 실망 속에서 허우적거릴 때 구명보트처럼 붙잡을 수 있는 그림을 그려 주셨습니다. 여기 그 그림을 소개합니다."

이 이야기가 제시하는 약속은 가장 역동적인 캐릭터인 비열한 재판관에게서 찾을 수 있다. "그가 얼마 동안 듣지 아니하다가 후에 속으로 생각하되 내가 하나님을 두려워하지 않고 사람을 무시하나 이 과부가 나를 번거롭게 하니 내가 그 원한을 풀어 주리라. 그렇지 않으면 늘 와서 나를 괴롭게 하리라 하였느니라"[7].

예수님이 기도하는 사람을 끈질긴 과부에 비유하신다면, 하나님은 그 재판관에 비유하신다고 볼 수 있을까? 그런 비유는 하나님을 좋은 모습으로 비춰 주는 거울 같지는 않다. 그 재판관은 이기적이고 남의 일에 나서기를 주저하며 짜증이 나 있고 나약하다. 여기서 예수님은 그분의 비유를 우리를 위해 해석해 주신다. "주께서 또 이르시되 불의한 재판장이 말한 것을 들으라. 하물며 하나님께서 그 밤낮 부르짖는 택하신 자들의 원한을 풀어 주지 아니하시겠느냐. 그들에게 오래 참으시겠느냐. 내가 너희에게 이르노니 속히 그 원한을 풀어 주시리라."[8]

예수님은 하나님을 불의한 재판관에 비유하시는 게 아니다. 오히려 하나님과 그 재판관을 구분하신다. 그분의 요점은 이것이다. "이렇게 못된 재판관도 끈질기게 청하는 자에게 권리를 찾아 주는데, 하나님이라면 끈질기게 기도하는 자의 권리를 얼마나 확실하게 찾아 주시겠느냐?" 유진 피터슨은 이렇게 말했다. "기도는 하나님이 알지 못하시는 일을 우리를 위해 해주십사 간청하는 것이 아니고, 하나님이 꺼리시는 일을 해주십사 간청하는 것도 아니고, 하나님이 하실 시간이 없는 일을 해주십사 간청하는 것도 아니다. 기도할 때 우리는 끈질기고 신실하게, 신뢰하며 하나님 앞에 나아간다. 하나님이 지금 이 순간 우리를 위해 행동하고 계심을 확신하면서 그분의 주권에 우리 자신을 내어 맡긴다."[9] 이런 확신은 어디에서 나올까? 우리가 그분의 '택하신 자'라는 확신에서 나온다. 예수님은 누가복음의 이어지는 말씀에서 우리를 그 호칭으로 부르신다. 하나님은 지금 무엇을 하고 계실까? 그분은 역사를 엮어내어 당신과 나, 더 나아가 예수님을 '주님'이라고 부르는 모든 사람을 위한 구속적이고 선한 미래를 만들고 계신다.

기도와 눈물

성경은 하나님이 기도와 눈물, 이 두 가지를 모으신다고 분명히 말한다. 현재와 같은 모습의 이 세상은 사라지지만 우리의 기도와 눈물은 영원히 남는다.

하나님은 우리의 기도를 모으신다. 요한계시록에서 우리의 기도가 어떻게 받아들여지는지 엿볼 수 있다. "이십사 장로들이 그 어린 양 앞에 엎드려 각각 거문고와 향이 가득한 금 대접을 가졌으니 이 향은 성도의 기도들이라."[10] 이것이 무슨 뜻인지 알겠는가? 불쑥 내뱉은 가장 단순한 부탁부터 진심 어린 외침까지, 하나님이 우리가 이제껏 속삭인 모든 기도를 할머니가 손주의 그림과 낙서를 스크랩북에 모으듯 모으신다는 뜻이다. 하나님은 이제껏 우리가 드렸던 모든 기도, 심지어 잊어버린 기도까지 소중히 간직하시고, 그 기도들의 성취를 엮어 당신과 나를 큰소리로 긍정하시는 방향으로 역사를 구부리고 계신다.

하지만 요한계시록이 그리는 하나님은 손주들의 작품을 스크랩북에 모으는 할머니 같은 존재에 머물지 않는다. 그분은 강력한 구속주의 면모를 드러내신다. 기도를 담는 하늘의 금 대접은 세 장이 지나서 다시 등장한다.

또 다른 천사가 와서 제단 곁에 서서 금 향로를 가지고 많은 향을 받았으니 이는 모든 성도의 기도와 합하여 보좌 앞 금 제단에 드리고자 함이라. 향연이 성도의 기도와 함께 천사의 손으로부터 하나님 앞으로 올라가는지라. 천사가 향로를 가지고 제단의 불을 담아다가 땅에 쏟으매 우레와 음성과 번개와 지진이 나더라.[11]

하나님은 적절한 때에 그 그릇을 기울여 우리의 요청을 이 땅에 쏟아부으신다. 그분은 우리가 이제껏 드린 모든 기도를 모아 두시고, 그 기도를 이 땅에 단번에 쏟아부으실 때 구원이 임한다. 하늘과 땅이 하나로 회복되는 세상의 갱신은 하나님이 크고 우렁찬 승낙의 답변을 하시고 그분 자녀들의 모든 기도를 정화하는 불처럼 쏟아부으시면서 시작된다. 결국 모든 기도는 응답된 기도다. 여전히 그 응답을 기다리는 기도 역시도 그 응답의 날이 다가오고 있다. 우리는 바로 그런 '재판관'을 상대하고 있다.

그런데 하나님은 그분을 부르는 일로 시작하여 "아멘"으로 마무리되는 형식에 담긴 말들만 모으시는 것이 아니다. 그분은 우리의 눈물도 함께 모으신다. 시편 56편은 이렇게 밝힌다. "나의 유리함을 주께서 계수하셨사오니 나의 눈물을 주의 병에 담으소서. 이것이 주의 책에 기록되지 아니하였나이까."[12]

기도는 하늘의 관점에서 바라보고 혼란스러운 상황을 가리키며 하나님께 구하는 것이다. 그러나 기도는 울부짖는 것이기도 하다. 앞이 보이지 않을 정도로 짙은 혼란 속에서는 "주님, 더 이상 견딜 수 없습니다!"라고 눈물로 부르짖을 수밖에 없다.

시편 기자는 시편 126:5에서 이렇게 말한다. "눈물을 흘리며 씨를 뿌리는 자는 기쁨으로 거두리로다." 하나님은 모든 눈물을 모으실 뿐만 아니라 모든 눈물을 구속(救贖)하실 것이다. 하나님은 우리의 눈물을 병에 담아 두기만 하지 않으신다. 그 눈물이 땅에 닿을 때 세상을 새롭게 할 것이라고 약속하신다. 땅에 떨어지는 우리의 모든 눈물은 구원의 열매를 맺을 것이다. 하나님은 역사를 구부려 가장 큰 고통의 순간이 가장 큰 구원의 순간이 되게 하시고, 이야기를 뒤틀어 우리의 고통이 새 생명의 힘을 발산하게 하시고, 우리가 흘리는 눈물이 더 나은 세상의 토대가 되게 하신다. 우리는 아버지께서 친히 우리 눈에서 모든 눈물을 직접 닦아 주실 날이 온다는 약속을 받았다. 그러나 그날이 이를 때까지는 중간에 존재하는 또 다른 다음 약속을 붙들고 살아간다. "나는 너희가 흘린 눈물이 하나도 헛되게 하지 않겠다."13

그러므로, 신실하신 하나님 아버지께서 끈질긴 과부에게 들려주신 약속은 바로 이것이다. "내가 네 말을 듣고 있다. 내가 모든 것을 바로잡고 만물을 새롭게 하겠다." 이로써 하나님 백성의 기도는 새 창조 세계에 뿌려지는 씨앗이 되고, 그들의 눈물은 그곳에 주는 물이 된다.

이 두 가지가 세상을 다시 만드는 핵심 요소다.

우리가 끈질기게 기도하는 건 약속을 받았기 때문이다. 우리의 기도를 들으시는 분이 우리를 내켜 하지 않고 관심도 별로 없으며 귀찮아하는 재판관이 아니라 우리의 기도를 연애편지처럼, 우리의 눈물을 고급 포도주처럼 모으시는 헤아릴 수 없는 사랑의 아버지시라는 약속이다.

예수님이 이 비유에서 마지막으로 하시는 말씀은 약속이 아니라 도전이다. "내가 너희에게 이르노니 [하나님이] 속히 그 원한을 풀어 주시리라. 그러나 인자가 올 때에 세상에서 믿음을 보겠느냐."14 이 이야기에서 예수님은 상당수의 사람이 구하고, 찾고, 두드리는 긴 여정에서 믿음의 열기가 식는다는 사실을 인정하신다. 예수님은 좋은 결말을 약속하신다. 왜곡된 피조 세계 전체가 구속되고 모든 이의 삶에 있는 모든 고통의 순간이 구속되고, 그 어떤 순간도 헛되지 않았음이 드러나는 좋은 결말을 약속하신다. 그러나 예수님은 우리에게 물으신다. "그 완전하고 최종적인 구속의 때가 이를 때, 내가 믿음의 사람들을 찾을 수 있겠느냐? 때가 이르는 과정에서 낙심하지 않은 사람을 찾을 수 있겠느냐? 기다리고 실망하는 가운데서도 나와 나의 약속을 온전히 신뢰하고 계속 기도할 사람이 있겠느냐?" 주님은 영적 실망에 사로잡혀 공허한 채로 기력을 잃은 우리의 모습을 보게 되실까, 아니면 어두운 세상의 불의한 현실에 맞서면서도 깨어 있어 희망에 찬 모습을 보게 되실까? 주님은 밤낮으로 부르짖는 과부의 끈질긴 기도를 우리 사이에서 발견하게 되실까?

기다림에 지쳐 조급해지고 끈기 있게 기도할 기력이 사라졌을 때, 무엇에 힘입어 계속 기도할 수 있을까? 우리는 하나님이 일하시는 방식에 대한 이해를 회복하되, 하나님의 최종 약속과 그 과정에서 일어나는 모든 인내의 행위도 제대로 이해해야 한다.

선택하는 믿음

제나는 상담사 앞에 앉아 있었다. 매주 상담을 받으면서 응답 없는 기도 때문에 엉망이 된 상황을 헤쳐 나가려고 애쓰고 있었다. 파괴의 고통이 변화의 고통으로 넘어가도록 미묘한 전환점을 제시한 것은 답변이 아니라 질문이었다. 상담사는 그에게 부드럽게 물었다. "하나님이 당신에게 어떤 이유를 대실 수 있을까요? 제 말은, 하나님이 당신에게 어떤 이유를 대시면 헬렌의 죽음을 정당한 일로 받아들일 수 있겠어요? 하나님이 헬렌을 치유하시지 않은 것에 대해, 당신이 만족스럽게 받아들일 만한 이유, 그의 죽음을 일어날 수 있는 일로 여기게 해줄 만한 답변이 있을까요?"

"그런데 말이에요." 제나가 천천히 경건한 어조로 내게 말했다. 마치 우리가 번잡한 사무실이 아니라 화려하게 장식된 예배당에 있는 것처럼, 그날 상담실에서의 기억으로 돌아가는 것이 거룩한 땅에 들어서는 일인 것처럼 말이다. "사실은요. 그런 이유가 없었어요. 그리고 그 깨달음과 함께 저는 선택의 기로에 섰어요. 신비를 받아들일지, 아니면 신비를 피해 달아날지. 기도가 응답되지 않은 이유를 모르는 상태와 화해할 수 있을까, 아니면 이 일을 하나님을 정의하는 단 하나의 경험으로 받아들이고, 그동안 내가 겪었던 다른 모든 경험은 무시해 버려야 할까? 답이 없고 이유를 몰라도 하나님을 계속 신뢰할 수 있을까? 우리 모두 언젠가 어느 지점에서는 고통스럽게 방향감각을 잃어버릴 것이고, 어둠 속에서도 신뢰하라는 어려운 초대를 받게 될 거예요."

끈질긴 기도를 통해 하나님과 씨름하는 일은 고통스러운 의심이 아니라 진정한 믿음의 존재를 확인해 준다. 어설프게 믿는 사람은 하나님의 침묵에 기분이 상하지 않는다. 열심히 믿는 사람, 믿음의 나뭇가지에 온전히 몸을 맡기는 위험을 감수하는 사람, 발밑의 나뭇가지가 부러지고 안전장치 없이 몸이 그대로 떨어지는 것을 느끼는 사람, 때때로 변덕을 부리는 것처럼 보이는 하나님과 씨름할 의향이 있는 사람. 그런 사람들만 침묵에 마음이 상한다.

제나의 말이 이어졌다. 그의 차는 차갑게 식었고 이제는 우리 둘 다 눈물을 흘리며 그 자리에 가만히 앉아 있었다. "고통과 아픔은 우리의 속사람이 더 깊어지도록 변화시킬 수 있지만, 우리를 파괴할 힘도 갖고 있어요. 제가 짊어진 고통이 저를 파괴하고 있다는 것을 알 수 있었어요."

우리의 이야기 속으로 밀고 들어오는 고통과 아픔, 필요에 우리의 마음이 완고해질까, 아니면 부드러워질까? 우리를 산 채로 잡아 먹는 것 같은 고통이 심오한 변화의 매개가 될 수 있을까? 우리는 하나님, 우리의 신뢰를 깨뜨린 바로 그분을 우리의 혼란 속으로 초대해야 한다. 우리가 '가해자'라고 부르는 그분을 우리의 치유자로 초대해야 한다. 그것은 모든 선택 중에서 가장 용기 있는 선택이다.

제나의 말이 이어졌다. "젊은 그리스도인으로서 제 신앙은 예수님의 부활의 능력 위에 세워졌어요. 저를 이 이야기 안으로 끌어들이시고 신앙 여정의 이 지점까지 인도하신 하나님은 승리의 구주셨습니다. 이제 저는 고난받는 종, 슬픔의 사람을 알게 되었어요.[15] 제가 하나님의 보좌 주변에서 춤을 출 때 처음 피어난 영적 생명은 제가 도마처럼 예수님의 상처에 손가락을 넣는 동안에도 계속 자라나고 있어요."

어둠 속에서 더듬거리며 길을 찾아가던 그가 발견한 것은 부활의 능력이 있는 하나님이 아니라, 깜깜한 밤으로 기꺼이 들어가 칠흑 같은 어둠 속에서 그와 함께 더듬거리며 길을 찾으시는 하나님이었다. 동산에서 우시는 하나님, 십자가에 매달리신 하나님, 고난받는 종, 슬픔의 사람.

예수님이 계시하시는 하나님은 다른 여느 세계 종교에서 내세우는 신과 전혀 다른 지독히 인간적인 신이다. 타락한 세상에서 사람을 짓누르는 고통의 본질을 아는 신이다. 나병환자를 기적적으로 고치셨으나 그러한 환자들로 가득한 세상에서 계속 살아가시는 하나님, 한 아이가 눈이 먼 채 태어난 날 또 다른 눈먼 자의 눈을 뜨게 하신 하나님, 치유의 능력을 보여주시면서도 최종적인 치유의 수단으로 개인적인 고통을 선택하시는 하나님.

제나는 파커 파머가 밝힌 다음의 진리를 어둠 속에서 말 그대로 직접 발견했다. "믿음이 깊을수록 더 많은 의심을 견뎌야 하고, 소망이 깊을수록 절망하기 쉬우며, 사랑이 깊을수록 사랑의 상실로 인해 더 큰 고통을 겪는다. 이것이 인간인 우리가 받아들여야 하는 몇 가지 역설이다. 의심과 절망과 고통 없이 살겠다고 이런 역설을 받아들이지 않으면, 소망과 믿음과 사랑 없이 살아가는 자신을 발견하게 될 것이다."[16]

헬렌이 죽고 제나가 다시 아파트로 돌아왔을 때, 그동안 그의 삶을 지탱해 주었던 이야기는 카드로 세운 집처럼 무너져 내렸다. 그는 당시에 느꼈던 바를 이렇게 표현했다. "하나님은 능력이 부족하거나 충분히 선하지 않거나 둘 중 하나예요." 몇 달 후, 어둠 속에서 방황하고 교회 신도석에서 속을 끓이며 잃어버린 지난날의 자신이 그립고 다시 찾을 수 없어 슬퍼하던 그에게 마침내 다른 선택지가 열렸다.

"그날 상담실에서 저는 결정했어요. 신뢰를 선택하기로요. 하나님이 헬렌의 암이나 죽음을 원하셨다고 신뢰하는 것이 아니라 하나님은 선하시고, 우리의 고통 가운데 함께하시며, 결국 만물을 새롭게 하실 것임을 신뢰하기로 했습니다." 제나와 나는 눈물 젖은 얼굴로 조용히 자리에 앉아 있었다. 분주한 공유 오피스의 작은 사무실이 어쩐지 가장 화려하게 장식된 예배당만큼이나 거룩하게 느껴졌다.

나는 하나님을 다 이해하지 못한다(결코 이해할 수 없을 것이다). 그러나 예수님 안에 계시된 하나님, 높은 보좌에서 고난을 내려다보지 않으시고 항상 낮은 곳에서 고난받는 이들의 눈을 들여다보시는 하나님을 신뢰할 수 있다. 안전한 거리에서 뻔한 말을 늘어놓지 않으시는 하나님, 내가 있는 엉망진창의 상황 속으로 내려오시는 하나님을 신뢰할 수 있다.

성경의 모든 하이라이트, 하나님이 영광스럽게 개입하시는 순간에는 그에 앞서 신뢰를 선택한 누군가가 있었다. 모든 기적의 이면에 숨어 있는 하위 텍스트, 모든 성인(聖人)의 삶 밑바닥에 흐르는 배경음악은 하나님의 부재와 침묵이라는 어두운 경험에 맞서 저항하는 용기 있는 이 선택이다. "나는 신뢰하기로 선택합니다."

C. S. 루이스는 이 선택을 위대한 저항이라 부르며 여기에서 구원이 나타난다고 밝힌다. "인간이 원수의 뜻을 따르고 싶은 마음이 전혀 없는데도 그럴 의도를 여전히 갖고 있다면, 세상을 아무리 둘러보아도 원수의 흔적조차 찾을 수 없는 것 같고 왜 그가 자기를 버렸는지 계속 의문이 생기는데도 여전히 순종한다면, 그때보다 더 우리〔사탄과 그의 하수인들〕의 대의가 위협받을 때는 없다."[17]

---

* 하나님

처형과 구출

사도행전 12장은 베드로가 감옥에서 초자연적으로 구출된 놀라운 이야기를 들려준다. 예수님에 대한 믿음 때문에 감옥에 갇힌 베드로는 공개 처형을 하루 앞두고 있었다. 한편, 교회는 누군가의 집에 모여 철야 기도회를 열었는데, 새벽이 되자 베드로가 바로 그 기도회 자리에 나타난다.

알고 보니 하나님은 그들의 기도를 들으시고 기적을 행하셨다. 한밤중에 잠긴 감옥 문을 여시고, 쇠사슬에 묶여 있던 베드로를 풀어 주시고, 그를 위해 기도하던 교회 가족과 다시 만나게 하셨다.

이것이 헤드라인이다. 사도행전 12장에서 모두가 기억하는 이야기이고 좋은 이야기다. 하지만 나는 헤드라인에는 관심이 없다. 내가 주목하는 것은 서브텍스트다.

> 그때에 헤롯 왕이 손을 들어 교회 중에서 몇 사람을 해하려 하여 요한의 형제 야고보를 칼로 죽이니 유대인들이 이 일을 기뻐하는 것을 보고 베드로도 잡으려 할새 때는 무교절 기간이라(행 12:1-3).

하나님은 베드로를 기적적으로 풀어 주셨지만, 야고보는 부당한 처형을 당하게 하셨다. 왜 그러셨을까? 베드로를 위한 기도에 기적으로 응답하신 하나님이 왜 야고보를 위한 기도에는 침묵으로 응답하셨을까? 이 두 사람은 모두 주님의 최측근이었고 세 명의 핵심 제자 무리에 속했으니 예수님이 둘 중 어느 한 사람을 편애하신 것으로 볼 수는 없다. 분명히 교회는 두 사람 모두를 위해 기도했다. 그들이 베드로를 위해 모여서 철야 기도회를 열었다면, 야고보를 위해서도 같은 방식으로 기도했을 것이다. 두 사람 모두 똑같이 부당한 이유로 똑같은 부패한 독재자에게 체포되어 감옥에 갇혔고, 어쩌면 같은 감옥에 있었을 수도 있다. 그렇다면 묻게 된다. 하나님, 왜입니까? 베드로를 안전한 곳으로 순간 이동시킬 능력이 있으신 하나님이 왜 야고보는 죽게 내버려두셨습니까?

나는 모르겠다. 이게 유일하게 솔직한 대답이다.

내가 분명히 아는 바는 하나님이 느리게 일하시는 것은 무관심 때문이 아니라 긍휼 때문이라는 것이다. 나는 하나님이 수많은 부패를 참으신다는 것과 그분의 느린 사랑의 구원 방식이 고난 중에도 오래 참고 인내하기를 요구한다는 것을 안다. 사도행전을 읽을 때 나는 노련하고 회복력 있는 신앙을 본다. 기적을 통해 하나님과 함께 춤추고 신비를 통해 하나님과 함께 견디는 기도의 백성을 본다.

사도행전의 여러 액션 장면과 기적의 몽타주 배후에는 우리가 쉽게 놓치는 기도하는 공동체가 있다. 그들은 이미 한번 모여서 기도했지만, 어둠의 승리만을 볼 뿐이었다. 적어도 그들이 보기에는 그랬다. 하지만 그들은 다시 모여 기도했다. 기도에 응답받지 못했는데도 계속 기도했다. 그들은 끈질기게 기도했다.

그런 끈질김의 원천은 무엇일까? 하나님이 내 눈물을 병에 담으시고 함께 모은 내 기도를 옆에 두신다는 믿음이다. 그 두 가지가 구원의 조리법에서 핵심 재료라는 믿음이다. 그분은 나를 너무나 사랑하시므로 내 눈물도, 기도도 허비되게 두지 않으신다는 믿음이다.

우리는 다시금 일어나 끈질기게 기도하는 그런 백성이 될 수 있을까? 과거 어딘가에서 잃어버린 믿음의 선조들이 남긴 유산을 되찾을 수 있을까? 그것을 보존하고, 우리 몸에 새기고, 삶에서 드러낼 수 있을까?

"계속 구하라. 그러면 너희에게 주실 것이다. 계속 구하라. 그러면 찾을 것이다. 계속 두드리라. 그러면 너희에게 문이 열릴 것이다." 이것은 예수님이 우리에게 건네시는 초대다. 이 초대를 받아들이고 이 방식으로 충분히 오래 기도하는 사람은 결국 회복력의 문간에 서게 될 것이다.

실천.
끈질긴 기도

우리는 끈질긴 과부가 했던 기도를 세 단계로 이해할 수 있다.

1. 솔직하게 말한다

투지를 발휘하거나 믿음으로 시작하지 말자. 실망에서부터 시작하여 자신의 고통과 필요를 하나님께 아뢰자. 그분은 우리의 눈물을 모으시니, 우리도 똑같이 그분이 부재하시고 침묵하시고 거절하신다고 느꼈던 고통스러운 경험을 꺼내는 것으로 시작하자. 기도할 때 자신의 실망감을 하나님께 말씀드리되, 그 실망감을 희석시키지 말자. 예절은 잊으라. 있는 그대로 말하라.

2. 더 깊은 질문이 들릴 때까지 귀를 기울인다

당신의 실망 밑바닥에 있는 질문을 보여주시도록 하나님께 청하라. 더 깊은 질문에 이르면 실망의 근원에 도달했음을 알게 될 것이다. 실망 속에 남겨진 상황의 근저에는 하나님의 성품에 대한 질문이 놓여 있다. 하나님은 정말 사랑이실까? 하나님은 정말 내 말을 듣고 계실까? 내 삶의 이 부분에 정말 관심이 있으실까? 하나님은 정말 능력이 있으신가? 이것도 치유하실 수 있을까? 그분은 정말 구원의 방향으로 모든 것을 향하게 하실까? 기억하라. 하나님의 인격, 그분의 성품과 직결된 질문이 존재한다. 그 질문이 들릴 때까지 귀를 기울이라.

3. 그 질문 가운데 만나 주시도록 하나님께 구한다

당신의 깊은 질문을 하나님 앞에 가져가 치유를 구하라. 하나님은 날
카로운 질문들을 제기하는 이 과정을 통해 치유하시므로 당신이 발
견한 질문들에는 치유의 힘이 담겨 있는 것이다. 하나님을 초대하고
계속 초대하라. 그분은 때때로 눈먼 자의 눈을 뜨게 하시는 기적의
하나님이다. 그분은 때때로 어둠 속에서 우리와 함께 비틀거리며 우
리의 고통을 짊어지시는 신성한 동반자이기도 하시다. 그분은 최고
의 치유자시다. 우리의 유일한 역할은 그분을 초대하고 계속 초대하
는 것이다.

바로 이 과정을 통해 당신은 하나님께 다시 간구할 믿음, 계속 중
보할 믿음, 하늘의 기도 대접을 가득 채울 믿음을 발견하게 될 것이
다. 주님은 우리가 의무감에서 구하거나 이를 악물고 간구하는 것보
다 회복된 신앙과 치유된 마음으로 구하는 것에 더 관심이 많으시다.

10. 저항적 충실함
― 쉼 없는 기도

쉬지 말고 기도하라(살전 5:17).

그는 침대에서 여자를 끌어내어 머리채를 오른손으로 단단히 틀어쥔 채 도시 광장으로 끌고가 성전 계단 앞에 내동댕이친다. 주위가 온통 고요해진다. 여자는 랍비의 발밑 흙바닥에 엎드려 있다.[1]

간음한 여자는 불과 몇 분 전만 해도 이중생활의 그물망에 아슬히 걸려 있었다. 전날 중단되었던 지점에서 다시 시작된 불륜 현장의 스릴은 원치 않는 제삼자의 등장으로 산산조각이 났다. 한 성직자가 그들을 덮쳤던 것이다. 그들은 바로 그 현장에서 잡혔다.

치욕의 순간을 만들어낸 바로 그 성직자가 침묵을 깨뜨렸다. "율법에는 사형이라고 적혀 있습니다. 돌로 쳐 죽이라고 합니다. 선생님은 뭐라고 하시겠습니까?" 그는 랍비를 자처하는 누군가에게 백성과 율법 사이에 서라고 강요하고 있었다. 기막힌 상황설정이자 완벽한 덫이었다. 여자는 연인의 침대에서 가져온 얇은 담요만을 뒤집어쓰고 흙바닥에 뺨을 댄 채 누워 있었다. 몇 분 전의 느긋한 흥분은 온데간데없고 무거운 수치심만이 그를 짓눌렀다.

여자는 머릿속이 복잡했다. '저들이 언제부터 알고 있었을까? 또 누가 알고 있을까? 아이들 데리러 갈 시간이 다 되었는데. 누군가 아이들에게 말하면 어쩌지. 아니, 어쩌면 아이들을 여기로 데려올지도 몰라. 이런 내 모습을 아이들에게 보여줄 거야. 그렇게 해서 일종의

경고로 삼을 거야. 정말 돌에 맞으면 어떤 기분이 들까?'

예수님은 성직자의 질문에 답하지 않으신다. 그분은 허리를 굽혀 흙바닥에 뭔가 그리기 시작하신다. 가까이 있는 여자의 귀에 그분의 집게손가락이 흙바닥을 긁는 소리가 들린다. 구경꾼들은 그분이 뭐라고 쓰고 있는지 보려고 몸을 기울인다.

침묵이 충분히 길어져 성직자가 다른 말을 꺼내려고 할 때쯤 예수님이 큰소리로 말씀하신다. "좋다, 어서 돌로 쳐라. 그러나 죄 없는 사람이 먼저 돌을 던져야 한다."

여자는 돌이 부딪치는 소리에 움찔하지만 곧 깨닫는다. '사람들은 돌을 던지는 게 아니야. 돌을 떨어뜨리고 있어.'

그는 고개를 들어 그분의 눈에 가득한 긍휼을 마주한다. 예수님이 선언하신다. "나도 너를 정죄하지 않는다. 이제부터 다시는 죄를 짓지 말아라."[2]

이것은 그가 평생에 걸쳐 두고두고 들려주었을 이야기다. 너무나도 수치스러웠던 자리는 큰 자비를 맛보는 자리가 되었다. 그의 이야기에서 지우거나 하단에 작은 글씨로 숨겨 두고 싶었던 부분은 그가 반복해서 들려주는 대목이 되었다. 하나님은 이런 작가시다. 그분은 삭제하지 않으신다. 용도를 바꾸어 살려내신다. 최악의 순간을 대체할 수 없는 절정의 순간으로 바꾸신다. 그분의 가장 명백한 실패는 가장 큰 승리이기도 했다.

그러나 갑작스러운 사랑의 침입에 어리둥절해 있는 이 여자는 인생의 진짜 싸움이 이제 막 시작되었다는 사실을 알 수 없었을 것이다. 초월적이고 잊을 수 없는 이날 이후 진짜 싸움이 매일매일 벌어진다.

과거에 우리는 모두 '간음하다 잡힌 여인' 같은 순간을 한두 번씩 만나 심오한 변화를 겪었다. 하지만 그 열정적인 만남 이후의 수많은 나날(충실함이 필요한 시간)을 보내면서 우리의 삶은 흔히 심드렁해지고 무덤덤해진다.

영적인 삶에는 굴곡이 있게 마련이다. 초자연적인 만남, 불같은 열정, 치유의 용서가 있는가 하면, 외로움과 슬픔, 실존적인 위기도 존재한다. 그러나 지역교회 예배당의 장의자에서 볼 수 있는 가장 흔한 모습은 전반적으로 불쾌한 권태감이다.

정상에서 맛본 짜릿한 경험은 얼마 후 사라지고, 우리는 마지못해 예수님을 따라 발을 질질 끌며 좁은 길을 걸어간다. 우리 입에서는 하품이 끊이지 않는다. 그러나 영적 권태감이 반드시 우리가 기도를 소홀히 하고 있다는 신호는 아니다. 그것은 오히려 성숙의 징조일 때가 많다.

신앙의 진정한 싸움은 절정의 순간 이후 펼쳐지는 모든 평범한 날들에 이루어진다. 충실함은 지루하기 때문이다. 우리 모두가 알고 있지만 예의상 차마 드러내어 인정하지 못할 뿐이다.

기도의 핵심은 사랑이다

성경은 규칙서나 지침서가 아니라 사랑을 기록한 책이다. 이 책은 낭만적이고 용감한 사랑 이야기를 믿으라고 초대한다. 우리는 예수님이 그분의 발아래 흙바닥에 던져진, 수치로 뒤덮인 여인을 변호하고 품위 있게 대하시는 장면에 성경 전체 이야기가 압축적으로 담긴 것을 볼 수 있다. 그러나 하나님이 밤하늘에 별을 걸어놓으신 이후 죽써 내려오신 거대한 대서사시로 시야를 확대해도 그 사랑의 이야기를 똑같이 분명하게 볼 수 있다.

성경 이야기는 죄로 인한 갈등으로 완전한 사랑이 왜곡되고 뒤틀리는 데서 출발한다. 그리고 이 이야기의 중심에 놓인 전환점은 예수님의 삶과 죽음, 부활이다. 부정으로 인해 생긴 상처는 결코 포기하지 않는 사랑으로 치유된다. 예수님은 생애 마지막 밤, 제자들에게 이렇게 말씀하신다. "아버지께서 나를 사랑하신 것같이 나도 너희를 사랑하였으니 나의 사랑 안에 거하라."[3] 66권의 선집으로 이루어진 성경의 전체 이야기는 파국적인 종말이 아니라 그리스도와 신부가 영원히 결합하는 혼인 잔치로 마무리된다.[4] 인간의 부정이 하나님의 충실함으로 회복되는 것이다.

그렇다면 어떻게 해야 그 사랑 안에 거할 수 있을까? 어떻게 하면 언약의 사랑을 지속적인 배경으로 삼고 그 앞에서 우리 삶의 장면들이 펼쳐지게 할 수 있을까? 바로 기도다. 요하네스 하르틀은 이렇게 말했다. "사랑할 수 없으면 기도할 수도 없다. 기도는 사랑이다. 기도를 배우는 것은 곧 사랑을 배우는 일이다."[5]

사랑은 처음과 마지막이 쉽다. 신혼 단계에서 사랑은 일도 아니다.. 홀딱 반하여 상대에게 관심이 쏠리고 매료되고 말이 많아지는 시기이기 때문이다. 수십 년의 결혼생활을 한 노부부에게 사랑은 호흡과도 같다. 이들의 성숙한 사랑은 고급 포도주처럼 세월과 함께 완벽하게 숙성된다. 그러나 그 사이의 긴긴 세월은 어떨까? 경력을 쌓고 아이를 키우고 자리를 잡고 시련에 직면하는 인생 중간의 사랑 말이다. 그 긴 세월 동안 부부는 사랑을 위해 노력해야 하고 사랑을 위해 싸워야 한다. 초기의 열정은 이 시기를 거치면서 애쓰지 않아도 뜻이 맞는 노부부의 사랑으로 성숙해간다. 우리는 이 시기에 사랑을 얻기도 하고 잃기도 한다.

기도도 사랑과 같다. 처음과 마지막에, 즉 죄인과 성도에게는 기도가 자연스럽게 찾아오지만, 그 사이의 모든 세월이 기도를 배우는 데 중요한 시기다. 기도의 핵심은 관계에 있으며, 그래서 기도는 충실함이라는 그릇 안에서만 제대로 번성할 수 있다.

고등학교 3학년이던 열일곱에 나는 일주일에도 몇 번씩 하굣길을 따라 옆으로 나 있던 수변 공원의 그늘진 길을 걸으며 아무런 볼일 없이 하나님과 느긋하게 대화를 나누었다.

공립 중학교에서 사명을 품고 걸으면서 기도한 결과로 이른 아침에 부흥의 불꽃이 튀는 것을 보았던 터라 나는 강렬하고도 불타오르는 기도를 안다. 그리고 충실함과 사랑의 기도도 안다. 필립 공원을 걷던 오후, 나는 하나님께 아무것도 바라지 않았다. 든든히 지원해 주시기를 바라는 계획이나 채워 주실 것을 기대하는 필요 같은 것은 없었다. 나에게는 어떤 동기도 없이 오직 사랑뿐이었다. 그저 하나님과 함께하고 싶어서 걷고 말하고 귀를 기울였다.

이십 년이 지난 지금, 그 오후 시간이 하나님이 가장 좋아하셨던 시간이었을 거라는 생각이 든다. 확실히 알 방법은 없지만, 학교 주소록을 손에 쥐고 비전을 염두에 둔 채 걸으면서 드리던 그 이른 아침의 기도들보다 정처 없이 다니며 기도하던 오후의 산책 시간을 하나님이 더 좋아하셨을 거라는 은근한 느낌이 든다. 그 평일 오후에 나는 세상을 바꾸기 위해 기도한 것이 아니었다. 내가 생각하는 올바른 하나님의 행동을 끌어내려고 기도한 게 아니었다. 내 문제나 필요를 놓고 기도하지도 않았다. 그때의 기도는 아무 기능도 없었다. 우리는 사랑하는 사람들과 함께 시간을 '낭비한다.' 그리고 나는 하나님을 사랑하기 때문에 그분과 몰래 둘만의 시간을 보냈다.

헨리 나우웬은 이렇게 말했다. "하나님께 영향을 미치려는 시도로나, 영적 피난처를 찾는 모색, 스트레스 가득한 시간에 위로를 구하는 방편으로만 기도한다면, 우리의 기도에는 큰 의미가 없다. 우리는 기도라는 행위를 통해 거짓 소유물을 버리고 하나님께, 오직 하나님께만 속할 자유를 얻는다."[6]

기도의 핵심은 능력이나 결과를 얻고 천군의 도움을 받고 의로운 봉기를 일으키는 것이기 이전에 사랑에 있다. 우리는 먼저 자유롭게 우리를 선택하신 하나님을 기도라는 방식으로 자유롭게 선택한다. 기도는 어떤 일이 있어도 결국에는 우리를 기뻐하시는 하나님께 우리 자신을 표현하는 방식이다. 기도는 혼자로 충분하다며 입을 꽉 다물고 주먹을 불끈 쥔 채 버티기를 좋아하는 사람들이 무한한 기력으로 자신을 내어 주시는 하나님께 은혜를 받는 길이다.

"우리에게도 기도를 가르쳐 주옵소서."[7] 이것은 우리가 계속 되풀이하는 요청이다. 사람들이 예수님에 대해 가장 주목했던 부분이 기도였다. 예수님과 가까이 지냈던 이들이 가장 부러워했던 부분이 바로 그분의 기도였다.

예수님이 기도하시는 모습은 영화 「노트북」의 마지막 장면 같았다. 아마 당신도 그 장면을 알 것이다. 젊고 열정적이고 서로에게 심취한 사랑을 나누던 라이언 고슬링과 레이첼 맥아담스는 긴 시간의 우여곡절 끝에 살이 찌고 다리가 불편한 여느 노부부처럼 늙어갔다. 어느덧 임종을 눈앞에 둔 두 사람은 나란히 병실에 누워 있었다. 남편은 아내의 침대에 누워 팔로 그를 감싸고 손가락 깍지를 낀다. 그 상태로 함께 영원히 잠든다. 그들은 죽어가고 있지만 여전히 사랑에 빠져 있고 여전히 서로를 붙들고 있다.

이 영화를 보는 사람은 누구나 이 장면에서 눈가가 촉촉해지고 만다. 이 장면에서 하나님이 주신 갈망의 자리에 서게 되기 때문이다. 우리는 모두 이런 친밀한 동반자로서의 관계를 원한다. 모두가 이것을 원하는데, 「노트북」의 작가와 감독이 신혼 단계와 노년의 성숙한 사랑만 담아내는 데는 이유가 있다. 가장 분명한 이유는 그 사이의 모든 시간은 평범한 충실함으로 채워지기 때문이다. 그리고 충실함은 지루하다.

하지만 충실함의 결실, 여전히 사랑에 빠져 있는 노부부의 모습을 보면 누구나 한 가지를 생각하게 된다. '저건 내가 가진 그 무엇보다 낫다. 나도 저걸 원한다.' 예수님이 기도하실 때 제자들이 본 것은 바로 이것, 충실함의 열매였다. 그리고 그들은 그것을 원했다. "저런 모습으로 이끄는 기도를 가르쳐 주옵소서."

"하늘에 계신 우리 아버지여, 이름이 거룩히 여김을 받으시오며 나라가 임하시오며 뜻이 하늘에서 이루어진 것같이 땅에서도 이루어지이다."[8] 이 모범적인 기도로 예수님은 열두 제자들이 분명히 알았던 것, 그러나 현대의 제자들은 놓쳐 버린 뭔가를 전하고 계셨다.

주기도문은 예수님의 완전히 독창적인 기도는 아니었다. 그분이 즉흥적으로 만들어내신 기도문이 아니었다. 예수님은 고대 유대교 성전에서 정기적으로 낭송되던 필수적이고 친숙한 세 기도문 중 하나인 카디시의 첫 대목을 각색하신 것이었다. "그분의 위대한 이름이 높아지고 거룩히 여김을 받기를 원하오니 그분의 뜻으로 창조하신 이 세상에서 그렇게 되게 하소서. 우리의 평생에 사는 날 동안 그분의 나라가 든든히 서기를 원하나이다."[9]

나란히 놓인 두 기도문을 잘 살펴보라.[10]

카디시	주기도문
그분의 위대한 이름이 높아지고 거룩히 여김을 받기를 원하오니	하늘에 계신 우리 아버지 이름이 거룩히 여김을 받으시오며
그분의 뜻으로 창조하신 이 세상에서 그렇게 되게 하소서. 우리의 평생에 사는 날 동안 그분의 나라가 든든히 서기를 원하나이다.	나라가 임하시오며 뜻이 하늘에서 이루어진 것같이 땅에서도 이루어지이다

나는 예수님이 뭔가 부도덕한 일을 하셨다고 비난하려는 것이 아니다. 하지만 이런 일은 대학에서는 분명히 표절에 해당한다. 예수님은 성전에서 쓰이던 일반적이고 틀이 잡힌 히브리어 기도를 각색하여 인격적인 하나님을 찾는 개인들을 위한 훨씬 더 사적인 기도로 바꾸

셨다.

"우리에게도 기도를 가르쳐 주옵소서." 이 요청에 예수님은 본질적으로 이렇게 대답하신다. "이 정도면 되겠지 싶은 수준보다 훨씬 더 친밀하게 하나님께 기도하여라. 기도의 핵심은 사랑이기 때문이다. 그리고 규율이 잡힌 기도의 리듬을 중심으로 생활을 구성하라. 사랑은 충실함이라는 토양에서 자라기 때문이다." 예수님이 이렇게 말씀하시는 것이 들리는 듯하다. "내 기도의 비결이 여기에 있다. 연인의 마음과 수도사의 규율로 기도하는 것이다. 이것은 충실함을 선택하는 일이고, 이렇게 할 때 다른 모든 것이 지루하게 느껴질 정도로 만족스럽게 욕망을 해소할 수 있다." 예수님은 제자들과 우리에게 이렇게 말씀하신 것이다. "거칠고 거침없는 수도사 무리처럼 기도하라."

디트리히 본회퍼는 어느 젊은 부부의 결혼식에서 유명한 조언을 한 적이 있다. "두 사람이 반지를 서로에게 주었다가 이제 목사의 손에서 두 번째로 받은 것처럼, 사랑은 여러분에게서 나오지만 결혼은 위로부터, 하나님으로부터 옵니다.……두 사람의 사랑이 결혼을 지탱하는 것이 아닙니다. 이제부터는 결혼이 사랑을 지탱합니다."[11] 기도의 핵심은 사랑이고, 그렇다면 기도는 설레는 감정이나 좋은 의도, 즉흥적인 순간만으로는 지탱될 수 없다. 기도에는 결혼의 충실함 비슷하게 그것을 담을 그릇, 사랑이 자라고 성숙해지고 꽃필 수 있는 환경을 만드는 일련의 실천이나 의식이 필요하다.

「뉴욕 타임스」의 칼럼니스트 데이비드 브룩스는 이렇게 말했다. "각기 한 사람으로 살아오다가 갑자기 둘이 하나를 이룬다는 것은 서로에 대한 침입이다. 하지만 이 일에는 상이 있다. 행복한 결혼 생활을 오래 지속한 사람들은 인생의 복권에 당첨된 것이다.……열정은 젊은 시절에 최고조에 이르지만, 결혼은 노년기에 최고로 숙성된다."[12] 노부부가 오랜 세월 함께하면서 서로를 점점 닮아가는 것처럼, 우리도 예수님과 여러 해 동안 함께하고 오랜 시간 대화하면서 그분을 점점 닮아간다.

이런 발상은 새로운 것도, 참신한 것도 아니다. 교회가 시작된 때부터 현대 교회사의 다양한 전통과 시기를 관통하며 이어져 온 일련의 기도 리듬은 하나님과 그분 백성의 관계를 형성하는 토대가 되어 왔다.

수도사처럼 기도하라

예수님이 가르쳐 주신 기도 방법에는 평범한 세상에서 수도사처럼 사는 법을 배우라는 피할 수 없는 초대가 들어 있다. 역사적으로 볼 때, 하나님의 백성은 항상 이 북소리에 맞춰 살아왔다.

기독교 신앙의 뿌리가 담겨 있는 히브리 전통에는 아침, 정오, 저녁, 하루 세 번씩 잠시 멈춰 기도하는 매일의 기도 리듬이 항상 존재해 왔다. 사실 모든 위대한 영성 전통은 어떤 형태로든 매일의 기도 리듬을 고수한다.[13] 이것은 다니엘서 줄거리의 중심에 놓여 있다. 다니엘은 바벨론 문화 한가운데에서도 야훼께 드리는 기도를 포기하지 않는다. 예루살렘 쪽으로 난 창문 앞에서 하루에 세 번 무릎을 꿇고 기도하기를 멈추지 않는다. 그는 매일의 기도 리듬에 따라 살아가고, 이국땅의 문화, 관습, 기대에 맞추어 기도 생활의 순서를 조정하지 않는다. 그것이 범죄로 규정되면서 그는 사자 굴에 던져진다.

이와 비슷하게, 시편 기자는 모든 하나님 백성의 목소리를 하나로 묶어낸다. "나는 하나님께 부르짖으리니 여호와께서 나를 구원하시리로다. 저녁과 아침과 정오에 내가 근심하여 탄식하리니 여호와께서 내 소리를 들으시리로다."[14]

예수님은 매일 기도하는 리듬을 지키셨다. 모든 복음서에는 예수님이 하시던 활동에서 물러나 정해진 시간에 기도하시는 장면이 나와 있다. 성경에는 예수님의 기도 장면이 열일곱 번 등장한다.

기도하시는 예수님을 언급한 대목을 보면 전부 매일 정해진 리듬에 따라 계획된 것은 아니라는 데 주목할 필요가 있다. 이를테면 달밤에 밤새도록 기도하는 것은 성전의 관습이 아니었다. 그러니까 예수님이 즉흥적으로 기도하셨다는 말이다. 하지만 정해진 매일의 리듬에 따라 기도하기도 하셨다. 이 사실도 중요하다. 역사적 증거에 따르면, 예수님은 다니엘서와 시편에서 볼 수 있는 것처럼 하루 세번, 아침, 정오, 저녁의 성전 리듬에 따라 기도하셨다. 사실, 기도하시는 예수님을 언급하는 성경의 많은 대목이 이 범주에 속한다.[15] 신약학자 스캇 맥나이트는 이것을 이렇게 요약한다. "예수님은 이스라엘의 거룩한 리듬 안에서 기도하셨고, 믿음의 형성을 돕는 그 리듬의 영향력을 경험적으로 알고 계셨다."[16] 예수님은 즉흥적으로도 정기적으로도 기도하셨고, 혼자서도 다른 사람들과도 기도하셨다. 본인의 말로 감정을 쏟아내기도 하셨고 성전에서 정해진 시간에 시편의 안내를 받아 기도하기도 하셨다. 예수님은 거칠고 거침없는 수도사처럼 기도하셨다.

　　우리는 초대 교회가 공유했던 삶을 되찾고자 약 1700년 동안 노력해 왔다. 그런데 그 초대 교회 교인들도 매일의 기도 리듬에 따라 생활했다. 사도행전에서 사도들은 스승의 본을 그대로 이어받아 예수님이 가르치신 대로 기도했다.

　　오후 세 시의 기도 시간이 되어서, 베드로와 요한이 성전으로 올라가는데(행 3:1, 새번역).

　　베드로와 요한은 풀려나는 길로 동료들에게로 가서, 대제사장들과 장로들이 한 말을 낱낱이 일렀다. 동료들은 이 말을 듣고서, 다 같이 하나님께 부르짖어 아뢰었다(행 4:23-24, 새번역).

　　이튿날 그들이 길을 가다가 그 성에 가까이 갔을 그때에 베드로가 기도하려고 지붕에 올라가니(행 10:9).

교회 생활에 관한 자료 중에서 성경을 제외하고 가장 오래된 문서인 『디다케』는 무엇보다도 초대 교회의 모든 그리스도인이 지켰던 아침, 정오, 저녁 기도를 자세히 설명한다.[17]

휴대전화가 없던 시대에 사도들이 어떻게 흩어진 교인들을 모아 대도시에서 긴급 기도 모임을 가질 수 있었는지 궁금했던 적이 있는가? 가장 유력한 설명은 그들이 이미 매일 정해진 시간에 모여 기도하고 있었다는 것일 테다.

수 세기 동안 교회는 매일 정해진 시간에 모여 기도하는 일을 당연하게 여겼다. 그러다 로마 제국이 멸망하면서 교회는 역사상 처음으로 정치권력과 결탁하게 된다. 이후 교회는 예수님이 경고하신 대로 소금의 짠맛을 잃어버렸다.[18] 그리고 동시에 기도에 대한 흥미도 잃었다.

최초의 수도원들은 초대 교회의 공동생활을 이어가는 것을 목표로 4세기와 5세기에 세워졌다. 교회가 권력과 결탁하면서 교회 생활의 순수성은 희석되었고, 몇몇 신자들은 세상 밖으로 물러나 그레코로만 세계에 들불처럼 퍼져 나갔던 초기 기독교의 강력한 신앙의 모습으로 돌아가고자 했다. 지금은 사막의 교모 교부로 알려진 최초의 수도자들은 예수님과 사도들의 공동생활을 이어가기 원했던 평범한 사람들이었다. 그 사막 공동체는 거칠고 거침없는 수도사처럼 기도했다.

사도행전은 성경에 실린 초대 교회의 역사서다. 특히 사도행전을 통째로 읽으면서 "우리가 기도하는 곳으로 가는데"(또는 번역본에서 이에 상응하는 문구)라는 구절이 나오는 대목들을 주목해서 보라고 권하고 싶다. 매일의 기도를 실천하는 삶에 헌신할 때 어떤 결과가 따라오는지 잘 살펴보라.

사도행전 2장에서 신자들이 아침 기도를 위해 (아침 9시에) 모였을 때 오순절의 불의 혀 같은 방언이 내려왔다. 사도행전 3장에서는 베드로와 요한이 (오후 3시에) 정오 기도를 하러 가는 길에 부활 이후 첫 번째 기적적 치유를 행했다. 사도행전 4장에서는 교회의 평범한 기도 모임에 대한 응답으로 성전 바닥이 흔들리는 역사가 일어났다. 사도행전 10장에서 베드로는 정오 기도를 드리던 중에 복음이 유대 민족뿐 아니라 전 세계를 위한 것이고 예수님의 가족이 모든 민족으로 확장되었음을 알리는 환상을 받았다.

사도행전 2장에는 교회의 시작을 알리는 상황이 이렇게 요약되어 있다. "그들이 사도의 가르침을 받아 서로 교제하고 떡을 떼며 오로지 기도하기를 힘쓰니라."[19] 여기서 '기도'로 번역된 헬라어 단어는 복수형이며, 일부 번역본에 반영된 이 '기도들'은 매일의 정해진 기도의 리듬을 의미하는 것이 거의 분명하다.[20] 이렇게 기도에 힘껏 헌신했을 때 어떤 일이 뒤따랐을까? 초대 교회의 초자연적 삶에는 표적과 기사, 무모하리만치 관대한 나눔, 대항문화적 공동체가 따라왔고 매일 구원의 물결이 밀려들었다.[21]

초대 그리스도인들은 오늘날의 우리보다 기도 모임에 더 높은 가치를 부여했고 성령의 능력에 대단히 집중했다. 우리가 기도하며 하나님께 사랑을 표현할 때, 그분의 능력이 어느 정도는 그냥 불쑥 주어진다.

기도는 성경의 드라마 전체를 관통하고 있고, 초대 교회 역사에서도 공동체를 이룬 그리스도인들의 삶의 닻이었다. 나는 사도 바울이 교회에 "쉬지 말고 기도하라"[22]고 가르쳤을 때, 내면의 존재가 기도의 상태에 한결같이 머무는 것과 구체적이고 헌신적인 외적 기도의 리듬을 모두 염두에 두었을 거라고 생각한다. 초대의 내용은 "거칠고 거침없는 수도사들의 무리처럼 기도하라"는 것인데, 그렇게 할 때 우리 내면에서는 사랑과 능력이 함께 피어날 것이다.

매일의 기도 리듬

내가 지금 내세우는 기도법은 새로이 등장한 것이 결코 아니다. 이 기도의 역사는 상당하다. 아브라함이 죽은 후 이삭이 그랬던 것처럼, 나는 지금 블레셋 사람들이 메운 우물을 다시 파고 있다.[23] 새로운 우물을 파는 것이 아니다. 잊힌 고대의 우물에서 쓰레기를 치우고 있을 뿐이다. 새로운 세대가 와서 마실 수 있도록 말이다.

역사적으로 대단히 중요한 교회의 관행이었으나 우리 시대에 이르러 거의 망각된 매일의 기도 리듬은 특히나 현대 교회에 절실히 필요하다. 우리는 과거를 되돌아보며 다른 시대를 낭만적으로 생각하는 데 그칠 수 없다. 성경은 과거의 그 기도를 지금 실천하라고 초대하고 있다. 앞에서 꺼낸 이야기를 마저 하자면, 기도는 이론보다 실천이다. 성경적 경험을 원한다면 성경적으로 살아가야 한다. 새로운 시간과 장소에서 성경을 통해 배운 바를 실천해야 한다.

매일의 기도 리듬은 '충실함'에 그 핵심이 있다. 그것은 사랑과 절대적 관련이 있으며 율법주의와는 아무 상관이 없다. 예수님의 개인적 훈련은 늘 자유와 생명을 누리기 위한 것이었다. 그분이 잠자리에서 벌떡 일어나 홀로 감람산으로 기도하러 가신 것은 영적 채점표에서 높은 점수를 받기 위해서가 아니라 사랑 때문이었다. 예수님께는 아버지와 함께 있는 것이 가장 바라는 바였고, 정체성의 근원이었으며, 참된 삶에 이르는 유일한 길이었다. 심리학자 데이비드 베너는 이렇게 말했다. "예수님에게 훈련은 관계에 기반을 둔 상태에서 욕망으로 형성된 것이었고, 우리에게도 그런 것이 되어야 마땅하다."[24] 하나님은 출석을 부르거나 성적을 매기지 않으신다. 그분에게 중요한 것은 사랑이다. 하나님과의 친밀함을 중심으로 하루의 순서를 정하는 것은 그분을 가장 사랑하는 대상으로 간직하겠다는 마음의 실천이다.

우리는 감정이 아닌 헌신의 방식으로 우리의 사랑을 드러낸다. 데이비드 브룩스는 헌신을 이렇게 정의한다. "어떤 것과〔또는 누군가와〕 사랑에 빠지고 난 후, 그 사랑이 흔들리는 순간을 대비해 행동의 구조를 구축하는 것."[25] 예수님이 우리에게 그분의 "쉬운 멍에"를 지라고 초대하신 것 역시 이와 같은 취지의 말씀이었다.[26] 그리고 이것이 매일의 기도 리듬의 핵심이다. 헌신은 우리의 기분과 감정이 우리를 배신할 때도 우리의 가장 깊은 소원을 지지하게 하는 구조다.

예수님이 매일의 기도 리듬에 따라 사시던 세상에는 아이폰이나 이메일이 없었고, 심지어 시계조차 없었다. 예수님과 그분의 첫 제자들에게는 하나님과의 교제가 시간의 경과를 알리는 기준이었다. 다른 모든 일은 기도 전후로 일정한 거리를 두고 일어났다. 기도를 중심으로 다른 모든 일의 우선순위가 정해졌고, 우선순위를 다투는 여러 일들 사이에 기도를 끼워 맞추지 않았다. 사랑의 하나님과 나누는 친교는 삶의 중심이자 일상의 닻이었다.

지금 당신의 하루는 어디에 정박해 있는가? 혹시 업무상의 요구들, 휴대전화의 알림음, 혹은 메일함인가? 다음 식사 메뉴나 주말까지 남은 시간인가? 날짜를 꼽아가며 기다리는 여행인가? 무언가가 우리 일상의 리듬을 정한다. 무언가가 시간의 경과를 표시한다. 그것이 무엇이든 우리는 다음의 질문을 깊이 생각해 볼 필요가 있다. 그것이 나를 온전하게 만드는가? 그것은 나를 사랑하는가, 아니면 나를 통제하기 원하는가? 그것은 나의 가장 깊은 행복에 관심이 있는가, 아니면 나에게 뭔가를 팔려고 하는가? 나를 최고의 모습으로 빚어내는가, 아니면 내 이기심을 부추기는가? 나를 살아 있게 하는가, 아니면 녹초로 만드는가? 무엇이 되었든 우리 중심에 있는 것이 우리를 정의하고 우리의 모습을 형성하기 때문이다.

사랑 그 자체이신 하나님과의 친교를 일상의 중심에 둔다면 어떻게 될까? 하루의 깨어 있는 시간을 하나님과 함께 "나라가 임하시오며" 같은 큰 꿈과 "일용할 양식" 같은 평범한 꿈을 꾸는 데 보낸다면 어떻게 될까?[27] 다른 온갖 세력이 당신의 관심을 끌고자 경쟁하지만, 당신의 마음은 오직 예수님께만 향해 있어서 한낮에 몇 분 또는 몇 초라도 기도 시간을 낸다면 어떻게 될까? 퇴근길이나 밤에 잠들기 전 마지막 순간에 시간을 내어 그날 당신이 목격한, 하늘이 땅으로 뚫고 들어오는 웅장하고 미세한 방법들을 이야기한다면 어떻게 될까? 당신의 하루가 하나님의 것이고, 그분은 당신을 통제할 필요 없이 사랑하시는 하나님, 당신의 가장 깊은 행복에 가장 큰 관심이 있으신 하나님, 당신을 최고의 모습으로 부드럽게 빚으시고 녹초가 된 당신에게 풍성한 생명을 불어넣어 주시는 하나님이라면 어떻게 될까? 예수님에 대한 충실함이 가장 중요하고 그것을 선택하는 간단한 방법이 기도라면 어떻게 될까?

나는 지금 더 엄격하고 율법주의적이며 틀에 박힌 기도 생활을 하라고 요란하게 요구하는 것이 아니다. 조용한 반란을 촉구하는 것이며, 사랑이라는 다른 질서에 따라 살아가고 다른 왕의 행렬을 따라 다른 북소리에 맞춰 행진하기로 자유롭게 선택하기를 촉구하는 것이다.

재즈 연주

기독교 초기 몇 세기 동안에는 매일의 기도 리듬에 성경 역사 속 성도들과 함께 기도하는 순서가 들어 있었다. 신자들은 시편, 쉐마(신 6:4-9), 주기도문에 따라 기도하면서 그 신성한 리듬을 따랐다.[28] 초기 그리스도인들은 옛 선조들의 기도로 형성되고 빚어졌다.

최근 세대에서는 자연스럽게 떠오르는 체험적 기도에 집착하면서 틀을 정해 놓고 규칙적으로 드리는 기도에 거부감을 보인다. 유진 피터슨은 이렇게 말한다.

> 미국의 많은 그리스도인 사이에는 정해진 기도문, 반복된 기도를 안 좋게 보는 편견이 널리 퍼져 있다. 심지어 '성경'에서 직접 발췌한 기도마저 부정적으로 본다. 이것은 오류다. 즉흥성이 선사하는 즐거움과 거룩함이 있다면, 반복은 또 다른 즐거움과 거룩함을 가져다준다. 둘 중 하나만 선택할 필요가 없다. 둘 중 하나만 선택해서는 안 된다. 둘은 기도의 두 축이다. 우리 주님(과 다윗)의 기도에 나오는 반복은 바울이 촉구한 대로 "쉬지 말고 기도"(살전 5:17)하기 위해 필요한 자발성, 도약, 탐험, 묵상, 탄식, 신음의 확고한 근거를 제공한다.[29]

현대 교회는 영적 삶에 양분을 제공해 주는 기도의 리듬을 잊어버렸다. 즉흥적이고 기억에 남는 체험적 기도만 진정한 기도라는 착각에 빠졌기 때문이다. 그러나 진정성에 대한 이러한 관점은 비현실적이고 문제가 있다. 이 관점은 순수하지 않고 분별력이 있지도 않다.

기도는 재즈와 같다. 재즈 음악은 즉흥적이다. 재즈 밴드는 악보를 응시하지 않고 음악에 몰입하여 그 흐름에 몸을 맡긴다. 오케스트라의 색소폰 연주자는 세련되고 격식 있는 오페라 하우스에서 완벽한 자세로 앉아 연주한다. 재즈 트리오의 색소폰 연주자는 담배 연기 자욱하고 시끄러운 클럽에서 등을 구부리고 눈을 감은 채 연주하는데, 그의 얼굴에는 깊은 만족감이 퍼져나간다. 그는 음악을 읽는 것이 아니라 '느끼고' 있다. 하지만 재즈의 흥미로운 점은 악기를 확실히 이해하고 있어야 한다는 것이다. 풍부한 지식과 오랜 연습이 있어야만 즉흥 연주가 가능할 뿐만 아니라 연주를 즐길 수 있다. 요컨대, 재즈를 연주하고 싶다면 먼저 악보라는 기본을 배워야 한다. 열정적이고 즉흥적이며 자유롭게 기도하고 싶다면 기도의 기본을 배워야 한다.

예수님은 겟세마네에서 무릎을 꿇고 두려움과 불안으로 땀을 핏방울처럼 흘리며 이렇게 기도하셨다. "나의 아버지, 내가 마시지 않고서는 이 잔이 내게서 지나갈 수 없는 것이면, 아버지의 뜻대로 해주십시오."[30] 마태복음 26장에 나오는 예수님의 이 기도는 마태복음 6장에 나오는 주기도문 "하늘에 계신 우리 아버지여, 이름이 거룩히 여김을 받으시오며 나라가 임하시오며 뜻이 하늘에서 이루어진 것같이 땅에서도 이루어지이다"[31]의 거울상처럼 느껴진다. 고뇌의 순간에 그분의 입에서 불쑥 흘러나온 기도는 수년 전 제자들에게 가르치신 기도의 내용과 놀라울 정도로 닮아 있다. 상황은 달랐지만, 대응은 동일했다. 혼란의 시기에는 상황에 부응하여 특별한 모습을 보여주는 것이 아니라 훈련된 수준이 드러나는 것이라는 말이 있다. 세상 고통의 무게를 어깨에 짊어진 궁극의 혼란 가운데, 예수님은 상황에 부응하는 특별한 모습을 보여준 것이 아니라 평소 훈련된 수준을 드러내셨다. "나의 아버지……아버지의 뜻대로 해주십시오."

고대의 기도들을 깊이 새겨 두면 가장 필요한 순간에 우리 입에서 흘러나올 것이다. 뿌리가 깊고 훈련된 기도 생활이 있어야 기도가 저절로 나오는, 기억에 남는 순간이 가능해진다.

헤른후트

헤른후트의 부흥으로 돌아가 보면, 거기서 기도를 통해 예수님께 저항적 충실함을 바치는 실제 모습을 만나게 된다. 니콜라우스 루트비히 폰 친첸도르프 백작이 가문의 땅을 헤른후트 마을로 바꾸고 마흔여덟 명의 난민을 환영해 들이면서 뜻밖의 부흥의 불씨가 뿌려졌다. 그들은 초대 교회의 급진적 능력을 되찾기를 꿈꾸었다. 그러나 몇 년 후 그들은 환멸을 맛보았고, 공동의 합의와 집단적 의지만으로는 충분하지 않다는 냉엄한 깨달음을 얻게 되었다. 지도자의 웅변적인 입술에서 나오는 비전은 깨끗하고 영감을 주었지만, 서로 간의 관계라는 맥락에서 볼 때 그들은 엉망이고 평범했다.

자신들의 나약함에 직면한 그들은 마침내 수도사처럼 기도하기 시작했다. 마흔여덟 명의 난민들은 매일 규칙적인 리듬에 맞춰 기도하기로 약속했다. 그 약속을 한 지 5년 만에, 서른두 가구의 난민촌에서 세계 역사상 가장 위대한 선교 운동이 무심코 시작되었다.

이 난민들이 시작한 기도 모임은 하루 24시간, 일주일 내내, 1년 365일, 백 년 동안 이어졌다. 쉼 없이 기도가 이어진 한 세기였다. 모라비안 부흥은 백 년간 이어진 기도 모임이 작은 마을 헤른후트를 18세기 선교의 거점이자 근대 선교 운동의 촉매제로 바꾼 사건이었다.

그들은 광신도가 아니라 급진주의자들(radicals, '뿌리'를 뜻하는 라틴어 라딕스[radix]에서 유래했다)이다.[32] 헌신적인 실천을 통해 뿌리를 깊게 내림으로써 급진주의자가 되었다. 그들은 예수님에 대한 충실함을 선택했고, 예수님은 그분의 사랑을 거리낌 없이 선택하는 이들에게 최고의 모험을 선사하신다. 그들은 가장 거칠고 품위 없는 수도사처럼 기도하기 시작했고, 결국 그들의 고귀한 비전마저 넘어서는 이야기를 갖게 되었다. 진정한 급진주의자는 항상 뿌리를 깊게 내린다.

그들의 비결은 무엇이었을까? 많은 사람들이 이 질문을 한다. 많은 이가 모라비안 부흥의 마법을 포착하여 그대로 따라 하고 싶어 한다. 친첸도르프 본인이 말한 그 비결은 이렇다. "내가 갈망하는 대상은 하나. 바로 그분, 오직 그분이다."[33]

그들에게 있어 그 모든 일의 핵심은 사랑이었다. 부흥의 핵심은 선교 전략과 다섯 단계로 구성된 계획을 확보한 구주가 아니었다. 사람들이 부끄러움에 덮여 있을 때 그들을 변호하시고 일으켜 세우시고 눈을 들여다보며 "나도 너를 정죄하지 않는다"[34]고 말씀하시는 구주였다.

이것이 우리의 이야기가 될 때 가장 중요한 점은 그 사랑 안에 머무르는 것이다. 매일의 기도 리듬은 부흥으로 가는 지름길이나 뭔가 강력한 것을 끌어내기 위한 마법의 해결책이 아니다. 매일의 기도 리듬은 [세상에 맞서 하나님께 바치는] 저항적 충실함으로 나아가는 길이자 기도로써 사랑이 표현되는 자리로 가는 길, 평범한 모든 날에 주님을 계속 선택하겠다는 결단으로 가는 길이다. 하나님의 나라는 그 나라를 먼저 구하는 이들을 통해 세상에 침투하며, 이 일에는 연습이 필요하다.

저항적 충실함, 여기에 진짜 보물이 담겨 있다.

실천.

매일의 기도 리듬: 아침, 정오, 저녁

아침: 주기도문

하루를 하나님과 함께 시작하자. 이 단순한 실천은 규율의 강요가 아니고, 특정 성격유형만을 위한 일도 아니다. 이 실천의 핵심은 사랑이다. 하나님 나라를 위해 큰 족적을 남긴 믿음의 사람들 중 기도로 예수님과 사랑의 연합을 누리며 하루를 시작하지 않은 경우를 나는 아직 보지 못했다.

"새벽 아직도 밝기 전에 예수께서 일어나 나가 한적한 곳으로 가사 거기서 기도하시더니"(막 1:35). 열세 살 때 이 구절을 읽고 나서 내 안의 가장 단순한 갈망이 깨어났다. 예수님이 기도하셨던 것처럼 기도하고 싶다는 갈망이었다. 그래서 나는 매일 밤 알람 시계를 꼭 일어나야 할 시간보다 15분(정확히 15분만) 일찍 맞춰 놓았다. 성경을 마가복음 1장에 펴놓고 알람 시계 위에 올려놓곤 했다. 다음 날 아침 요란한 알람 소리가 울리면 더 자고 싶은 본능에 사로잡혀 알람을 끄러 가던 내 오른손이 이 구절에 부딪히곤 했다. "새벽 아직도 밝기 전에 예수께서 일어나〔셨다〕."

이 단순한 습관은 마음은 원하지만 육신이 약했던 때, 하루의 가장 이른 움직임을 선택할 수 있게 해주었다. 좀 더 자고 싶은 표면적인 욕구 아래에는 예수님처럼 하나님 아버지를 알고 싶다는 더 깊은 욕구가 있었다. 존 마크 코머의 표현처럼, "예수님의 생명을 경험하고 싶다면 그분의 생활 방식을 받아들여야"[35] 한다. 이 단순한 습관으로 시작된 기도의 삶은 대단히 개인적인 경험으로 자리 잡았고, 흥미진진하기 그지없었으며, 놀라운 경이감을 안겨 주었다.

당신의 아침 일상이 어떤 모습이건, 예수님이 가르쳐 주신 대로 기도하겠다는 새로운 목표를 세우고 일상을 조정하거나 추가해 보라고 겸손하게 제안하고 싶다. 매일 아침 주기도문으로 기도하라. 예수님이 알려 주신 이 유익한 기도는 마태복음 6장과 누가복음 11장에 등장한다. 주님이 가르치신 기도법이 충실히 적용된 기도일 뿐 아니라 초대 교회가 예배 시간에 사용했으리라 백 퍼센트 확신할 수 있는, 기록에 남은 유일한 기도문이다.[36] "주기도문으로 기도하라"는 제안은 대본처럼 암송하라는 의미가 아니다. 그 말씀에 담긴 주제들을 가이드 삼아 하나님과 대단히 인격적인 대화를 나누라는 것이다.

한낮: 잃어버린 자들

예수님은 구원을 통해 하나님과의 언약 관계 안에 들어오지 않은 사람들을 말씀하실 때 종종 '잃어버린' 자들이라는 용어를 쓰셨다. '잃어버린'이라는 표현은 집, 안전, 안식을 찾고 있지만 올바른 방향으로 가고 있다는 확신이 없는 사람의 상태를 묘사한다. 이 말은 긍휼의 표현이지 사람을 범주화하거나 정죄하는 표현이 아니다. 예수님은 잃어버린 양을 찾는 선한 목자를 자처하시며 이렇게까지 말씀하셨다. "죄인 한 사람이 회개하면 하늘에서는 회개할 것 없는 의인 아흔아홉으로 말미암아 기뻐하는 것보다 더하리라."[37]

우리가 잃어버린 자들을 위해 기도할 때면 몇 가지 일이 동시에 일어난다. 먼저 우리가 목자의 마음을 회복하게 되고, 하나님이 마음 아파하시는 일로 우리 마음도 아프게 되는 상황을 허용하게 된다. 그리고 중보자의 권세를 행사하여 서로를 향한 사랑에서 하늘에 행동을 촉구하게 된다. 또 직접 보냄을 받을 위험을 감수하게 된다. 하나님은 종종 우리 기도의 응답으로 우리를 사용하시고 우리 기도의 내용을 우리의 손발로 구현하게 하시는 분임을 알기 때문이다.

이렇게 상상해 보자(잠시만 나를 따라와 보라). 평일 한복판이다. 책상에 앉아 있든, 트럭을 몰고 있든, 영화 세트장에서 뛰어다니든, 소란스러운 교실을 진정시키고 있든, 계산대 뒤에서 주문을 받든, 아이들을 돌보고 있든, 당신은 하루의 중간 지점에 있다.

이제 평일의 그 흐름에서 잠시 벗어나 보자. 책상에서 잠시 침묵하며 묵상하는 시간을 가져도 좋고, 사무실이 있는 건물 바깥 한 블록을 산책해도 좋고, 화장실의 거룩한 한 칸으로 잠시 몸을 피해도 좋다. 그렇게 잠시 빠져나오는 것은 비밀을 알기 때문이다. 모두가 남은 하루의 몇 시간 동안 몸과 두뇌를 더 짜내고 생산적으로 집중하여 열심히 건설하고 있는 이 나라가 영원하지 않다는 비밀을 당신은 안다. 영혼들을 자신에게로 이끄시는 아버지, 잃어버린 양들을 사랑하여 찾아 나서는 선한 목자가 있다는 것을 안다. 잠시 짬을 내는 것은 그래야만 해서다. 잠시 빠져나가야 한다. 그렇게 하지 않으면 당신은 그 비밀을 잊어버릴 것이다. 이 작고 일시적인 곳이 궁극적인 나라라는 거짓말, 당신의 궁극적 가치는 당신의 사랑이 아니라 당신이 생산하는 것에 있다는 교묘한 거짓말을 믿기 시작할 것이다. 우리는 감정과 생각과 존재의 중심을 재조정할 필요가 있다. 하나님은 신실한 산고의 기도를 통해 잃어버린 자들을 그분에게로 이끄시고, 기도하는 사람의 열정을 새롭게 해주시기 때문이다.

저녁: 감사

우리는 그날 있었던 사건들을 고스란히 집으로 가져오는 경향이 있다. 그러고는 저녁 식탁에서 그날의 감정을 쏟아놓곤 한다. 그러고 싶어서가 아니라 어쩌다 보니 그러는 것이다. 집으로 돌아가는 길에 직장에서 있었던 불쾌한 일을 곱씹거나 특정 상황을 어떻게 처리할지 계획하거나 일을 하나 더 끝내지 못한 것을 아쉬워하는 대신, 하나님께 감사해야 할 그날의 일들을 하나씩 떠올려 보면 어떨까? 지하철 객차 내 기둥을 잡은 채로 또는 운전을 하면서 그렇게 기도해 보자.

모리스 웨스트에 따르면, 영적 여정을 지날 때 우리의 기도 어휘가 이 세 마디로 요약되는 순간을 마주하게 된다고 한다. "감사합니다! 감사합니다! 감사합니다!"[38] 우리의 삶을 누리고 하루하루를 음미하는 것은 하나님께 드리는 달콤한 찬양이다.

유대인의 유월절 기간에 이스라엘 사람들은 전통적으로 '다예누'라는 감사의 노래를 불렀다. '다예누'는 '그것만으로도 충분했을 것입니다'라는 뜻이다.[39] 어떤 목사님이 이 단어를 이렇게 번역하는 걸 들은 적이 있다. "하나님, 넘치도록 베풀어 주셔서 감사합니다."

다예누 기도는 이런 식으로 진행된다. "하나님, 오늘 점심만으로도 충분했을 텐데, 먹고 싶은 음식을 선택할 수 있게 여유를 주시고 다양한 선택지도 주셨습니다."

"하나님, 제가 고른 점심만으로도 충분했을 텐데, 다양한 향과 맛과 문화가 있는 세상을 창조하셔서 음식이 단순히 연료 이상의 것이 되게 하셨고 예술적으로 맛있게 즐길 수 있게 하셨습니다."

"하나님, 제가 고른 맛있는 점심만으로도 충분했을 텐데, 그 음식을 먹으면서 함께 대화할 직장 동료를 주셨습니다."

"하나님, 넘치도록 베풀어 주셔서 감사합니다."

이것이 다예누다. 30초가 걸리든 30분이 걸리든, 우리는 이렇게 감사의 기도를 드릴 수 있다. 이 변화는 아주 작고 소박하지만 엄청난 열매로 이어질 것이다. 당신의 저녁 식탁을 그날의 남은 감정이 아니라 성령의 열매로 채워 보면 어떨까?

매일의 기도 리듬 앱

나는 '24-7 기도 운동'과 협력하여 이번 장의 실천 코너에서 요약한 '매일의 기도 리듬'의 실천을 돕고자 'Inner Room'이라는 이름의 앱을 만들었다. 이 앱은 아침기도, 정오기도, 저녁기도에 대한 문서 및 음성 가이드를 포함하고 있으며 각종 앱스토어에서 다운로드할 수 있다.

에필로그

다윗의 장막을 일으키소서

그날에 내가 다윗의 무너진 장막을 일으키고 그것들의 틈을 막으며 그 허물어진 것을 일으켜서 옛적과 같이 세우고 그들이 에돔의 남은 자와 내 이름으로 일컫는 만국을 기업으로 얻게 하리라. 이 일을 행하시는 여호와의 말씀이니라 (암 9:11 - 12).

"손님, 탄산수 한 잔 더 하실래요?"

그를 쳐다보는 내 뺨은 눈물로 젖어 있었다.

"아뇨, 괜찮습니다."

바에는 손님이 나와 또 다른 남자 한 명뿐이었기 때문에 바텐더는 탄산수 주문을 계속 받으려는 의욕이 넘쳤다. 하지만 그 짧은 대화 이후에는 더 이상 내게 말을 걸지 않았다. 이해한다. 아이리시 펍에서 혼자 구부정하게 앉아 성경을 펴놓고 우는 사람을 보는 일이란 흔치 않은 일일 테니 말이다.

2월의 어느 월요일 저녁이었다. 나는 펍에 혼자 앉아 성경을 읽고 있었다. 모든 것이 항상 끈적끈적하고 1999년에 나온 얼터너티브 록 음악만 줄곧 틀어대는 가게였다. 월요일 저녁 9시 30분에 독서할 곳을 찾았지만 여의치가 않아서 바에 들어가 자리를 잡았다. 나는 성경을 펴고 많이들 잊어버린 아모스 선지자의 오래된 말씀을 읽었다.

그날에 내가 다윗의 무너진 장막을 일으키고 그것들의 틈을 막으며 그 허물어진 것을 일으켜서 옛적과 같이 세우고(암 9:11).

매치박스 트웬티(미국의 얼터너티브 록 밴드)의 들어 주기 힘든 음악이 울리는 바에 앉아 탄산수를 홀짝이는 가운데 아모스의 예언 이면에 담긴 이야기가 나를 덮쳤다.

바보 같은 왕 이야기

다윗이 가서 하나님의 궤를 기쁨으로 메고 오벧에돔의 집에서 다윗성으로 올라갈새 여호와의 궤를 멘 사람들이 여섯 걸음을 가매 다윗이 소와 살진 송아지로 제사를 드리고 다윗이 여호와 앞에서 힘을 다하여 춤을 추는데 그때에 다윗이 베 에봇을 입었더라. 다윗과 온 이스라엘 족속이 즐거이 환호하며 나팔을 불고 여호와의 궤를 메어 오니라.……여호와의 궤를 메고 들어가서 다윗이 그것을 위하여 친 장막 가운데 그 준비한 자리에 그것을 두매 다윗이 번제와 화목제를 여호와 앞에 드리니라(삼하 6:12-15, 17).

사무엘하 6장의 장면이 이루어지기 7년 전, 다윗은 이스라엘의 왕으로 기름 부음을 받았다. 다윗이 왕위에 오르는 길은 결코 평범하지 않았다. 이스라엘의 초대 왕 사울은 다윗에게 큰 위협을 느끼고 그를 죽이기 위해 이 마을 저 마을을 찾아다니는 데 많은 시간을 보냈다. 그야말로 현실판 『가장 위험한 게임』*이라 할 만했다. 그러다 마침내 사울이 죽고 다윗은 왕으로 기름 부음을 받았다. 그러나 사울의 아들 중 한 명인 이스보셋이 초대받지 않은 상태로 왕궁으로 들어와 민병대와 함께 궁을 포위하고 무력으로 왕좌에 올랐다. 다윗은 시골의 작은 마을에서 살면서 이 왕위 사칭자가 왕의 침대에서 자는 상황이 중단되기를 7년 동안 기다렸다. 왕이 되어 도성으로 입성하는 꿈을 낮

The Most Dangerous Game, 인간사냥 장르의 원조격 소설. 리처드 코넬 작품

에도 꾸었다 할지라도 전혀 이상할 것이 없는 시간이었다. 정치적 전략을 세우기에도 충분한 시간이었다.

그렇기 때문에 다윗의 입성 장면은 가히 충격적이다. 그것은 오랫동안 기다려 온 왕의 행렬, 대관식 날에 진행된 승리의 입성이었다. 그리고 그 광경은 입이 떡 벌어질 만한 것이었다.

사람들은 행렬이 시야에 들어오기도 전에 그가 오는 소리를 들었을 것이다. 전 군대가 행진하면서 다윗이 이날을 위해 작곡한 노래를 부르고 있었다. 그 곡의 가사는 성경의 시편 24편에 실려 있다.

> 문들아, 너희 머리를 들어라.
> 영원한 문들아, 활짝 열려라.
> 영광의 왕께서 들어가신다.[1]

왕의 행렬에 어울리는 문구다. 그렇지 않은가?

> 영광의 왕이 뉘시냐?
> 힘이 세고 용맹하신 주님이시다.
> 전쟁의 용사이신 주님이시다.[2]

잠깐, 뭐라고? 영광의 왕이 다윗이 아니라고? 오타인가?
다윗은 능숙한 작사가다. 자신이 하는 일을 잘 안다. 그리고 이 대목은 후렴이라 시 안에서 계속 반복된다.

> 문들아, 너희 머리를 들어라.
> 영원한 문들아, 활짝 열려라.
> 영광의 왕께서 들어가신다.
> 영광의 왕이 뉘시냐?
> 만군의 주님,
> 그분이야말로 영광의 왕이시다.[3]

다윗 왕은 찬양의 노래에 등장하지만, 그는 이 곡에서 찬양하는 왕이 아니다. "만군의 주님, 그분이야말로 영광의 왕이시다."

그 무렵, 행렬은 언덕을 넘어 예루살렘으로 들어오기 시작했다. 구경 나온 군중이 기대했던 것은 길게 늘어진 군인과 마술사들의 행렬과 왕이 왕좌에 앉은 채로 고대의 행렬용 차량에 해당하는 수레에 올라 화려한 왕복 차림과 머리에 쓴 무거운 왕관을 뽐내는 모습이었다. 사울은 아마 그렇게 입성했을 것이다. 군중은 그런 모습을 기다리고 있었다.

그러나 실제로 그들이 본 것은 그들의 새 왕 다윗이 행렬의 맨 앞에서 리넨 에봇을 입고 춤을 추는 모습이었다. 다윗이 중요한 날을 위해 선택한 옷은 사람들이 예상했던 왕복과 왕관이 아니라 리넨 에봇이었다. 에봇은 제사장의 옷이지 귀족의 옷이 아니었다. 게다가 품위 있는 겉옷도 아니고 제사장의 속옷이었다. 다윗은 이렇게 상징적으로 말하는 것이다. "나는 왕좌에 앉기 위해 오는 왕이 아닙니다. 여러분을 하나님의 임재 앞으로 인도하기 위해 오는 제사장입니다. 그러나 모든 제사장 중 가장 작은 자로서 술이 달린 예복을 입을 자격도 없습니다."

새로운 왕이 등장한다. 다윗은 하나님을 찬양하는 노래를 부르고 있고, 제사장의 속옷 차림으로 춤을 추고 있다. 바보 같은 모습이다. 그러나 거룩한 바보다.

행렬 뒤쪽에 수레가 있지만 다윗이 앉을 왕좌 대신 언약궤를 싣고 있다. 언약궤는 출애굽 기간에 이스라엘 백성이 광야를 지날 때 메고 다녔던 신성한 나무 상자로, 그들과 함께하시는 하나님의 임재를 상징했다. 그 상자는 하늘과 땅이 교차하는 지점이었다. 하나님의 백성이 약속의 땅에 들어갈 때, 언약궤가 이끄는 행렬은 요단강의 갈라진 물 사이를 통과했다.

상황이 편안해지자, 사울 왕은 언약궤를 외국 땅에 내버려두었다. 우리는 하나님을 그렇게 대하는 경향이 있다. 편안해지면 하나님을 두고 떠난다. 다윗은 언약궤를 찾아내어 왕좌에 올려놓았다. 진정한 왕이신 하나님을 영광의 자리에 모신 것이다. 춤추는 제사장 다윗은 하나님이 그분의 백성에게 돌아오심을 축하한다.

다윗이 큰길을 따라 내려가는 동안 모든 사람이 벌어진 입을 다물지 못한다. 시내 광장에 도착한 다윗은 궁전 문 바로 바깥에 천막을 준비해 놓았다. 모세의 회막과 똑같은 형태의 천막이다. 회막은 이스라엘의 위대한 구원자 모세가 친구와 대화하듯 하나님과 얼굴을 맞대고 이야기했던 곳이다. 다윗은 언약궤를 그 천막에 가져다 놓고 '장막'이라고 부른다.[4]

눈부시고 화려한 성전을 상상하지 말라. 그 대안이 될 만한 세련된 뭔가를 말하는 것도 아니다. 장막에 해당하는 영어 단어 'tabernacle'은 '움막'이나 '피신처'를 의미하는 히브리어 '수카'를 번역한 것이다. 임시변통으로 지은 볼품없고 일시적인 피신처로, 오늘날의 우리가 '천막'이라고 부를 만한 것이었다. 7년간의 기다림과 꿈의 정점으로 다윗이 내놓은 대단한 계획은 이것이었다. "천막을 치면 어떨까? 누구나, 아무나 와서 예배하고 기도할 수 있는 천막 말이야. 화려하지 않아도 돼. 도성 한가운데서 기도할 수 있는 공용 공간이면 돼."

신임 대통령이 선출되면 1순위로 즉시 처리해야 하는 과제가 있다. 유권자들에게 약속한 내용, 자신의 정치적 유산을 정의하기 위해 선택한, 그가 가장 아끼는 정책을 시행하는 것이다. 다윗이 이스라엘의 왕이 된 첫날 가장 먼저 한 일은 도시 중심에 모세의 회막을 재건하는 일이었다. 처음에 다윗의 왕실 참모들은 성막이 출애굽을 기억하기 위한 상징물에 불과하다고 생각했을 것이다. 그들은 분명 이렇게 생각했을 것이다. '그래, 역사를 기념하는 일이야 대찬성이지.' 하지만 다윗에게 이 천막은 상징물 이상이었다. 천막은 그가 가치 있게 여기는 것에 대한 진술이자 현 상태를 위협하는 선언이었다.

입성 후 다윗은 왕궁으로 들어가 참모들과 함께 앉아 계획을 세웠다. 그는 288명의 예배 인도자, 선지자, 장로들을 고용하여 그 천막에서 기도하고 예배하게 했는데, 기도와 예배는 아마 하루 24시간 내내 이어졌을 것이다.[5] 부족 전쟁 시대에 군대를 이끄는 왕이 나랏돈을 기도에 다 써버린 것이다. 그가 전략계획을 제시하는 회의 장면이 상상이 되는가? "왕이시여, 우리를 둘러싸고 있는 외국 군대들에 맞서 방비를 강화해야 하는데, 그 돈을 기도 천막에 다 쓰고 싶으시다는 겁니까?"

"그렇소, 바로 그 말이오."

그리고 그는 그대로 했다.

다윗이 이스라엘 왕으로 통치한 33년 동안 하루 24시간 내내 예배와 기도가 이어졌다. 그는 기도가 다시 하나님 백성의 중심이 되게 만들었다. 그리고 남자와 여자, 노예와 자유인, 이스라엘 사람과 이교도를 막론하고 모든 사람을 초대했다. 다윗이 왕으로 있던 33년은 그리스도의 부활 이전까지 하나님의 임재 앞에 나아가는 데 아무 제한이 없었던 유일한 시기였다. 다윗의 장막은 구약의 세계에 구현된 신약의 실재였다. 이것이 이 기도 천막 이야기에서 가장 충격적인 부분이다.

나는 교회에 대한 꿈이 있다. 하나님 백성의 중심에 기도가 자리 잡게 하는 꿈이다. 내가 속한 도시 한복판에 아무나, 누구나 와서 기도할 수 있는 독립된 공간을 마련하는 꿈을 꾼다. 찬양과 소망과 갈망으로 그곳을 가득 메우는 수많은 이들의 기도로 거룩하게 구별된 공간. 이 도시에 하나님 나라가 임한 것처럼 보이는 선교의 물결이 무심코 생겨나는 공간. 이것이 내가 교회에 대해 꿈꾸는 모습이다.

이에 대해 현대 교회가 꽁꽁 숨기고 있는 비밀이 하나 있다. 기도가 아니라 생산성을 믿는다는 비밀이다. 우리는 탄탄한 프로그램, 평균 이상의 교육, 또 다른 워십 앨범 발매를 믿는다. 그것이 성공을 보장한다고 믿는다. 우리 시대 교회 안에 있는 은밀한 무신론은 기도를 제외한 거의 모든 일에 바쁘게 움직인다는 데서 드러난다.

입이 떡 벌어지게 만드는 다윗의 첫 번째 조치는 기도를 하나님 백성의 삶의 중심으로 돌려놓는 일이었다. 그것은 보는 사람이 시인과 실용주의자 중 어느 쪽이냐에 따라, 왕이 할 수 있는 가장 훌륭한 행동 또는 가장 우스꽝스러운 행동으로 보일 수 있겠지만, 다윗 왕의 파격적인 통치 기간은 어떤 식으로 평가하든 이스라엘 역사의 정치적 정점이라고 할 수 있었다. 도시는 평화롭고 안전했고, 경제는 번영했으며, 가난한 사람들에 대한 배려가 있었고, 분열된 왕국은 통일을 이루었다. 다윗의 우선순위 배정은 서류상으로는 정치적 재앙처럼 보였지만, 그는 철저히 기도 위에 삶을 쌓아 올렸고, 그 외의 모든 것은 하나님이 책임져 주셨다. 이와 같은 맥락에서 데이비드 프리치는 이렇게 말했다. "하나님의 임재가 다윗의 정치 전략이었다."[6]

다윗의 장막이 보여주는 패턴은 교회가 하나님의 임재를 우선시하면 도시에 하나님 나라가 임한다는 것이다.

기도의 집

"손님, 탄산수 한 잔 더 하실래요?"

그때 나는 아이리시 펍에서 눈물을 흘리고 있었다. 롭 토머스의 세레나데를 들으며 다윗의 기도 천막을 꿈꾸고 있었다. 나는 그곳을 나와 거리를 헤매며 아모스의 기도로 기도했다. "오 주여, 다윗의 장막을 이곳에 일으키소서. 우리의 날에, 우리 도시에서 그렇게 하소서. 다윗의 장막을 일으켜 주소서."[7]

그날 저녁부터 월요일 저녁마다 브루클린 거리를 걸으며 아모스의 기도로 기도하기 시작했다. "오 주여, 우리의 날에 그렇게 하소서. 여기서 그렇게 하소서. 우리를 통해 그렇게 하소서. 제가 속한 시대와 장소에 다윗의 장막을 일으켜 주소서.

아모스 예언의 영광스러운 점은 초대 교회가 그 예언을 지면에서 꺼내어 세상으로 가져왔다는 데 있다. 아모스의 예언은 은밀한 로마의 지하실에서 열린 비밀 모임에서 살아났다. 기도를 하나님 백성의 중심에 두는 공동체가 형성되었고, 하나님의 나라가 너무나 심오한 방식으로 도시에 흘러넘쳐 세상이 다시는 이전 상태로 돌아갈 수 없었다.

아모스 예언의 비극적인 면은 다윗 이후 다음 세대의 정치 참모들이 회의와 군사전략으로 돌아갔다는 데 있다. 그리고 예수님이 다윗의 극적인 입성을 그분의 승리의 입성으로 재현하신 후, 그 모든 것을 목격했던 제사장들, 다윗의 장막에 관한 내용을 그대로 암송할 수 있었던 사람들은 로마의 지하실에 있지 않았다. 그들은 동전을 집어 금전 등록기에 다시 넣고, 비둘기를 모두 새장에 돌려보내고 어질러진 곳을 정리했다.

나에게는 교회에 대한 꿈이 있다. 우리는 다시 기도의 집을 이룰 것이다. 우리 중 누구도 여생을 사회적으로 동떨어져 있고 영적으로 메마른 주말 모임에 갇힌 채 보내고 싶지 않을 것이다. 대안은 무엇일까? 기도의 우선순위를 근본적으로 재조정하는 것이다. 그 대가가 어리석음이라면 그 일에 나를 끼워 달라. 그 대가가 희생이라면 나를 끼워 달라. 그 대가가 믿음이라면 나를 끼워 달라. 그 대가가 인내라면 나를 끼워 달라.

이런 하나님 나라 비전에 대한 동의는 이를 악무는 모습보다는 제사장의 속옷을 입고 춤을 추는 왕의 모습과 비슷하다. 그것은 쉴 새 없이 일하는 모습보다는 본인 몸무게의 절반밖에 안 되는 나귀 등에 올라타 환하게 미소 짓는 예수님의 모습과 비슷하다. 그것은 격렬함보다는 기쁨에 훨씬 더 가까운 모습이다.

감사의 글

이 책은 내 손으로 썼지만, 책에 담긴 글은 수많은 이가 먼저 내 마음에 적어 주셨습니다.

커스틴, 기도를 통한 예수님과의 친교를 중심에 놓고 삶을 꾸리려는 나의 완강하고 터무니없는 고집을 참아 준 당신의 큰 사랑, 고마워요. 행크, 사이먼, 아모스, 내 기도의 천장이 너희의 바닥이 되기를 기도한다.

내 마음의 갈망을 언어로 표현해 주었고 나를 환영해 준 24-7 기도 운동, 특히 피트 그레이그에게 감사를 전합니다.

젬마 라이언, 사이먼 모리스, 윌 토머스, 존 마크 코머, 자레드 보이드, 팀 맥키, 피터 퀸트, 모건 데이비스, 베다니 앨런, 제럴드 그리핀, 개빈 베넷, 브렛 레이드, 게리 브레셔스에게 감사를 전합니다. 이분들은 어수선한 이 책의 초고를 참을성 있는 편집으로 논리정연하게 만들어 주었습니다.

이 책을 집필하기 전에 여기 담긴 내용을 듣고 구체적으로 적용해 준 브루클린오크스교회와 브리지타운교회에 감사를 전합니다.

부록 1.
그리스도의 중보기도

> 그러므로 예수께서는 자신을 통해서 하나님께 나아오는 사람들을 온전히 구원하실 수 있습니다. 그는 항상 살아 계셔서 그들을 위해 중보기도를 하십니다(히 7:25, 우리말성경).

예수님이 탄생하신 날 밤, 천사들의 찬양이 배경음악으로 울려 퍼졌다. "지극히 높은 곳에서는 하나님께 영광이요 땅에서는 하나님이 기뻐하신 사람들 중에 평화로다."[1] 이 찬양은 크리스마스캐럴 그 이상이었다. 이것은 정치적 선언이었고 여기에 영감을 제공한 건 이사야 선지자의 다음 예언이었다. "한 아기가 우리에게 났고 한 아들을 우리에게 주신 바 되었는데 그의 어깨에는 정사를 메었고."[2] 물론 당장에는 유순한 아이다. 하지만 오해하지 말라. 이 아이는 다스리기 위해 이곳에 왔다. 하늘과 땅이 이 사실에 동의한다.

30년 동안 그는 이런 엄청난 선언에 부응하지 못하는 것처럼 보였다. 그러다 비둘기가 임하는 세례와 패러다임의 전환을 가져온 듯한 40일의 광야 순례 후에 다시 나타나서 거창한 말씀을 전했다. 예수님은 회당으로 곧장 들어가서 약속된 메시아의 사역을 알리는 이사야의 글을 읽으시고 이렇게 설교를 마무리하셨다. "이 성경 말씀이 너희가 듣는 가운데서 오늘 이루어졌다."[3]

그다음 서른여섯 달은 놀라웠다. 아무도 그분을 막을 수 없었다.

소외된 자들을 영웅으로 만드셨다. 기득권층과의 모든 논쟁에서 승리하셨다. 장례식을 축제로 바꾸시고, 다음 날 해가 뜰 때까지 결혼식 피로연의 흥이 식지 않게 하셨으며, 길모퉁이를 회당으로 바꿔놓으셨다. 고해소 없이도 사죄를 선언하셨고, 의사 면허 없이도 치유하셨으며, 정규 교육 없이도 마스터 클래스를 가르치셨다.

그분이 어느 시골 마을에 도착하셨을 때 마을 사람들은 열렬히 호응하며 그분을 맞이했다. 전성기 시절의 비틀즈를 동네 밴드처럼 보이게 만들 정도였다. 그분이 예루살렘에 도착하시자 군중들은 그분이 탄 나귀 새끼의 발굽이 흙길에 닿을 일이 없도록 나뭇가지를 꺾고 입고 있던 셔츠를 벗어 바닥에 깔았다. "호산나 찬송하리로다. 주의 이름으로 오시는 이여, 찬송하리로다. 오는 우리 조상 다윗의 나라여, 가장 높은 곳에서 호산나."[4] 이것은 또 다른 정치적 선언인데, 이번에는 훨씬 더 강렬하다. 호산나는 "구원하소서!"라는 뜻의 고대 유대인의 선포. 그들은 이 단어를 후렴구로 삼고 나머지 내용을 시편 118편 말씀으로 채웠다. 다시 말하면 그것은 이런 뜻이다. "여기 그분이 오셨다. 통치하러 오셨다. 구원하러 오셨다. 육신을 입으신 하나님이 영원히 보좌에 앉으려고 오셨다." 3년 전 회당에서 예수님이 주장하신 바가 실현된 것이다.

그렇기 때문에 일주일 후 그분이 공개 처형을 당하셨을 때 사람들은 너무나 혼란스러워했다. 하지만 그분은 십자가 처형을 "다 이루었다!"[5]는 승리의 선언으로 바꿔 놓으셨다. 그 선언은 얼굴에 파란색 칠을 하고 말에 올라탄 윌리엄 월리스의 외침보다 더 감동적이었다. 그런데 승리의 십자가 처형이라고? 그런 말을 들어 본 사람이 있을까? 예수님의 행동은 로마 군인들이 그분의 여윈 몸이 매달린 십자가를 땅에 꽂은 일을 마치 적군이 점령한 영토에 왕이 깃발을 꽂아 소유권을 주장하는 것으로 바꾸어 놓으셨다. 하나님은 창조 세계를

William Wallace(1270-1305), 스코틀랜드 독립전쟁의 영웅. 멜 깁슨이 연기한 영화 「브레이브 하트」에서 그런 모습으로 등장하여 "자유!"를 외치며 최후를 맞이하여 깊은 인상을 남겼다.

되찾으신다. 다 이루어졌다!

하지만 실상은 이루어진 게 하나도 없는 것처럼 보였다. 사실 그 승리의 외침 이후 며칠이 지나고 몇 주가 지나도 아무것도 달라지지 않은 것처럼 보였다. 헤롯은 여전히 왕좌를 차지한 채 부패한 독재자답게 통치하고 있었다. 거리마다 로마 군인들이 순찰을 돌면서 원주민의 99퍼센트를 억압하고 있었다. 가운데가 위로부터 찢어졌던 성전 휘장은 봉합되었고, 제사장들은 일부 사람들이 하나님께 나가는 것을 계속 제한했다. 바깥 거리에는 여전히 몸을 피할 지붕도 없는 가난한 거지들과 치료해 줄 의사가 없어 고통받는 환자들이 넘쳐났다.

예수님이 맹인 한 사람을 고치신 날, 열 명의 아이가 눈먼 채로 태어났고 시력을 얻지 못한 채 살아갔다. 예수님이 한 매춘부를 저녁 식탁에 귀빈으로 초대하신 저녁에 백 명의 다른 매춘부들은 또 다른 추잡한 고객들의 성적 대상물이 되었다. 그분이 세리 한 명을 갱생시키신 날, 다른 많은 세리들은 가난한 이들의 마지막 한 푼까지 착취했다. 그분이 죽으신 다음 날은 전날과 똑같아 보였다.

처음에는 그분의 제자들조차도 그 승리를 믿지 않았던 것 같다. 승리의 행진이라는 말이 당국에 발각되어 공범으로 몰릴까 봐 두려워 다락방에 숨어서 손톱을 물어뜯는 일을 의미하지 않는 한, 그들은 그분의 승리를 믿지 않았다.

다른 모든 나라가 사라진 후에도 건재할 나라는 어디에 있는가? 지옥의 문도 이길 수 없는 나라는 어디 있는가? 야자수 잎을 든 모든 사람이 소리쳐 요구하던 압제자의 전복은 어디 있는가?

다 이루어진 느낌이 들지 않는다

기독교에서는 예수님께서 죽으심으로 죄의 삯을 치렀다고 믿는다. 그분의 부활이 죽음을 물리쳤고, 이는 그분은 물론이고 그분을 주님이라고 부르는 모든 사람에게도 해당한다고 믿는다. 예수님의 삶과 죽음, 부활은 죄로 인해 인류에게 내려진 무겁고 숨 막히는 담요에 구멍을 낸 33년의 완전한 역사(役事)였다. 그 일은 다 이루어졌고 누구나 은혜로 그것을 누릴 수 있다.

아름다운 관념이다. 문제는 그것이 관념의 영역에 머무르는 경향이 있다는 것이다. 우리는 예수님의 이야기를 머리에서 가슴으로 끌어 내리지 못하는 것 같다. 우리는 그 이야기를 노래하고 읽으며, 수많은 은유로 계속해서 들려오는 그 이야기에 귀를 기울인다. 떡과 포도주를 통해 그 이야기를 섭취하고 은혜의 감각이 혀의 맛봉오리를 타고 흘러든다. 하지만 그 이야기가 우리 뼛속 깊은 곳에서 살아나게 만들지는 못하는 것 같다. 자유를 얻은 자답게 살지 못하고 세상의 무게에 짓눌리지 않는 것처럼 오늘을 누리지 못하는 것 같다.

우리 삶에는 은혜에 맡기지 못하는 부분, 여전히 우리가 능동적인 역할을 감당해야 한다고 여기는 부분이 남아 있다. 우리는 극복하고 변화하고 성숙해져야 한다고 확신한다. 은혜를 다이어트 계획으로 바꾸고 예수님을 칼로리 계산기로 바꾼다. 그분은 우리를 채찍질하기 위해 여기 계시고, 우리는 원하는 결과를 얻기 위해 여전히 노력해야 한다고 믿는 것이다. 마음은 은혜를 갈망하지만, 머리는 저항한다. 우리는 너무나 약해서 은혜를 그냥 받지 못하는 것 같다.

예수님이 십자가에서 하신 또 다른 말씀이 있다. 그 뒤집힌 승리의 외침이 나오기 전, 떨리는 목소리로 희미하게 속삭이셨을 것 같은 말씀이다. "나의 하나님, 나의 하나님, 어찌하여 나를 버리셨나이까."[6]

이것은 내가 따라 하고 공감할 수 있는 기도다. "하나님, 어디 계십니까?" 나는 이 기도를 숨죽여 떨리는 목소리로 셀 수 없을 만큼 많이 속삭였다. 예수님은 이 기도를 첫 번째로 드린 분이 아니다. 예수님은 최초의 찬송집이었던 시편을 참고하여 시편 22편을 여는 다윗의 말로 기도하셨다. 하지만 성경은 예수님이 그 대목이 처음 기록된 그대로 세련되고 정제된 히브리어로 기도하신 것이 아니었음을 주의 깊게 밝히고 있다. 예수님은 술집과 학교 운동장에서 쓰는 일상어였던 아람어로 이렇게 기도하셨다. "엘리 엘리 라마 사박다니." 신약학자 리처드 보컴에 따르면, 예수님은 당시의 언어인 아람어로 기도하심으로써 이 시편을 본인의 기도로 삼으셨다.[7] 예수님은 다윗이 오래전에 묘사한 것과 같은 일을 경험하고 있다고 말씀하신 것이 아니라, 과거와 현재와 미래를 가로질러 역사의 처음부터 끝까지 메아리치는 그분의 음성으로 이렇게 부르짖으신 것이다. "하나님, 어디에 계십니까?" 다윗이 시편 22편에서 기도했던 것, 내가 이전에 수없이 기도했고 또다시 그렇게 기도할 수밖에 없는 내용이 예수님 안에서 집약되고 이루어졌다.

예수님이 성취하신 구속(舊俗)은 내가 아무리 오랫동안 열렬히 믿어도, 아무리 유창한 말로 기억하고 상상해도 이루어진 느낌이 절대 들지 않는다. 바로 이런 자리에서 중보기도, 즉 예수 그리스도의 현재 사역이 시작된다. 우리의 기도 생활은 그리스도의 현재 기도 생활에 대한 이해 없이는 불완전하다. 기도의 출발점은 우리가 아니라 예수님이기 때문이다. 그분의 기도는 항상 우리의 기도보다 앞선다.

그리스도의 중보기도

중보하심. 예수님은 바로 지금, 초림과 재림 사이에 이 일을 하고 계신다. 이 단어는 고대 언어와 현대 언어 모두에서 낯설다. 오늘날 우리는 이 단어를 일상적인 대화에서 쓰지 않는데, 이는 고대 그리스인들도 마찬가지였다. 성경에서도, 신약성경에서 몇 번 등장한 정도다.[8] 영어 단어 'intercede'는 '간청하다', '호소하다', '탄원하다'를 뜻하는 그리스어 단어 '엔틴카노'를 번역한 것이다. 그렇다면 예수님은 누구에게 간청하고 호소하고 청원하셨을까? 아버지 하나님이다. 예수님은 당신을 위하여 그리고 나를 위하여 그 일을 하신다.

예수님은 당신과 나를 위해 기도하고 계신다. 그분은 아버지의 하늘 자원과 우리의 지상 생활을 잇는 다리시다. 분명히 말해 두지만, 아버지께는 우리를 그분의 자녀로 받아들이기 위한 그 어떤 설득도 필요하지 않고, 우리를 아끼시는 아버지의 마음은 아들의 마음 못지않게 깊다. 이것은 삼위로 계신 한 분, 공동체적인 하나님의 삼위일체적 신비를 반영한다. 아들은 현재의 우리가 그분의 속죄 사역을 경험하는 것을 보는 일에 큰 열정을 갖고 계시고, 아버지는 아들의 중보기도에 주저 없이 긍정적으로 응답하시는 일에 심오한 기쁨을 느끼신다.

그리스도의 하늘 중보기도는 그분의 지상 사역이 완전하게 이루어졌음을 확증해 주는 일이다. 속죄는 우리의 구원을 성취하는 다 이루어진 사역이다. 중보기도는 우리의 구원을 적용하는 현재의 사역이다. 평신도의 용어로 쉽게 말하면, 예수님은 십자가에서 구속의 사역을 다 이루셨지만, 여러분과 나를 위해 그분이 천상에서 드리는 기도는 그 승리의 경험을 현재의 순간에 적용한다.

신약성경은 이 두 가지를 분명하게 연결하고 있다. "누가 능히 하나님께서 택하신 자들을 고발하리요. 의롭다 하신 이는 하나님이시니 누가 정죄하리요. 죽으실 뿐 아니라 다시 살아나신 이는 그리스도 예수시니 그는 하나님 우편에 계신 자요 우리를 위하여 간구하시는 자시니라."[9]

로마서 5장은 칭의에 대해 과거형으로 말한다. "그러므로 우리는 믿음으로 의롭다 하심을 받았으므로, 우리 주 예수 그리스도로 말미암아 하나님과 더불어 평화를 누리고 있습니다."[10] 이미 끝난 일이다. 과거의 일이다. 이미 다 이루어졌다. 골로새서 3장은 영화(榮化)가 확실한 미래라고 말한다. "우리 생명이신 그리스도께서 나타나실 그 때에 너희도 그와 함께 영광 중에 나타나리라."[11] 이야기의 끝이 기록되어 있다. 우리는 그분이 행하신 일(과거의 일)로 의롭다 하심을 받았고 그분이 행하실 일(미래의 일)로 영화롭게 된다. 히브리서 7장은 현재의 중보에 대해 말한다. "그는 항상 살아 계셔서 그들을 위해 중보기도를 하십니다."[12]

중보기도는 과거에 성취한 구원의 사역과 미래에 우리를 기다리는 영광이라는 양쪽 끝에서 이 이야기를 끌고 가시는 예수님의 현재 활동이다. 중보기도를 최대한 단순하게 표현하자면, 우리 각 사람의 이름을 부르며 우리를 위해 기도하시는 예수님의 모습으로 제시할 수 있다. 그리고 그렇게 기도하시면서 그분은 우리를 용서와 영광 사이에 단단히 자리 잡게 하시고 안전과 소망, 기쁨으로 보호받는 내면의 깊은 안식을 누리게 하신다.

형제간의 경쟁

나는 삼 형제 중 둘째다. 형은 나보다 18개월 일찍 태어났고 동생은 나보다 15개월 늦게 태어났다. 우리 가족에게 형제간의 경쟁은 당연한 일이었다. 조시 형과 나는 둘 다 스포츠를 정말 좋아했는데 형이 훨씬 더 잘했다. 그러나 내가 열두 살쯤 되었을 때 야구에 관해서는 전세가 역전되었다. 형은 여전히 더 크고 강하고 빨랐지만, 야구는 내가 더 잘했다. 무슨 일에서든 동생이 처음으로 자신을 따라잡는 순간, 형은 불안해질 수밖에 없다.

야구에서는 투수가 삼진을 잡을 때마다 홈 팀이 스코어보드에 'K'를 표시하는 전통이 있다.[13] K는 야구에서 '삼진'을 의미하며, 이 전통은 좌측 외야석에서 맥주를 원샷 하는 팬들 사이에서 정말 인기가 있었다.

나는 열두 살 때 유소년 야구단 투수였다. 형은 내가 뛰는 모든 경기에 왔고 내가 삼진을 잡을 때마다 철망 울타리에 K를 매달았다. 경기장에 일찍 도착해 매점에서 냅킨 한 뭉치를 얻어다가 집에서 가져온 매직펜을 꺼내 삼진이 나올 때마다 거기다 표시했다. 냅킨 다섯 장에 스며들 정도로 K를 진하게 그려서 회색 철망 울타리에 매달았고, 관심이 별로 없는 부모들로 가득 찬 세 줄 관람석에서 열렬한 팬처럼 소리를 질러댔다.

우리 모두에게 너무나 익숙한 형제간의 경쟁과는 정반대의 모습이었다. 그리스도의 천상의 중보기도를 생각하면, 그 시절 유소년 야구 경기 관람석에 있던 형의 모습이 떠오른다. 형이 나를 응원한다는 말을 듣는 것과 내가 월드시리즈 7차전에 등판한 투수라도 되는 것처럼 목이 터져라 소리를 지르고 매직펜 글자가 적힌 냅킨을 준비하는 형의 응원을 직접 경험하는 것은 차원이 다른 일이다. 칭의가 그리스도의 마음에 대한 지식이라면, 중보기도는 바로 그 마음의 적용이며 경험이다.

중보기도는 성경의 소문이 우리 안에서 현실이 되게 만든다. 성경은 하나님이 내 존재의 평범한 일상에 관심을 갖는 사랑의 아버지라고 가르치지만, 그리스도의 중보기도는 그것이 내 삶에 실현되게 한다. 성경은 하나님이 사랑이시고 나와 영원히 함께하는 것을 깊이 갈망하신다고 말하지만, 그리스도의 중보기도는 그것이 내 삶에 실현되게 해준다. 성경은 하나님이 언제나 나를 만나기 위해 달려오시고, 내게 왕복을 입혀 주시고, 내가 집을 떠나 헤매고 있다는 것을 미처 알기도 전에 방황하는 나를 집으로 불러 맞아 주신다고 주장하지만, 그것이 나의 현실로 다가오게 하는 건 예수님의 중보기도다.

중보기도는 예수님이 냉담하고 쌀쌀맞은 분이 아니라는 것을 의미한다. 그분은 열정적이고 관심이 많고 마음을 쏟고 관여하시는 분이다. 당신이 이 글을 훑어보는 지금 이 순간에도 예수님은 십자가의 완성된 사역을 당신에게 적용하고 계신다. 그분은 아버지의 사랑을 아낌없이 베푸시고, 용서를 확신하게 하시며, 상처를 싸매시고, 내면에 용기를 불어넣고 계신다. 중보기도는 이 모든 것을 의미한다.

칭의의 장엄한 진리에도 불구하고, 이제껏 내가 만난 모든 사람은 믿음이 크든 작든 관계없이, 자기가 알아서 덮겠다고 우기는 삶의 영역이 있었다. 그들은 예수님의 용서가 그 영역만큼은 덮어 주기에, 또 덮어 주고 몇 번이고 다시 덮어 주기에 충분하다는 것을 믿지 못했다.

데인 오틀런드는 이렇게 말했다.

하나님의 용서하고 구속하고 회복시키는 손길은 우리 영혼의 가장 어두운 틈새까지, 우리가 가장 부끄러워하고 가장 크게 패배한 곳까지 닿는다. 더 나아가, 바로 그 죄의 틈새에서야말로 그리스도께서 우리를 가장 사랑하신다. 그분의 마음은 기꺼이 그리로 향한다. 그분의 마음은 그곳에 **가장** 강하게 이끌린다. 그분은 우리를 낱낱이 알고 계시며, 그분의 마음은 우리에게 극도로 이끌리시기 때문에 우리를 끝까지 구원하신다. 그분의 부드러운 보살핌에서 벗어날 만큼 죄를 짓는 것은 불가능하다.……우리가 짓는 죄는 극한까지 이르지만, 그분의 구원하심도 극한까지 이른다. 그분의 구원하심은 항상 우리가 짓는 죄를 앞지르고 압도한다. 그분이 항상 살아 계셔서 우리를 위해 중보하시기 때문이다.[14]

히브리서 7:25은 "[예수께서] 온전히 구원하실 수 있"다고 말한다. 여기서 '온전히'(completely)는 '포괄성, 완전성, 철저한 온전함'의 개념을 요약하는 그리스어 '판텔레스'를 번역한 것이다.[15] 성경에서 이 단어는 누가복음 13:11에 한 번 더 등장한다. 그 대목에서 예수님은 18년 동안 장애를 안고 살았던 한 여인을 고치신다. 누가는 그 여인이 허리가 굽어 있어서 몸을 판텔레스("조금도") 펼 수 없었다고 적고 있다. 히브리서 7:25의 요점은 예수님이 당신과 내가 인생을 절뚝거리며 끝까지 완주할 수 있게 길을 내신다는 것이 아니라, 우리가 죽음 앞에서도 똑바로 서고 달리고 뛰고 춤추고 웃을 수 있는 길을 내신다는 것이다! 그분의 삶에서 우리를 위해 이루신 우주적 현실을 오늘 경험하게 해주는 것이 바로 하늘의 중보기도, 예수님의 기도다.

야다

브레넌 매닝은 그의 저서 『아바의 자녀』에서 콜로라도의 한 오두막에 머물며 20일간 침묵 피정을 한 이야기를 썼다. 달리 마음을 어지럽힐 것도 없고 기대할 것도 없는, 그저 20일 동안 혼자 그 자리에 있는 시간이었다. 매닝은 절망한 알코올 의존자로 하나님을 만났고, 심각한 중독에서 벗어나는 그의 여정은 기도로 이루어졌다. 하지만 그건 오래전 일이었다. 이 피정 당시 그는 프란체스코회 사제로 새로운 소명을 받은 지 18년째였고 인기 있는 연설가이자 저명한 작가였다.

공인으로서 매닝은 뛰어난 영적 지도자였다. 하지만 누구의 방해도 없이 혼자 있으면서 영적 이론과 실제 경험 사이의 괴리에 직면했다. "내 머리와 가슴 사이의 거대한 분열은 나의 사역 내내 지속되었다. 18년 동안 나는 하나님의 열정적이고 무조건적인 사랑에 대한 기쁜 소식을 머리로는 완전히 확신했지만, 가슴으로 느끼진 못했다. 사랑받는다는 느낌을 받은 적이 없었다."[16] 처음에 그를 알코올 의존증으로 이끌었던 잘못된 자아상이 그의 신앙에도 그대로 따라왔다. 그는 탕자의 비유에 나오는 동생이자 형이었다. 그러나 이제 혼자 산을 오르며 다른 사람으로 가장할 필요도, 누구에게 그럴싸해 보일 필요도 없는 상황이 되었고, 그는 거짓 자아를 버리고 사랑을 받으라는 하나님의 초대를 받아들였다.

매닝은 항상 하나님의 사랑을 믿었다. 그 사랑을 연구했고 그에 대해 설명했고 글을 쓰고 말했고, 사람들에게 그 사랑으로 나아가라고 조언했다. 그러나 주의를 분산시키는 모든 것, 모든 활동과 분주함을 벗고 어떤 가장도 없이 산에 거하면서 그는 비로소 하나님의 사랑을 알게 되었다.

우리는 영어에서 '믿음'을 일반적으로 '지식'보다 더 깊고 인격적인 것으로 이해한다. 지식은 순전히 지적인 것인 반면, 믿음은 직감 수준의 확신이라고 본다. 지식이 머리의 언어라면 믿음은 마음의 언어다. 하지만 히브리인들은 지식을 이렇게 이해하지 않았다.

히브리어로 지식을 뜻하는 단어 '야다'는 관계적 앎을 말한다. 누군가 나에게 "부인이 당신을 사랑한다는 것을 어떻게 압니까?"라고 묻는다면, 나는 우리의 관계가 어떤 식으로 이어지는지 말하기 시작할 것이다. 아내가 내 옆에 있어 주는 소소한 방식들, 내가 잘못했거나 길을 잃었거나 까다롭게 굴 때도 곁에 있어 준 수많은 시간, 든든한 버팀목이 되어 준 수많은 상황, 함께 웃으며 보낸 즐거운 저녁 시간, 함께한 식사, 아무것도 안 하고 그냥 같이 있었던 기억을 늘어놓을 것이다. 이 모든 것은 무엇일까? 바로 관계적 지식이다. 나는 그의 사랑을 경험했다. 그래서 그가 나를 사랑한다는 걸 안다.

히브리어 야다는 구약성서에서 성관계를 완곡하게 표현할 때도 쓰인다. "아담이 아내 하와(를 알게 되매) 하와가 임신하여."[17] 그런 것이 지식이다. 히브리인들은 지식을 친밀해지는 것으로 이해했기 때문이다. 그들은 교실에서 암기하는 방식이 아니라 관계 속에서 지식을 경험했다. 영적 지식은 거처로 삼고 경험하고 살아내야 얻을 수 있다.

소설가이자 목사인 프레드릭 비크너는 그것을 이렇게 요약한다. "우리가 알 필요가 있는 것은 단순히 하나님이 존재하신다는 사실이 아닙니다. 별들의 차가운 빛 너머에 우주의 운행을 책임지는 모종의 우주적 지성이 존재한다는 것이 아닙니다. 우리가 알아야 하는 것은 바로 여기, 매일매일의 치열한 삶 한가운데 하나님이 계신다는 사실입니다.……우리가 원하는 것은 하나님의 존재에 대한 객관적 증거가 아니라, 하나님의 임재를 경험하는 것입니다. 그 경험을 종교적 언어로 표현하고 말고는 중요하지 않습니다. 이것이 우리가 정말로 추구하는 기적입니다. 그리고 제 생각에는 우리가 실제로 목도하게 되는 기적이기도 합니다."[18]

하나님의 용납하시는 사랑을 믿는 것만으로는 충분하지 않다. 우리는 우리를 있는 그대로, 벌거벗었으나 부끄러워하지 않는 상태 그대로 사랑하시는 하나님의 사랑을 받아들여야 한다.[19] 그리스도의 중보기도로 하나님의 사랑이 우리 내면세계의 모든 틈새로 스며들고, 성령께서 우리의 눈을 열어 우리 자신의 참모습을 발견하게 해준다. 우리는 하나님의 사랑의 시선이 늘 머무는 존재다.

그리스도의 얼굴

잠이 부족했지만 정신은 말똥말똥했다. 내가 있는 곳이 어딘지 기억을 더듬으며 잠시 방 안을 두리번거렸다. 전날 밤 비행기로 미국을 횡단한 후 차를 렌트해서 수도원으로 몰고 왔다. 친한 친구 두 명과 함께 기도 피정 장소로 정한 곳이었다. 쉽지 않은 여정 속에서 운전대를 잡고 잠들 뻔하는 등 우여곡절을 겪으며 우리는 목적지에 간신히 도착했다. 시간은 새벽 여섯 시였다. 다섯 시간밖에 못 잤고 몸은 새로운 시간대에 적응하지 못한 상태였다.

세면대에서 물을 튀기며 세수한 뒤 커피를 마시러 방을 나섰는데, 첫 햇살이 비치면서 저 멀리 언덕을 뒤덮은 상록수의 윤곽이 드러났다. 나는 누구보다 먼저 일어나 깨어 있는 데 익숙하다. 아침을 사랑한다. 상쾌하고 시원한 공기를 처음 들이마실 때 폐에 전해지는 충격과 따뜻한 커피 한 모금, 그리고 매일 아침 입밖에 내는 첫 기도의 말을 사랑한다. 하지만 그날 그 시간의 나는 혼자와는 거리가 멀었다. 아니, 가장 늦게 일어난 사람인지도 몰랐다.

나는 수도사들에게 둘러싸여 있었는데, 그들의 나이는 제각각이었다. 아흔이 넘은 것이 분명한 수도사들과 많아야 스물다섯 정도 되었을 수도사들이 함께 있었고, 모두 고대의 단순한 삶의 방식을 고수하고 있었다. 그들은 초점을 잃은 현대 사회에선 대부분 잊힌 공동체, 환대, 기도의 방식을 보존하고 있었다. 그것도 도서관 서가에 꽂힌 책에 담아 보존하는 식이 아니라 그들의 구체화된 삶을 통해 보존하고 있었다.

동방정교회의 칼리스토스 웨어 주교는 이렇게 썼다. "기독교는 철학적 이론이나 도덕규범에 그치지 않고 신성한 생명과 영광에 직접 참여하는 일, 즉 하나님과 '얼굴을 맞대는' 변화의 연합을 포함한다."[20]

다양한 전통에서 수도사들은 예수님의 얼굴을 상상하면서 기도하도록 배운다. 이것은 그들의 기도가 항상 되돌아가야 하는 지점, 기도의 닻이라고 할 수 있다. 우리는 청원 거리를 가지고 기도하러 가지만, 우리가 진정으로 추구하는 것은 바로 그분이다. 우리는 그분을 얼굴을 맞대어 보고 싶어 한다. 그리고 그리스도의 얼굴에서 우리는 하나님의 환대를 발견한다. 가장 충격적인 일은 예수님이 기도를 너무나 가까이 가져오셨고 하나님께 접근하기 너무 쉽게 만드셨다는 것이다. 기도의 출발점은 우리의 필요를 아는 것이 아니라, 하나님의 마음을 아는 것이다.

다 이루었다

앞서 언급했다시피, 십자가에 달리신 예수님의 가슴 아픈 기도인 "나의 하나님, 나의 하나님, 어찌하여 나를 버리셨나이까"는 시편 22편의 첫 행이다. 예수님은 유대인이 다수였던 군중 앞에서 다윗의 고백이 담긴 이 시편을 낭송하셨다. 군중의 각 사람이 어린 시절부터 이 기도문을 낭송했을 것이다. 그들은 이 기도문을 외우고 있었다. 예수님은 첫 행만 기도하셨지만, 그것으로 충분했다. 군중은 모두 그 기도문이 어떻게 끝나는지 알고 있었다. 시편 22편은 사람을 쇠약하게 만드는 고립과 정서적 혼란을 토로하는 것으로 시작된다. 하지만 거기에서 끝나는 것은 아니었다.

> 그는 곤고한 자의 곤고를 멸시하거나 싫어하지 아니하시며 그의 얼굴을 그에게서 숨기지 아니하시고 그가 울부짖을 때에 들으셨도다. 큰 회중 가운데에서 나의 찬송은 주께로부터 온 것이니 주를 경외하는 자 앞에서 나의 서원을 갚으리이다(시 22:24-25).

이 기도 시편은 절망이 아닌 환희로, 고립이 아닌 공동체로 마무리된다. 예수님이 십자가에서 시편 22편으로 기도하셨을 때, 그분은 우리 모두를 대신하여 기도하신 것이다. 예수님은 중보하고 계셨다.

그분의 속죄 사역은 변함없이 실재하지만, 그 사역에 대한 경험은 드문드문 다가오고, 돌파구가 열리는가 하면 가뭄이 들고, 신적 확신의 순간에 이어 인간적 불안이 한바탕 밀려온다. 그렇기 때문에 예수님은 바로 지금 우리를 위해 기도하신다.

내가 가장 자주 하는 기도 중 하나는 나를 위한 그분의 기도에 동참하는 것이다. 나는 그 기도를 흔히 이런 질문으로 표현한다. "예수님, 주님이 지금 당장 이 방에 들어오신다면 저에게 무슨 말씀을 하고 싶으십니까?" 그분께 여쭤 보라. 그리고 가만히 있으면서 기다리라. 내 경험에 따르면 그분은 간절히 마음을 나누고 싶어 하신다.

부록 2.

내면을 살펴보고 밝히기 위한 지침

신앙의 선조들은 네 가지 범주 안에서 고백을 실천했다. 성령을 인도자로 삼아 자신의 내면을 살펴보기 위한 지침으로 다음의 네 가지 범주를 기억하면 도움이 될 것이다.

1. 노골적인 죄

세속 문화와 하나님 나라 모두에서 보편적으로 인정되는 죄다. 명백한 예를 몇 가지 들어 보자면, 무고한 사람에 대한 살인 또는 다른 온갖 형태의 폭력, 다른 사람을 위험에 빠뜨리거나 불편하게 하는 방식으로 이루어지는 정욕에 따른 행동, '격노'라는 제목 아래 묶을 수 있는 분노의 표현들, 피해 당사자를 적극적으로 억압하고 물질적 이득을 추구하는 탐욕 등이다.

2. 고의적인 죄

하나님 나라에서는 인정되지만, 더 넓은 세속 문화에서는 인정되지 않는 죄(일반적으로 외형적, 행동적 죄)다. 예를 들면, 초대 교회 시대에 우상에게 제물로 바친 음식을 먹는 문제나 현대 교회에서 건강한 성적 표현으로 규정하는 범위를 생각해 보라.

3. 무의식적인 죄

여기에 해당하는 좀 더 깊은 사고 패턴은 외부로 드러나는 명백한 죄로 이어진다. 무의식적 죄의 패턴은 대개 의식의 표면 아래서 오랫동안 깊숙이 숨어 있기 때문에 의도적인 자기성찰의 자리를 마련하지 않고는 파악하기 어렵다. 이런 죄의 사례로는 사람보다 생산성을 우선시하는 경향, 성공이나 성취나 평판으로 자신을 규정하는 경향, 한 개인 또는 집단과의 관계적 공의존 상태에서 살아가려는 경향을 꼽을 수 있다.

4. 내적 지향의 죄

가장 깊고 은밀하게 감추어진 죄의 핵심은 무질서한 신뢰 구조다. 스스로 이 질문을 던져 보라. '나는 누구를 진정으로 신뢰하는가?' 여기에서 쉽게(그리고 종종 파괴적으로) 행동이 흘러나온다. 이러한 신뢰 구조를 전통적으로 '거짓 자아'라고 부른다. 자신의 중요성, 행복감, 안정감을 북돋우기 위해 스스로 구축한 신뢰 구조가 눈에 들어오기 시작하면, 그것을 은폐하기 위해 자신이 선택한 특정한 '무화과나무 잎'이 보이기 시작한다.

주

추천의 글

1   Thomas Keating, *Open Mind, Open Heart: The Contemplative Dimension of
     the Gospel* (New York: Continuum, 1992), 137(강조 원문). (『마음을 열고 가슴을
     열고』 가톨릭출판사)

서문

1   George H. Gallup Jr., *Religion in America* 1996 (Princeton, NJ: Princeton
     Religion Research Center, 1996), 4, 12, 19를 보라.
2   다음을 보라. Leonardo Blair, "Fewer Than Half of American Adults Pray Daily;
     Religiously Unaffiliated Grows: Study," *Christian Post*, December 17, 2021,
     www.christianpost.com/news/fewer-than-half-of-american-adults-pray-
     daily-study.html.
3   Abraham Joshua Heschel, *Man's Quest for God: Studies in Prayer and
     Symbolism* (New York: Scribner, 1954), 5(강조 원문). (『하느님을 찾는 사람』 한
     국기독교연구소)
4   신 4:29, 잠 8:17, 렘 29:13, 마 7:7, 눅 11:9, 행 17:24-28을 보라.

1. 거룩한 땅 — 할 수 있는 대로 기도하라

1   출 3:5.
2   요 15:7.
3   빌 4:5-7.
4   다음을 보라. "Mobile Fact Sheet," Pew Research Center, April 7, 2021, www.
     pewresearch.org/internet/fact-sheet/mobile.
5   Dallas Willard, *The Spirit of the Disciplines: Understanding How God
     Changes Lives* (San Francisco: HarperSanFrancisco, 1988), 163. (『영성훈련』
     은성)

6   마 7:16-20을 보라.

7   히 11:1을 보라.

8   다윗이 시편을 다 쓴 것은 아니다. 하지만 그는 시편의 절반 정도를 썼고, 여기서 사례로 제시한 시들의 저자다.

9   시 140:10.

10   시 69:3(우리말성경).

11   시 142:2(우리말성경).

12   마 5:43-44, 출 34:6을 보라.

13   삼상 13:14, 행 13:22을 보라.

14   C. S. Lewis, *Letters to Malcolm, Chiefly on Prayer* (New York: Harcourt, Brace & World, 1964), 22. (『개인 기도』 홍성사)

15   마 6:11.

16   Roberta C. Bondi, *To Pray and to Love: Conversations on Prayer with the Early Church* (Minneapolis: Fortress, 1991), 49.

17   요 2:16(새번역).

18   Nancy Mairs, *Ordinary Time: Cycles in Marriage, Faith, and Renewal* (Boston: Beacon, 1993), 54.

19   Pete Greig, *Dirty Glory: Go Where Your Best Prayers Take You* (Colorado Springs: NavPress, 2016), 53.

20   "Earth's Moon: Quick Facts," NASA Science, https://moon.nasa.gov/about/in-depth.

21   눅 11:1.

22   Richard Foster, *Prayer: Finding the Heart's True Home* (New York: HarperCollins, 1992), 13. (『리처드 포스터 기도』 두란노)

23   다음 책에서 인용. Br. David Steindl-Rast, "Man of Prayer," in *Thomas Merton/Monk: A Monastic Tribute*, ed. Patrick Hart (New York: Sheed & Ward, 1974), 79.

24   Mother Teresa, *No Greater Love*, eds. Becky Benenate and Joseph Durepos (Novato, CA: New World Library, 1997), 6.

25   Dom John Chapman, *The Spiritual Letters of Dom John Chapman* (London: Sheed & Ward, 1935), 25.

26   눅 23:32-43을 보라.

27   Ted Loder, "There Is Something I Wanted to Tell You," in *Guerrillas of Grace: Prayers for the Battle*, 20th anniversary edition (Minneapolis: Augsburg Fortress, 2004), 67-68. Used by permission.

2. 가만히 있어 알지어다 ─ 기도의 자세

1   Philip Yancey, *Prayer: Does It Make Any Difference?* (Grand Rapids: Zondervan, 2006), 29. (『기도하면 뭐가 달라지나요?』 포이에마)

2   시 46:10.

3   이어지는 조사 결과를 정리하는 힘든 과정은 내 친구 존 마크 코머가 진행했다. 여기 담긴 개념들은 그의 너그러운 허락을 받고 빌려 썼다. 이 주제를 보다 충실히 다룬 자료를 원한다면 그가 쓴 책 *The Ruthless Elimination of Hurry* (Colorado Springs: WaterBrook, 2019)만한 것이 없다. (『슬로우 영성』 두란노)

4   Carl Honore, *In Praise of Slowness: Challenging the Cult of Speed* (San

Francisco: HarperSanFrancisco, 2004)를 보라. (『시간자결권』 쌤앤파커스)

5   다음 책에서 인용. Dr. James B. Maas, *Power Sleep: The Revolutionary Program That Prepares Your Mind for Peak Performance* (1998; repr., New York: Quill, 2001), 7.

6   Kerby Anderson, *Technology and Social Trends: A Biblical Point of View* (Cambridge, OH: Christian Publishing House, 2016), 102를 보라.

7   Sarah O'Connor, "Commentary: The Mysterious Recent Decline of Our Leisure Time," CNA, October 7, 2021, www.channelnewsasia.com/commentary/leisure-time-decline-less-why-do-i-feel-busy-work-home-2225276, 강조 추가.

8   다음 기사에서 인용. Julia Naftulin, "Here's How Many Times We Touch Our Phones Every Day," *Business Insider*, July 13, 2016, www.businessinsider.com/dscout-research-people-touch-cell-phones-2617-times-a-day-2016-7.

9   다음 기사를 보라. Eileen Brown, "Americans Spend Far More Time on Their Smartphones Than They Think," ZDNet, April 28, 2019, www.zdnet.com/article/americans-spend-far-more-time-on-their-smartphones-than-they-think.

10 Dallas Willard, *Living in Christ's Presence: Final Words on Heaven and the Kingdom of God* (Downers Grove, IL: InterVarsity, 2013), 144. (『하나님의 임재』 IVP)

11 Michael Zigarelli, "Distracted from God: A Five-Year, Worldwide Study," Christianity 9 to 5, 2008, www.christianity9to5.org/distracted-from-god.

12 다음 책에서 인용. Morton T. Kelsey, *The Other Side of Silence: A Guide to Christian Meditation* (New York: Paulist, 1976), 83.

13 Richard Foster, *Celebration of Discipline: The Path to Spiritual Growth* (San Francisco: Harper & Row, 1978), 13. (『영적 훈련과 성장』 생명의말씀사)

14 다음 책에서 인용. Yancey, *Prayer*, 24.

15 Thomas Kelly, *A Testament of Devotion* (1941; repr., New York: Walker, 1987), 156.

16 같은 책, 158.

17 창 3장을 보라.

18 Ronald Rolheiser, *Sacred Fire: A Vision for a Deeper Human and Christian Maturity* (New York: Image, 2014), 200.

19 다음을 보라. Jason Dorrier, "How Many Galaxies Are in the Universe? A New Answer from the Darkest Sky Ever Observed," SingularityHub, January 15, 2021, https://singularityhub.com/2021/01/15/how-many-galaxies-are-in-the-universe-a-new-answer-emerges-from-the-darkest-sky-ever-observed.

20 다음을 보라. "Milky Way," Western Washington University Physics/Astronomy Dept., www.wwu.edu/astro101/a101_milkyway.shtml.

21 다음을 보라. Marina Koren, "When Will Voyager Stop Calling Home?," *Atlantic*, September 5, 2017, www.theatlantic.com/science/archive/2017/09/voyager-interstellar-space/538881.

22 다음을 보라. Passant Rabie, "After Months of Silence, Voyager 2 Sends a Gleeful Message Back to Earth," Inverse, November 3, 2020, www.inverse.com/science/voyager-2-finally-phones-home.

23 다음을 보라. Stacey Leasca, "Here's What Actually Happens When You Travel at the Speed of Light, According to NASA," *Travel + Leisure*, August 26, 2020, www.travelandleisure.com/trip-ideas/space-astronomy/nasa-near-light-speed-travel.

24 시 146:3-4(새번역).

25 시 39:4-5(새번역).

26 창 3:4.

27 Henri Nouwen, *The Way of the Heart: Desert Spirituality and Contemporary Ministry* (San Francisco: Harper & Row, 1981), 25 - 26. (『마음의 길』두란노)

28 시 56:8(새번역), 139:17-18을 보라.

29 Hans Urs von Balthasar, *Prayer*, trans. Graham Harrison (SanFrancisco: Ignatius, 1986), 44.

30 시 46:10.

31 시 42:7(새번역).

3. 우리 아버지 — 경배의 기도

1 현대 노예제의 위기에 대한 정보와 통계자료는 다음을 보라. www.globalslaveryindex.org.

2 시 139:14.

3 눅 11:1.

4 요 5:19(새번역).

5 마 6:9.

6 출 13:21을 보라.

7 마 5:17(새번역).

8 요일 4:8.

9 창 3:1(새번역).

10 창 2:16-17(새번역).

11 다음 책에서 인용. Brennan Manning, *The Ragamuffin Gospel* (1990; repr., Colorado Springs: Multnomah, 2005), 25. (『한없이 부어주시고 끝없이 품어주시는 하나님의 은혜』규장)

12 Reynolds Price, *Clear Pictures: First Loves, First Guides* (New York: Scribner, 1998) 74.

13 시 34:3(새번역).

14 마 7:11.

15 창 2:25을 보라.

16 Brennan Manning, *Abba's Child: The Cry of the Heart for Intimate Belonging* (1994; repr., Colorado Springs: NavPress, 2015), 39. (『아바의 자녀』복 있는 사람)

17 계 4:8.

18 행 16:25.

19 David G. Benner, *The Gift of Being Yourself: The Sacred Call to Self-Discovery* (2004; repr., Downers Grove, IL: InterVarsity, 2015), 41. (『나, 주님의 사랑에 안기다』생명의말씀사)

20 행 16:26(새번역).

21 마 6:10.

1   시 24:1-2.

2   시 24:7-8.

3   시 24:3-4.

4   Gilbert K. Chesterton, *Orthodoxy* (New York: John Lane, 1908), 24. (『정통』 복
     있는 사람)

5   G. K. Chesterton, letter to the editor of the Daily News, August 16, 1905. 다음
     을 보라. Jordan M. Poss, "What's Wrong, Chesterton?," *Jordan M. Poss* (blog),
     February 28, 2019, www.jordanmposs.com/blog/2019/2/27/whats-wrong-
     chesterton.

6   창 2:25을 보라.

7   나는 이전 책에서 이 정의에 대한 보다 온전한 신학을 제시했다. *Searching for
     Enough: The High-Wire Walk between Doubt and Faith* (Grand Rapids:
     Zondervan, 2021).

8   창 3:9.

9   다음을 보라. Gary A. Anderson, *The Genesis of Perfection: Adam and Eve in
     Jewish and Christian Imagination* (Louisville, KY: Westminster John Knox,
     2001), 135-54.

10   창 3:11(새번역).

11   Eugene H. Peterson, *Christ Plays in Ten Thousand Places: A Conversation in
     Spiritual Theology* (Grand Rapids: Eerdmans, 2005), 316. (『현실, 하나님의 세
     계』 IVP)

12   시 51:4.

13   창 3:24.

14   시 24:4.

15   요 8:11(새번역).

16   히 4:15(새한글성경).

17   히 4:15(새한글성경).

18   Dane Ortlund, *Gentle and Lowly: The Heart of Christ for Sinners and Sufferers*
     (Wheaton, IL: Crossway, 2020), 50. (『온유하고 겸손하니』 개혁된실천사)

19   Mary Karr, *Lit: A Memoir* (New York: HarperCollins, 2009), 239.

20   Karr, *Lit*, 276.

21   Eugene H. Peterson, *Tell It Slant: A Conversation on the Language of Jesus
     in His Stories and Prayers* (Grand Rapids: Eerdmans, 2008), 186. (『비유로 말
     하라』 IVP)

22   시 139:1.

23   다음을 보라. "Story of the Moravians," Light of the World Prayer Center,
     https://lowpc.org/story-of-the-moravians. 다음도 보라. Pete Greig and
     Dave Roberts, *Red Moon Rising: Rediscover the Power of Prayer* (Colorado
     Springs: Cook, 2015), 75. (『24-7 기도』 예수전도단)

24   Brennan Manning, *Ruthless Trust: The Ragamuffin's Path to God* (San
     Francisco: HarperSanFrancisco, 2000), 48. (『신뢰』 복 있는 사람)

25   사 53:5.

26   C. S. Lewis, *The Voyage of the Dawn Treader* (1952; repr., New York:
     HarperCollins, 1994), 108-109. (『새벽 출정호의 항해』 시공주니어)

27   이 개념은 다음 책에 나온다. This idea comes from Eugene H. Peterson, *Leap*

Over a Wall: Earthy Spirituality for Everyday Christians (San Francisco: HarperOne, 1997), 189-190. (『다윗, 현실에 뿌리박은 영성』 IVP)

28   요일 1:5-10을 보라.

5. 하늘에서 이루어진 것같이 땅에서도 — 중보

1   Walter Wink, *Engaging the Powers* (1992; repr., Minneapolis: Fortress, 2017), 322. (『사탄의 체제와 예수의 비폭력』 한국기독교연구소)

2   C. S. Lewis, *God in the Dock* (1970; repr., Grand Rapids: Eerdmans, 1998), 104. (『피고석의 하나님』 홍성사)

3   눅 11:1.

4   마 6:9.

5   마 6:9.

6   6. 마 6:10.

7   다음을 보라. Walter A. Elwell, ed., "Entry for Intercession," *Baker's Evangelical Dictionary of Biblical Theology* (Grand Rapids: Baker, 1997).

8   Richard Foster, *Prayer: Finding the Heart's True Home* (New York: HarperCollins, 1992), 191.

9   Rabbi Lord Jonathan Sacks, "The Love That Brings New Life into the World: Rabbi Sacks on the Institution of Marriage" (keynote speech, Colloquium on the Complementarity of Man and Woman, the Vatican and the Congregation for the Doctrine of the Faith, Vatican City, November 17, 2014), https://rabbisacks.org/love-brings-new-life-world-rabbi-sacks-institution-marriage.

10   시 115:16.

11   고전 12:27을 보라.

12   사 9:6.

13   요 12:31.

14   마 28:18, 강조 추가.

15   요 16:7.

16   Alan Jones, *Soul Making: The Desert Way of Spirituality* (New York: Harper & Row, 1985), 167.

17   요 16:23-24.

18   Philip Yancey, *Prayer: Does It Make Any Difference?* (Grand Rapids: Zondervan, 2006), 143.

19   Larry W. Hurtado, *At the Origins of Christian Worship: The Context and Character of Earliest Christian Devotion* (Grand Rapids: Eerdmans, 1999), 107.

20   다음 책에서 인용. Yancey, *Prayer*, 118.

21   P. T. Forsyth, *The Soul of Prayer* (1916; repr., Vancouver, BC: Regent College Publishing, 2002), 12. (『영혼의 기도』 복 있는 사람)

22   요 16:24.

23   Pete Greig and Dave Roberts, *Red Moon Rising: Rediscover the Power of Prayer* (Colorado Springs: Cook, 2015), 88.

24   Eugene H. Peterson, *Tell It Slant: A Conversation on the Language of Jesus in His Stories and Prayers* (Grand Rapids: Eerdmans, 2008), 181.

25   Peterson, *Tell It Slant*, 182.

26   24-7 기도 운동의 웹사이트 24-7prayer.org를 방문하라.

6. 일용할 양식 — 청원

1   눅 3:11.

2   다음을 보라. "World Hunger: Key Facts and Statistics 2022," Action against Hunger, www.actionagainsthunger.org/world-hunger-facts-statistics.

3   마 6:9-13.

4   이 견해는 피트 그레이그의 놀라운 다음 책에서 깊이 탐구되고 있다. *How to Pray: A Simple Guide for Normal People* (Colorado Springs: NavPress, 2019).

5   다음을 보라. Gustavo Gutierrez, *We Drink from Our Own Wells: The Spiritual Journey of a People* (1984; repr., Maryknoll, NY: Orbis, 2003).

6   Ronald Rolheiser, *The Holy Longing: The Search for a Christian Spirituality* (New York: Doubleday, 1999), 66-67.

7   Julian of Norwich, *Enfolded in Love: Daily Readings with Julian of Norwich*, ed. Robert Llewelyn (London: Darton, Longman & Todd, 1980), 10.

8   눅 11:2-4을 보라.

9   요 5:6(새번역).

10   마 6:8을 보라.

11   요 2:1-10, 막 5:21-43, 10:46-52을 보라.

12   Charles H. Spurgeon, "Ask and Have: No. 1682" (sermon, Metropolitan Tabernacle, Newington, London, October 1, 1882), www.spurgeongems.org/sermon/chs1682.pdf, italics in original.

13   Richard Foster, *Prayer: Finding the Heart's True Home* (New York: HarperCollins, 1992), 50-51.

14   출 32:14(우리말성경).

15   이 개념은 존 마크 코머가 다음 책에서 탐구했다. *God Has a Name* (Grand Rapids: Zondervan, 2017), 61-62.

16   말 3:6.

17   호 11:8(우리말성경).

18   Comer, *God Has a Name*, 62.

19   마 11:11, 저자 사역.

20   Dallas Willard, *The Divine Conspiracy: Rediscovering Our Hidden Life in God* (San Francisco: HarperSanFrancisco, 1998), 244. (『하나님의 모략』 복 있는 사람)

21   약 4:2.

22   마 7:9-11.

7. 중간태 — 참여로서의 기도

1   Eugene H. Peterson, *The Contemplative Pastor: Returning to the Art of Spiritual Direction* (Grand Rapids: Eerdmans, 1993), 105. (『목회자의 영성』 포이에마)

2   같은 책, 104.

3   요 17:20-21.

4   요 17:22-23.

5   창 3:12.

6   눅 1:38.

7   눅 1:48.

8   시 112:6-7(새번역).

9   눅 22:42(새번역).

10   Hans Urs von Balthasar, *Prayer*, trans. Graham Harrison (San Francisco:
     Ignatius, 1986), 14.

11   "Mother Teresa" (lecture, Norwegian Nobel Committee, Oslo, Norway,
     December 11, 1979). 다음을 보라. "Mother Teresa Nobel Lecture," NobelPrize.
     org, www.nobelprize.org/nobel_prizes/peace/laureates/1979/teresa-lecture.
     html.

12   요 15:8.

13   눅 11:39.

14   눅 11:41.

15   N. T. Wright, *The Challenge of Easter* (Downers Grove, IL: InterVarsity,
     2009), 53.

16   눅 1:38.

---

8. 기도의 산고 ─ 잃어버린 이들을 위한 기도

1   다음 책에서 인용. Pete Greig, *How to Pray: A Simple Guide for Normal People*
     (Colorado Springs: NavPress, 2019), 89.

2   왕상 18:20-24을 보라.

3   왕상 18:30(새번역).

4   왕상 18:33.

5   삼하 24:24(새번역).

6   왕상 18:37-39.

7   출 20:5, 34:14를 보라.

8   Abraham Kuyper (speech, Vrije Universiteit, Amsterdam, Netherlands,
     October 20, 1880). 다음 책에서 인용. James Bratt, ed., *Abraham Kuyper: A
     Centennial Reader* (Grand Rapids: Eerdmans, 1998), 461.

9   왕상 18:38(새번역).

10   약 5:16(새번역).

11   창 1:2.

12   다음을 보라. C. F. Keil and F. Delitzsch, *Commentary on the Old Testament*,
     vol. 1 (1861; repr., Grand Rapids: Eerdmans, 1991), 48.

13   눅 1:35.

14   요 16:21.

15   요 7:38-39.

16   다음을 보라. NASB New Testament Greek Lexicon, based on Thayer's and
     Smith's Bible Dictionary, public domain. Available online at "Koilia," Bible
     Study Tools, www.biblestudytools.com/lexicons/greek/nas/koilia.html.

17   눅 9:54-56.

18   약 5:16-18.

19   다음 책에서 인용. Pete Greig and Dave Roberts, *Red Moon Rising: Rediscover*

the Power of Prayer (Colorado Springs: Cook, 2015), 190.

20 다음 책에서 인용. Greig and Roberts, *Red Moon Rising*, 269.

21 이 이야기는 다음 책에 나온다. Lewis A. Drummond, *Spurgeon: Prince of Preachers* (Grand Rapids: Kregel, 1992), 325.

22 Drummond, *Spurgeon*, 326; see also *Lutheran Herald* 1, no. 10 (March 8, 1906): 229-230.

9. 구하라, 찾으라, 두드리라 — 침묵과 끈질김

1 막 14:36.

2 Mother Teresa, *A Gift for God: Prayers and Meditations* (San Francisco: HarperSanFrancisco, 1996), 75. (『하나님께 드리는 선물』 문지사)

3 마 7:7.

4 눅 18:1-8.

5 이런 식으로 읽어낸 영어 성경으로는 the Amplified Bible, the Holman Christian Standard Bible, the Complete Jewish Bible, the International Standard Version, the New Living Translation, and the Orthodox Jewish Bible이 있다.

6 눅 18:1.

7 눅 18:4-5.

8 눅 18:6-8.

9 Eugene H. Peterson, *Tell It Slant: A Conversation on the Language of Jesus in His Stories and Prayers* (Grand Rapids: Eerdmans, 2008), 144.

10 계 5:8.

11 계 8:3-5.

12 시 56:8.

13 시 56:8을 보라.

14 눅 18:8.

15 사 53장을 보라.

16 Parker Palmer, *A Hidden Wholeness: The Journey toward an Undivided Life* (San Francisco: Jossey-Bass, 2004), 82-83. (『다시 집으로 가는 길』 한언)

17 C. S. Lewis, *The Screwtape Letters* (1942; repr., New York: HarperCollins, 2001), 40. (『스크루테이프의 편지』 홍성사)

10. 저항적 충실함 — 쉼 없는 기도

1 이 이야기는 요한복음 8:1-11에 나온다. 따로 밝히지 않은 경우의 인용문은 내가 풀어 쓴 대목이다.

2 요 8:11.

3 요 15:9.

4 계 19:6-9을 보라.

5 Johannes Hartl, *Heart Fire: Adventuring into a Life of Prayer* (Edinburgh: Muddy Pearl, 2018), 205.

6 Henri Nouwen, "Letting Go of All Things," *Sojourners*, May 1979, 6.

7 눅 11:1.

8 마 6:9-10.

9   Jonathan Sacks, ed., *The Authorised Daily Prayer Book of the United Hebrew Congregations of the Commonwealth*, 4th ed. (London: Collins, 2006), 37.

10   다음 책에서 각색함. Pete Greig, *How to Pray: A Simple Guide for Normal People* (Colorado Springs: NavPress, 2019), 78.

11   Dietrich Bonhoeffer, "A Wedding Sermon from a Prison Cell: May 1943," in *Letters and Papers from Prison* (1953; repr., London: SCM, 2001), 27-28. (『옥중서신-저항과 복종』복 있는 사람)

12   David Brooks, *The Second Mountain: The Quest for a Moral Life* (New York: Random House, 2019), 139. (『두 번째 산』부키)

13   다음을 보라. Richard Rohr, "Contemplation and Compassion: The Second Gaze," in *Contemplation in Action* (New York: Crossroad, 2006), 15-16.

14   시 55:16-17.

15   보다 학술적 근거와 성경적 맥락이 궁금하다면 다음을 보라. Scot McKnight, *Praying with the Church: Following Jesus Daily, Hourly, Today* (Brewster, MA: Paraclete, 2006).

16   같은 책, 31.

17   같은 책, 35.

18   마 5:13을 보라.

19   행 2:42.

20   다음을 보라. Paul Kroll, "Studies in the Book of Acts: Acts 2:42-7," Grace Communion International, https://learn.gcs.edu/mod/book/view.php?id=4475&chapterid=56.

21   행 2:43-47.

22   살전 5:17.

23   창 26:18을 보라.

24   David Benner, *Desiring God's Will: Aligning Our Hearts with the Heart of God* (Downers Grove, IL: InterVarsity, 2015), 29. (『하나님의 뜻을 갈망하다』IVP)

25   Brooks, *Second Mountain*, 56.

26   마 11:28-30을 보라.

27   마 6:10-11.

28   다음을 보라. McKnight, *Praying with the Church*, 31-32.

29   Eugene H. Peterson, *Tell It Slant: A Conversation on the Language of Jesus in His Stories and Prayers* (Grand Rapids: Eerdmans, 2008), 265, 강조 원문.

30   마 26:42(새번역).

31   마 6:9-10.

32   다음을 보라. John Michael Talbot, *The Jesus Prayer: A Cry for Mercy, A Path of Renewal* (Downers Grove, IL: InterVarsity, 2013), 52.

33   친첸도르프의 이 유명한 말은 여러 곳에 나와 있는데, 다음 책에도 실려 있다. Greig, *How to Pray*, 111.

34   요 8:11(새번역).

35   John Mark Comer, *The Ruthless Elimination of Hurry* (Colorado Springs: WaterBrook, 2019), 82.

36   다음을 보라. McKnight, *Praying with the Church*, 61-65.

37   눅 15:7.

38   Morris West, *A View from the Ridge: The Testimony of a Twentieth-Century Christian* (San Francisco: HarperSanFrancisco, 1996), 2.

39   "Dayenu: It Would Have Been Enough," My Jewish Learning, www.

에필로그

1   시 24:7(새번역).
2   시 24:8(새번역).
3   시 24:9-10(새번역).
4   삼하 6:17.
5   대상 25장을 보라.
6   David Fritch, *Enthroned: Bringing God's Kingdom to Earth through Unceasing Worship and Prayer* (Orlando, FL: Burning Ones, 2017), 25.
7   암 9:11을 보라.

부록 1. 그리스도의 중보기도

1   눅 2:14.
2   사 9:6.
3   눅 4:21(새번역).
4   막 11:9-10.
5   요 19:30.
6   마 27:46.
7   다음을 보라. Richard Bauckham, *Jesus and the God of Israel: God Crucified and Other Studies on the New Testament's Christology of Divine Identity* (Grand Rapids: Eerdmans, 2008), 255-256. (『예수와 이스라엘의 하나님』 새물결플러스)
8   행 25:24, 롬 8:27, 34, 11:2, 히 7:25.
9   롬 8:33-34.
10   롬 5:1(새번역, 강조 추가).
11   골 3:4(강조 추가).
12   히 7:25(우리말성경, 강조 추가).
13   다음을 보라. Hannah Keyser, "Why Does 'K' Stand for 'Strikeout' in Baseball?," Mental Floss, October 25, 2016, www.mentalfloss.com/article/70019/why-does-k-stand-strikeout-baseball.
14   Dane Ortlund, *Gentle and Lowly: The Heart of Christ for Sinners and Sufferers* (Wheaton, IL: Crossway, 2020), 83, 85.
15   같은 책, 82.
16   Brennan Manning, *Abba's Child: The Cry of the Heart for Intimate Belonging* (1994; repr., Colorado Springs: NavPress, 2015), 9.
17   창 4:1.
18   Frederick Buechner, *Secrets in the Dark: A Life in Sermons* (San Francisco: HarperSanFrancisco, 2006), 18-19. (『어둠 속의 비밀』 포이에마)
19   창 2:25을 보라.
20   Kallistos Ware, "The Eastern Tradition from the Tenth to the Twentieth Century," in *The Study of Spirituality*, ed. Cheslyn Jones, Geoffrey Wainwright, and Edward Yarnold (New York: Oxford University Press, 1986), 254.